IDEOLOGIA E PROPAGANDA NA EDUCAÇÃO

Nurit Peled-Elhanan

IDEOLOGIA E PROPAGANDA NA EDUCAÇÃO

a Palestina nos livros didáticos israelenses

Tradução

Artur Renzo

EDITORA
UNIFESP

BOITEMPO

Título original: *Palestine in Israeli School Books: Ideology and Propaganda in Education*

BOITEMPO EDITORIAL

Direção geral Ivana Jinkings
Edição Isabella Marcatti
Assistência editorial Andréa Bruno e Carolina Mercês
Tradução Artur Renzo
Preparação Mariana Echalar
Revisão Clara Altenfelder
Coordenação de produção Livia Campos
Diagramação Antonio Kehl
Capa Artur Renzo e Antonio Kehl

Equipe de apoio: Ana Carolina Meira, André Albert, Bibiana Leme, Clarissa Bongiovanni, Débora Rodrigues, Eduardo Marques, Elaine Ramos, Frederico Indiani, Heleni Andrade, Higor Alves, Ivam Oliveira, Joanes Sales, Kim Doria, Luciana Capelli, Marlene Baptista, Maurício Barbosa, Raí Alves, Talita Lima, Tulio Candiotto

EDITORA UNIFESP

Diretora Cynthia Andersen Sarti

Conselho Editorial: Cynthia Andersen Sarti (presidente); Bruno Feitler; Ésper Cavalheiro; Esther Solano; Francisco Foot Hardman; Gabriel Cohn; José Castilho Marques Neto; Lara Cristina d'Ávila Lourenço; Letícia Squeff; Mauro Aquiles La Scalea; Valéria Petri.

CIP-BRASIL. CATALOGAÇÃO NA PUBLICAÇÃO
SINDICATO NACIONAL DOS EDITORES DE LIVROS, RJ

P434i

Peled-Elhanan, Nurit, 1949-
Ideologia e propaganda na educação : a Palestina nos livros didáticos israelenses / Nurit Peled-Elhanan ; tradução Artur Renzo ; apresentação Carlota Boto. - 1. ed. - São Paulo : Boitempo; Editora Unifesp, 2019.
296 p. ; 23 cm.

Tradução de: Palestine in Israeli school books : ideology and propaganda in education
Inclui bibliografia e índice
ISBN 978-85-7559-686-9 (Boitempo); 978-85-5571-049-0 (Editora Unifesp)

1. Conflito árabe-israelense - Estudo e ensino. 2. Livros didáticos - Israel. 3. Nacionalismo e educação - Israel. 4. Livros didáticos - Influências tendenciosas. I. Renzo, Artur. II. Boto, Carlota. III. Título.

19-55744 CDD: 371.0095694
CDU: 37.016:94(569.4+866.23)

Vanessa Mafra Xavier Salgado - Bibliotecária - CRB-7/6644

1ª edição: abril de 2019

Jinkings Editores Associados Ltda.
Rua Pereira Leite, 373
05442-000 São Paulo SP
Tel.: (11) 3875-7250 / 3875-7285
editor@boitempoeditorial.com.br | www.boitempoeditorial.com.br
www.blogdaboitempo.com.br | www.facebook.com/boitempo
www.twitter.com/editoraboitempo | www.youtube.com/tvboitempo

Editora Unifesp
Universidade Federal de São Paulo
Rua Sena Madureira, 1 500 – 5º andar
04021-001 São Paulo SP
Tel.: (11) 5576-4848 ramal 8393
www.editoraunifesp.com.br
contato@editoraunifesp.com

O psiquismo humano padece de duas grandes enfermidades: a necessidade de se vingar através das gerações e a inclinação a rotular as pessoas segundo o grupo a que pertencem, em vez de enxergá-las como indivíduos.

Richard Dawkins

Sumário

Apresentação

Carlota Boto

Em boa hora as editoras Unifesp e Boitempo publicam este relevante livro de Nurit Peled-Elhanan. *Ideologia e propaganda na educação: a Palestina nos livros didáticos israelenses* é um trabalho que se inscreve na tradição dos estudos sobre livros didáticos, mas recupera, na análise, uma dimensão política fundamental que, por vezes, tem sido relegada nos estudos sobre a leitura escolar. A presente obra tem como foco a representação da Palestina nos livros escolares que circulam em Israel. A tese da autora é a de que há uma geografia da hostilidade e da exclusão, perpassada por um discurso aparentemente científico, mediante o qual a atuação pública de Israel é identificada com o avanço, a democracia e o progresso do Ocidente, ao passo que o lugar social da Palestina é apresentado como o atraso, o Oriente e tudo que obstaculizaria o avanço dos povos. Nesse sentido, em alguma medida, o livro didático reproduz os termos do conflito Israel-Palestina, legitimando uma versão única sobre a superioridade judaica em relação a tudo o que é considerado seu avesso. Os conteúdos culturais do livro didático são portadores de mensagens explícitas e implícitas que falam muito de perto a mecanismos ideológicos de falsificação da realidade. Por fim, há nos textos escolares aqui analisados pela autora um processo de legitimação da violência dos judeus contra os árabes e, evidentemente, da denúncia de qualquer ato de violência que possa vir dos árabes contra os judeus. Trata-se, nesse sentido, de uma obra extremamente atual, que possui relevância quanto a seus aspectos acadêmicos, mas possui também um vasto significado do ponto de vista social e político.

A escola inscreve-se na sociedade como instituição de fronteira: fronteira entre a vida familiar e a esfera social. É como se a escola fosse o *locus* da transição entre o aconchego familiar e o cenário mais impessoal da esfera pública. A escola ensina o sujeito a viver e a interagir em sociedade. Por ser assim, pode-se dizer que a escola situa-se, com todas as suas contradições, no seio dessa sociedade, e reproduz os âmbitos de todos os nivelamentos, mas também de todas as desigualdades nela presentes. Estudos ainda relativamente recentes sobre a cultura escolar têm, entretanto, demonstrado que, além de a escola reproduzir a sociedade que a abriga, ela também tem a tarefa histórica de produzir certo tipo de cultura. Tal cultura, impressa nas próprias relações escolares, vigora por meio de atos e palavras, gestos e inscrições que dialogam muito de perto com todo um roteiro de saberes e de saber-fazer, os quais tanto instituem rituais e maneiras de agir quanto organizam um dado repertório, que leva à própria reprodução, em termos intergeracionais, da mesma cultura escolar. Em outras palavras: as coisas que a escola faz são, por um lado, parecidas com as coisas que a sociedade faz e, por outro, uma continuidade das coisas que a própria escola fez em épocas passadas. Daí a face conservadora da escolarização. Ela se estrutura na constelação societária, a partir de determinados modelos externos e também internos. O livro escolar é parte determinante dessa história.

A hipótese que a autora busca confirmar neste livro é a de que, segundo a narrativa dos livros didáticos que assumem a perspectiva sionista-israelense, "os judeus israelenses – que vieram dos mais remotos cantos do mundo, sem nada em comum a não ser a religião de seus ancestrais, praticada por cada grupo étnico de uma maneira diferente – constituem uma nação natural do alvorecer da história". Assim, identifica-se o slogan sionista "uma terra sem povo para um povo sem terra"; o que não quer dizer exatamente que a terra estivesse desocupada, mas que seria ocupada por intrusos. A autora divide os livros didáticos em períodos e procura mostrar como a Palestina era vista em cada um. O que se observa de maneira geral é que, como afirma Nurit Peled-Elhanan, "nos livros didáticos israelenses, as fronteiras entre o texto disciplinar e os textos políticos, proféticos ou militares se confundem". É como se houvesse uma dimensão de cientificidade em narrativas que se constroem especialmente sobre a história e a geografia da região, valorizando apenas um lado do conflito "árabe-israelense". Note-se que, ao se caracterizar o termo israelense, parte-se do pressuposto de que os israelenses são apenas os judeus, não sendo os árabes-palestinos identificados como integrantes da condição de israelenses. O livro didático procede, portanto, a um apagamento da Palestina na vida escolar, como se, para formar as novas gerações, bastasse o relato sobre o judaísmo e sua história. Haveria preconceitos e estereótipos que pautam a interpretação sobre os palestino-israelenses, no que diz respeito aos modos de vida, às maneiras de agir, aos modos pelos quais eles se vestem e se organizam em sociedade.

O livro didático israelense possui um tom etnocêntrico. A autora analisa imagens de algumas obras e constata que a representação visual dos palestinos é pautada sempre por símbolos que seriam, em tese, degradantes: a condição de terrorista, a condição de refugiado e a condição de agricultor. Seriam, no limite, apresentados como o "problema de Israel". Além disso, é como se o mundo todo fosse dividido entre judeus e árabes; e nessa generalização os diversos tipos de vilarejos árabes em Israel não são sequer considerados em suas especificidades. Não se leva em conta que, sob o genérico termo "árabe", encontram-se vários povos – tunisianos, argelinos, marroquinos etc. – e que cada um deles tem sua própria história e sua própria inscrição geográfica. Aqui não. Trata-se, no limite, de generalizar e estabelecer o contraponto entre judeu e não judeu.

É claro que a autora reconhece que há períodos e autores mais progressistas do que outros. Verifica que, entre os anos 1990 e o início da primeira década dos anos 2000, houve uma tentativa nos materiais didáticos de compreender o ponto de vista árabe. Porém, há uma tendência em nossa década – que vem se radicalizando nos últimos anos – que identifica o rótulo de palestino com todos os obstáculos para um mundo de paz, prosperidade e desenvolvimento. Sendo assim, os palestinos são imediatamente vinculados ao "problema palestino". Essa era a visão que imperava nos anos 1950 e 1960. E essa é a realidade hoje desses livros. De acordo com a autora, trata-se de uma representação manipuladora, que tende a deformar propositadamente os fatos em análise.

O livro de Nurit Peled-Elhanan é bem construído e bem escrito. Trata de uma temática absolutamente relevante para um Brasil que hoje discute temas como os da Escola sem Partido. Na atualidade do debate pedagógico do Brasil, a condição política da escolarização tem sido amplamente discutida. São demarcados os aspectos doutrinários possivelmente inscritos no dia a dia da escolarização. Este livro faz ver o contrário: demonstra claramente que são os setores conservadores, postos à direita da História, que procuram tornar ideológico aquilo que, no limite, é histórico. À escola cabe sim um partido: o partido da justiça. Alguém poderia dizer que esse conflito entre judeus e palestinos está muito distante de nós. Contudo, creio que vale aqui o antigo dístico: nada do que é humano pode nos ser estranho. Convido, finalmente, à leitura.

Prefácio à edição brasileira

Quem entrar numa escola israelense hoje verá imediatamente os *slogans*: "Ame o outro", "Respeite as diferenças" e "O outro sou eu" – inspirados num projeto nacional[1]. No entanto, em vista do caráter problemático das relações intergrupais em Israel, da separação entre escolas judaicas e árabes, da integração parcial de crianças etíopes e não judaicas, poderíamos nos perguntar quem são esses "outros" com os quais as crianças são encorajadas a se identificar, compreender, respeitar e amar.

Quando examinamos os livros didáticos israelenses, percebemos que esses "outros" não são os "outros" da sociedade israelense. Os livros didáticos não falam de Israel, mas de uma determinada ideia de Israel: uma sociedade judaica totalmente branca, moderna e ocidental, que vive segundo as escrituras judaicas e promove os valores judaico-democráticos; uma sociedade de vítimas que luta para defender sua "democracia defensiva" contra potenciais inimigos que raramente são apontados, mas que querem "nos exterminar" a todo custo. Essa comunidade imaginada não se parece em nada com a sociedade israelense, que é majoritariamente "oriental" e se caracteriza pela polarização e pela intolerância; na qual um *mélange* de atitudes racistas ou "heterofóbicas" em relação aos judeus não ocidentais, concidadãos palestinos e não cidadãos palestinos promove beligerância, racismo e culto ao poder, alimentados pelo medo de uma segunda Shoá que "nos" será imposta não pelos alemães, com os quais Israel fez as pazes, mas pelos "árabes".

Os nativos palestinos, sejam cidadãos ou sujeitos, são vistos e representados nos livros didáticos israelenses como uma ameaça à própria existência do Estado e, em

[1] Disponível em: <http://cms.education.gov.il/EducationCMS/Units/ui/>.

geral, sua expulsão e assassinato resolvem "um enorme problema demográfico" e nos salvam de outro Auschwitz. Os livros didáticos promovem a ideia de que devemos manter a vantagem demográfica, entendendo quantidade como qualidade: enquanto formos numerosos estaremos seguros, ou melhor, enquanto não formos numericamente superiores não estaremos seguros[2]. Assim os livros escolares israelenses legitimam o distanciamento dos palestinos por meio de práticas de confinamento, expulsão e assassinato.

Esse tipo de planejamento, ou "jardinagem" social, é encontrado tipicamente em sociedades colonialistas que aspiram a se tornar Estados etnicamente puros. A política referente à população palestina nativa sempre foi a de distanciá-la o máximo possível[3]. Ilan Pappé explica que o "problema era a própria presença dos palestinos: distanciá-los, ou se distanciar deles, sempre foi uma solução que poderia ser muito brutal em primeira instância e sedutoramente pacífica em segunda"[4]. Afirma que a exclusão dos palestinos é "a mensagem mais forte e mais frequente dos sionistas, já desde a década de 1930, a fim de tornar a Palestina um refúgio seguro para os judeus".

Para legitimar a "jardinagem" social, seja na propaganda geral, seja nos livros didáticos, é preciso que as pessoas sejam desumanizadas e transformadas em entidades abstratas. A abstração é:

> um dos principais poderes da mente moderna. Quando aplicado a seres humanos, tal poder significa apagar a sua face: qualquer sinal que permaneça serve como marca de afiliação, de pertencimento a uma categoria. [...] Uma vez desumanizados, e portanto anulados como potenciais sujeitos de demandas morais, os objetos humanos são vistos com indiferença ética [...]. Objetos desumanizados não podem de forma alguma se dotar de uma "causa", muito menos uma causa "justa"; eles não têm "interesses" que

---

2 No documentário "The Lab: We Sell Weapons" (2013), de Yotam Feldman, há uma gravação em vídeo do general israelense Amiram Levin discursando para jovens oficiais: "A quantidade é muito mais importante que a qualidade. Vocês deveriam parar de se perguntar quem merece morrer e quem não merece. Todas essas pessoas nasceram para morrer de qualquer maneira". Disponível em: <https://www.youtube.com/watch?v=iabky5rvsGk>.

3 Ver também Baruch Kimmerling, *The Invention and Decline of Israeliness: State, Society, and the Military* (Berkeley, University of California Press, 2005); Elia Zureik, *Israel's Colonial Project in Palestine: Brutal Pursuit* (Londres, Routledge, 2015); Patrick Wolfe, "Purchase by Other Means: The Palestine Nakba and Zionism's Conquest of Economics", *Settler Colonial Studies*, v. 2, n. 1, 2012: Omar Jabary Salamanca et al. (orgs.), *Past is Present: Settler Colonialism in Palestine*, p. 133-71.

4 Ilan Pappé, *The Ethnic Cleansing of Palestine* (Londres, Oneworld, 2012), p. 49 [ed. bras.: *A limpeza étnica da Palestina*, trad. Luiz Gustavo Soares, São Paulo, Sundermann, 2016].

> possam ser levados em conta, nenhuma demanda de subjetividade. Objetos humanos se tornam, portanto, um "fator incômodo".[5]

Os livros escolares israelenses se valem dessa abstração tanto verbalmente quanto visualmente. Verbalmente, nunca apresentam os palestinos como seres humanos com os quais podemos nos identificar ou que gostaríamos de ter perto de nós, e as pouquíssimas fotografias que os retratam são apenas "evidências" de terror e de atraso: agricultores rudimentares, terroristas, nômades e refugiados. No mais das vezes, são descritos como "problemas": um "problema de desenvolvimento", um "problema demográfico", uma "ameaça securitária". Esses problemas geralmente operam como "um fenômeno autodirigido, independente de causalidade ou ação humana"[6]. Por exemplo: "Embora Israel tenha saído vitoriosa da guerra de sobrevivência que lhe foi imposta, o problema palestino envenenou por mais de uma geração as relações de Israel com o mundo árabe e com a comunidade internacional"[7]. O problema age por conta própria. Ninguém o ativa. Além disso, um livro didático judeu rotular uma nação inteira de "problema a ser resolvido", apenas setenta anos depois de os próprios judeus terem sido denominados "o problema judaico" e terem sido vítimas da Solução Final, implicitamente equipara a atual condição dos palestinos à dos judeus e de outros grupos indesejados na Europa sob o domínio nazista.

Visualmente, abstração significa simplesmente deixar de representar as pessoas em contextos em que, na realidade, elas estão presentes. Como defende Edward Said: "Todas as energias constitutivas do sionismo tiveram como premissa a presença excluída, isto é, a ausência funcional dos 'povos nativos' na Palestina. Os palestinos estão sendo ejetados ou ausentados até mesmo quando estão mais do que presentes"[8].

Isso se manifesta mais claramente em diagramas, gráficos e fotografias em que os cidadãos palestinos não são retratados como sendo parte da população israelense, ou em mapas em que a ausência de cidades, aldeias ou instituições culturais palestinas cria pontos cegos.

---

5 Zygmunt Bauman, *Modernity and the Holocaust* (Ithaca, Cornell University Press, 1989), p. 104 [ed. bras.: *Modernidade e holocausto*, trad. Marcus Penchel, Rio de Janeiro, Zahar, 1998].

6 Theo van Leeuwen, *Discourse and Practice: New Tools for Discourse Analysis* (Oxford, Oxford University Press, 2008).

7 Eli Bar-Navi, *The 20th Century: A History of the People of Israel in the Last Generations for Grades 10-12* (Tel-Aviv, Sifrei Tel-Aviv, 1998), p. 184.

8 Edward Said, *The Question of Palestine* (Nova York, Times Books, 1979), p. 29 [ed. bras.: *A questão da Palestina*, trad. Sonia Midori, São Paulo, Unesp, 2012].

Este livro que você está lendo trata dos livros escolares israelenses produzidos até 2009. Os livros publicados desde então quase não mencionam os palestinos. Eles apresentam Israel como uma democracia defensiva, que precisa se proteger de um "terror" abstrato.

Os livros escolares israelenses raramente mencionam a Ocupação. Os territórios ocupados são apresentados como parte de Israel e a população original palestina não aparece em nenhum relato. Os livros de educação moral e cívica publicados pelo Ministério da Educação em 2018 repetem incessantemente que a terra pertence aos judeus, onde quer que eles estejam. Por exemplo, o livro *Going the Civilian Way* [Trilhando o caminho civil][9] menciona algumas práticas de ocupação no capítulo intitulado "O direito da democracia de se proteger", justificando-as com o argumento de que ser uma democracia não significa cometer suicídio nacional. O livro explica que uma democracia defensiva pode se valer de qualquer medida que seja considerada adequada para proteger os cidadãos contra potenciais terroristas e apoiadores. Estão legitimados, portanto, muros segregatórios, postos de controle, assassinatos dirigidos, detenções administrativas ("deter, por um período indeterminado de tempo, uma pessoa sem julgamento e sem possibilidade de ela se reunir com um advogado"), demolição de casas, confisco de terras, toques de recolher e aplicação de pressão física e psicológica leves ("não tortura"). Os alunos são solicitados a consultar jornais e portais de internet para se informar sobre a "censura securitária" e indicar vantagens e desvantagens desse tipo de política. O livro mostra um posto de controle "móvel", montado aleatoriamente e sem aviso prévio (Figura 1). Dois grupos de pessoas conversam apoiadas descontraidamente em blocos de concreto, dispostos de qualquer jeito. Algumas são policiais, outras, soldados. Há um veículo vazio da polícia, a bandeira de Israel hasteada no telhado de uma cantina e uma colina deserta ao fundo. É esse posto de controle descontraído que é justaposto ao "terror" abstrato.

Escolher a imagem de um posto de controle estranhamente vazio suscita uma discussão abstrata que não leva em consideração as pessoas contra as quais ele foi instalado. A imagem de um posto de controle comum (Figura 2) poderia levantar questões que o Ministério da Educação israelense não está interessado em abordar, como: é assim que os terroristas são? Como podemos saber? Será que todo palestino é um terrorista em potencial, inclusive idosos e bebês?

---

[9] B. Geldi, N. Nave e A. Matzkin, *Going the Civilian Way* (Tel-Aviv, Reches, 2012). O título original é em hebraico.

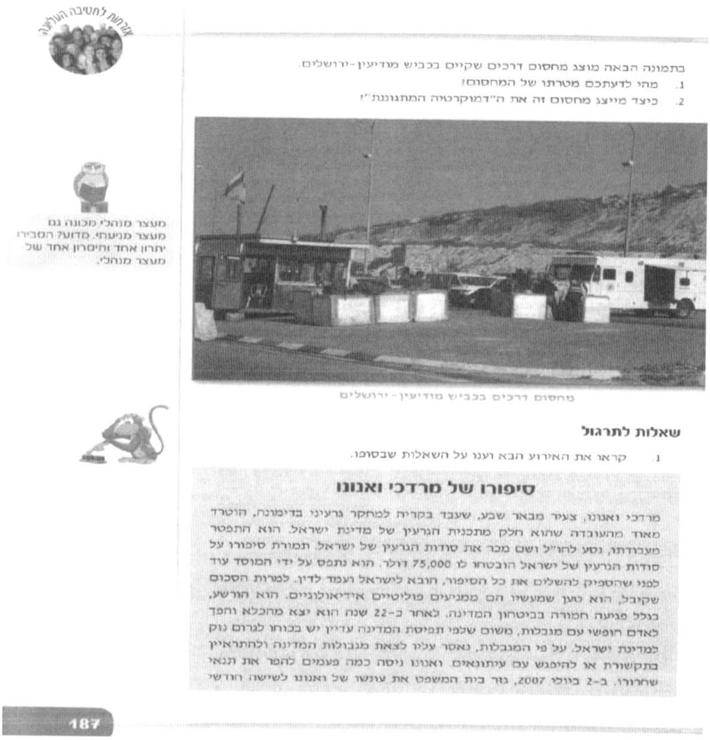

בתמונה הבאה מוצג מחסום דרכים שקיים בכביש מודיעין-ירושלים.

1. מהי לדעתכם מטרתו של המחסום?
2. כיצד מייצג מחסום זה את ה"דמוקרטיה המתגוננת"?

מחסום דרכים בכביש מודיעין-ירושלים

מעצר מנהלי מכונה גם מעצר מניעתי. מדוע? הסבירו יתרון אחד וחיסרון אחד של מעצר מנהלי.

שאלות לתרגול

1. קראו את האירוע הבא וענו על השאלות שבסופו.

סיפורו של מרדכי ואנונו

מרדכי ואנונו, צעיר מבאר שבע, שעבד בקריה למחקר גרעיני בדימונה, הוטרד מאוד מהעובדה שהוא חלק מתכנית הגרעין של מדינת ישראל. הוא התפטר מעבודתו, נסע לחו"ל ושם מכר את סודות הגרעין של ישראל. תמורת סיפורו על סודות הגרעין של ישראל הובטחו לו 75,000 דולר. הוא נתפס על ידי המוסד עוד לפני שהספיק להשלים את כל הסיפור, הובא לישראל ועמד לדין. למרות הסכום שקיבל, הוא טען שמעשיו הם ממניעים פוליטיים אידיאולוגיים. הוא הורשע, בגלל פגיעה חמורה בביטחון המדינה. לאחר כ-22 שנה הוא יצא מהכלא והפך לאדם חופשי עם מגבלות, משום שלפי תפיסת המדינה עדיין יש בכוחו לגרום נזק למדינת ישראל. על פי המגבלות, נאסר עליו לצאת מגבולות המדינה ולהתראיין בתקשורת או להיפגש עם עיתונאים. ואנונו ניסה כמה פעמים להפר את תנאי שחרורו. ב-2 ביולי 2007, גזר בית המשפט את עונשו של ואנונו לשישה חודשי

187

Figura 1. Posto de controle na estrada de Modi'in a Jerusalém.

Figura 2. Posto de controle de Kalandia (2018).
Imagem cedida por Tamar Fleishman.

Os estudantes poderiam se dar conta de que, não obstante a insuportável superlotação e carga de estresse concentrada no pequeno espaço entre as gaiolas de aço e os portões automáticos, as pessoas parecem senhoras de si, "racionais e educadas, portanto as características positivas que os estudantes israelenses tendem a associar aos seus próprios coletivos, um [...] nativo civilizado, demolidor de estereótipos"[10]. Os palestinos não parecem ser potencialmente "marginais sanguinários, sedentos de vingança violenta, propensos a agir contra seus próprios interesses, se tiverem a oportunidade de ferir o maior número possível de israelenses"[11].

A abstração permite questionamentos racionais baseados no critério da eficácia, tais como os que aparecem no final do capítulo:

– Em sua opinião, qual o propósito do posto de controle?
– De que maneira ele representa a democracia defensiva?

A coruja (Figura 1, margem esquerda) diz aos estudantes: "Detenção administrativa também é denominada detenção preventiva. Explique por quê. Elenque uma vantagem e uma desvantagem das detenções administrativas".

A racionalidade baseia-se, é claro, na legitimação das práticas colonialistas de Israel, que são apresentadas como "racionais", em vista da evidente necessidade de se manter a maioria judaica a todo custo, por medo de um segundo Holocausto.

Legitimando o confinamento

"A concentração completa o processo de distanciamento."[12]

Transformar seres humanos em abstrações ("problemas") e descrevê-los por estereótipos degradantes, como veremos nos livros escolares israelenses, leva à conclusão racional de que esse "incômodo" ou ameaça deveria ser distanciado ou confinado no interior de limites estreitos.

Enquanto os judeus etíopes, assim como os *mizrahim* antes deles, foram concentrados em campos especiais – denominados Centros de Absorção – até se tornarem "cultivados" o suficiente para poder se integrar à maioria judaica, os pa-

[10] Dan Rabinowitz, "Natives with Jackets and Degrees: Othering, Objectification and the Role of Palestinians in the Co-existence Field in Israel", *Social Anthropology*, v. 9, n. 1, 2001, p. 76.

[11] Idem.

[12] Zygmunt Bauman, *Modernity and the Holocaust*, cit., p. 74.

lestinos nunca foram candidatos a esse tipo de integração e são permanentemente confinados em limites estreitos.

Os cidadãos palestinos de Israel quase nunca têm autorização para comprar e expandir terras, e são barrados em boa parte dos empregos públicos e governamentais. Os sujeitos palestinos que moram na Cisjordânia e em Gaza, atrás dos muros de separação, são totalmente dependentes de autorizações e licenças para cada movimento que façam. Os livros escolares israelenses legitimam essa situação, seja retratando os cidadãos palestinos como sujeitos vis ou fora da lei, seja admitindo a situação em nome da segurança e da pureza étnica.

Um exemplo é a lei de cidadania que determina que palestinos casados precisam de autorização para morar juntos. Um livro de educação moral e cívica publicado em 2010 apresenta a lei e a legitima da seguinte maneira:

> A lei nega cidadania a palestinos que residem em Judeia e Samaria ou em Gaza e que se casam com cidadãos israelenses.
> Alguns defendem a lei em nome da Democracia Defensiva e do direito de Israel a eliminar a ameaça de ataques terroristas. Alguns a aprovam por motivos nacionalistas e pela necessidade de evitar a imigração palestina e preservar o caráter judaico do Estado. A Suprema Corte determinou a inconstitucionalidade dessa lei, mas rejeitou petição contrária porque se tratava de uma lei emergencial, acrescentando que "direitos humanos não são receita para suicídio nacional".[13]

O mesmo livro justifica o governo militar de 1948-1967, que impôs estado de sítio permanente sobre os cidadãos palestinos, referindo-se à necessidade de judeificar a terra: "O governo militar ajudou o assentamento judaico em todo o país e preveniu a posse, por parte dos árabes, de terrenos vagos".

Legitimando o estado de exceção dos palestinos

> "A dolorosa derrota, os ideais sionistas e a definição de Israel como Estado do povo judeu tornam difícil para os árabes de Israel aceitar a sua condição de minoria."[14]

"Aceitar a sua condição de minoria" significa aceitar viver em estado de exceção permanente descrito pela "existencialização" ou "naturalização"[15]. Por exemplo:

---

[13] David Shahar, *Israel: A Jewish Democratic State* (Tel-Aviv, Kinneret, 2010), p. 138.

[14] Ibidem, p. 300.

[15] Theo van Leeuwen, *Discourse and Practice*, cit., p. 67.

"Parte da população beduína se encontra em 45 assentamentos não reconhecidos pelas autoridades. Portanto, não recebem serviços regulares, tais como verbas municipais, água, eletricidade, saúde e bem-estar"[16].

A estrutura causal assertiva não estimula discussão nem questionamento e não explica por que os cidadãos de um Estado democrático que há gerações residem na mesma terra não deveriam ser reconhecidos enquanto tais e, portanto, ter direito a todos os serviços públicos. O livro apresenta as terríveis condições dos beduínos de Israel por um procedimento racional de causa e efeito.

Na mesma linha, outro livro de educação moral e cívica assegura aos estudantes que não há contradição em ser uma democracia e ao mesmo tempo um Estado que exclui e segrega: "Não há contradição entre Israel constituir uma nação civil de cidadãos e diversas minorias etnoculturais viverem nela, mas a única nação a gozar de autodeterminação ser a judaica"[17].

Conforme mencionamos anteriormente, o medo israelense de se tornar novamente uma minoria é equivalente ao medo de um novo Holocausto, que agora seria cometido por uma minoria palestina que, se não fosse controlada, cresceria a ponto de se tornar uma maioria genocida. Portanto, "o foco continua sendo a relação entre o Holocausto e a necessidade de uma soberania judaica"[18]. Os livros didáticos apresentam toda vitória sobre os palestinos como a salvação de uma nova Shoá. Assim, a guerra de 1982 no Líbano "nos salvou de outro Auschwitz"[19]. Os livros didáticos israelenses inculcam nos estudantes a ideia de que uma Israel judaica com um Exército forte teria evitado o Holocausto, e certamente impedirá que outro venha a ocorrer.

Assim, "extirpar" os palestinos passa a ser uma atividade criativa, e não destrutiva. Ela não difere, em espécie, de outras atividades que fazem parte da construção e da manutenção de um jardim perfeito. Assim, nos livros didáticos israelenses, sempre que palestinos estão sendo mortos, encontramos descrições de sucessos, avanços e salvação do povo judeu. Por exemplo: "Nos meses

---

[16] David Shahar, *Israel: A Jewish Democratic State*, cit., p. 45.

[17] Avraham Diskin, *Government and Politics in Israel* (Jerusalém, Maggie, 2011), p. 165.

[18] Amnon Raz-Krakotzkin, "History Textbooks and the Limits of Israeli Consciousness", *Journal of Israeli History: Politics, Society, Culture*, v. 20, n. 2-3, 2001: *Israeli Historical Revisionism: From Left to Right*, p. 155-72.

[19] Eli Bar-Navi, *The 20th Century*, cit.

seguintes [ao massacre de Deir Yassin], o Yishuv judaico foi agraciado com sucessos"[20]. Ou:

> Embora o massacre de Deir Yassin não tenha iniciado uma fuga em pânico dos árabes de Israel [...] ele a acelerou. A fuga dos árabes resolveu um terrível problema demográfico, e até mesmo uma pessoa moderada como [o primeiro presidente] Weizmann se referiu a ela como um "milagre".[21]

No que diz respeito ao Plano D para a limpeza étnica da estrada que liga Tel-Aviv a Jerusalém:

> Do ponto de vista judeu, o Plano D foi um enorme sucesso. Fortaleceu o poderio militar da comunidade judaica. Criou uma continuidade territorial [judaica] como "recurso estratégico". Produziu efeitos positivos no nível diplomático, pois convenceu os norte-americanos e os russos de que a comunidade judaica é forte militarmente e pode se defender por conta própria.[22]

Todos esses exemplos mostram: os livros escolares israelenses não eximem as matanças, mas antes as legitimam por explicações consequenciais, isto é, apresentando as consequências positivas de longo prazo para Israel, que são transformadas *a posteriori* em causa.

Culpando a vítima

No que diz respeito aos motivos para a erradicação e a discriminação, o United Nations Expert Group on Managing Diversity in the Civil Service [Grupo das Nações Unidas Especializado em Gerenciamento de Diversidade no Serviço Civil] (2001) chegou às seguintes conclusões acerca das causas sociais do preconceito racial, que refletem a realidade israelense:

> em sociedades de colonos [...] em que indivíduos são privados de acesso igual a emprego, habitação, participação política, educação e aplicação da justiça [...] a discriminação priva um grupo de tratamento equitativo e o apresenta como um problema. O grupo tende então a ser culpabilizado por sua própria condição, o que, por sua vez, leva a uma renovada elaboração e aprofundamento da teoria racista.

---

20 Ketziah Avieli-Tabibian, *The Age of Horror and Hope: Chapters in History for Grades 10-12* (Tel-Aviv, The Centre for Educational Technologies, 2001), p. 284.

21 Eli Bar-Navi, *The 20th Century*, cit., p. 184.

22 N. Blank, *The Face of the 20th Century* (Tel-Aviv, Yoel Geva, 2006), p. 323.

Além de serem culpabilizados pelo próprio atraso, os palestinos são também responsabilizados por sua condição de minoria: "Quando você vai à guerra, não pode se queixar da derrota"[23]. Ou: "Os árabes procuraram, porque escolheram combater os judeus até a perdição"[24].

Considerações finais

Em Israel, os livros didáticos ensinam que a única lógica pertinente às relações entre a maioria judaica e as minorias palestinas é a da eliminação cultural e física dos palestinos. Tais livros reproduzem e legitimam a alterização social de minorias árabes, promovendo assim o chamado "racismo de elite"[25] – um racismo ditado de cima para baixo e inculcado através de livros didáticos, artigos, discursos parlamentares e cultura. Esse racismo se inscreve em práticas de violência, desprezo, intolerância, humilhação e exploração, em discursos e representações que exprimem a necessidade "de purificar o corpo social, de preservar 'a própria' ou 'a nossa' identidade de todas as formas de mistura, miscigenação ou invasão, articuladas em torno de estigmas de alteridade – nome, cor de pele, práticas religiosas"[26]. Em outras palavras, como esta obra demonstrará, trata-se de eliminar a própria presença de pessoas onde elas não são desejadas.

* * *

Este livro faz parte de uma pesquisa mais ampla sobre o discurso escolar, tanto em seu registro oral quanto escrito. A investigação abarca o discurso em sala de aula e seus aspectos multiculturais ou racistas, a análise da escrita e da fala das crianças e o uso da linguagem científica nas ciências naturais e sociais. Uma das descobertas foi que os livros didáticos de ciências sociais se valem da linguagem científica para incutir percepções racistas, apresentar opiniões como fatos e ocultar a responsabilidade de Israel nos crimes da fundação. O maior desses crimes é a Nakba ou limpeza étnica da Palestina. As crianças israelenses são submetidas a narrativas preconceituosas que as preparam para enxergar seus vizinhos e concidadãos palestinos como um problema que, de um modo ou de outro, deve ser

---

[23] Avraham Diskin, *Government and Politics in Israel*, cit., p. 200.

[24] N. Blank, *The Face of the 20th Century*, cit., p. 323.

[25] Martin Reisigl e Ruth Wodak, *Discourse and Discrimination: Rhetorics of Racism and Anti-Semitism* (Londres, Routledge, 2001), p. 21.

[26] Étienne Balibar, "Is There a 'Neo-Racism'?", em Étienne Balibar e Immanuel Wallerstein, *Race, Nation, Class: Ambiguous Identities* (Londres, Verso, 2010), p. 17.

eliminado – e isso poucas décadas depois de judeus europeus terem sido tratados como "problema-a-ser-resolvido". Os estudantes são constantemente preparados para encarar uma nova Shoá, a ser cometida, desta vez, por seus vizinhos árabes, para não confiar em ninguém e para estar sempre prontos a lutar contra seus vizinhos e oprimi-los, bem como para legitimar essa opressão.

Esse tipo de educação, em minha avaliação, configura abuso infantil. Por isso, quis expô-lo e apresentá-lo aos pais e aos professores pelo que de fato é.

Prefácio

"A história nunca é dita ou lida de maneira inocente, pois ela é sempre para alguém."

Keith Jenkins, *Re-thinking History*, p. 86

Em Israel, os livros escolares são escritos para jovens que aos dezoito anos de idade prestarão o serviço militar obrigatório para levar a cabo a política israelense de ocupação dos territórios palestinos.

O presente estudo não pretende descrever a educação israelense como um todo, mas focalizar uma questão específica: de que maneira os livros escolares retratam a Palestina e os palestinos contra os quais os jovens israelenses terão potencialmente de usar a força?

Meu interesse específico pelos livros escolares advém da convicção, que compartilho com outros pesquisadores tanto de Israel quanto de outros países, de que, para além de todas as outras fontes de informação, esse tipo de material didático permanece um instrumento poderoso por meio do qual o Estado molda formas de percepção, categorização, interpretação e memória que servem para determinar identidades pessoais e nacionais. Isso é especialmente verdadeiro para nações como Israel, em que "história, memória, [identidade pessoal] e nação desfrutam de uma íntima comunhão"[1].

Quatro anos atrás, um aluno meu, Tal Sela, escreveu no prefácio ao seu trabalho de conclusão de curso, que consistia da análise de livros didáticos de história israelenses:

[1] Pierre Nora, "General Introduction: Between Memory and History", em Pierre Nora (org.), *Realms of Memory: Rethinking the French Past*, v. 1: *Conflicts and Division* (Nova York, Columbia University Press, 1996), p. 5 [ed. bras.: "Entre memória e história: a problemática dos lugares", *Projeto História*, trad. Yara Aun Khoury, v. 10, dez. 1993]. Disponível em: <https://www.eurozine.com/reasons-for-the-current-upsurge-in-memory/>.

> No dia 5 de setembro de 1997, fui parar no Líbano, em uma missão de resgate. Todos os meus amigos estavam na batalha, doze soldados foram mortos [...]. Um ano depois, eu estava em profunda depressão. Triste e soturno. Decidi recorrer a um psicólogo. Após algumas sessões [...] já conseguia reorganizar meus pensamentos. Compreendi então que a crise mental que eu enfrentava era na verdade uma crise moral, uma crise de consciência. O que eu sentia era frustração, vergonha e raiva.
>
> Como pude ser tão ingênuo a ponto de me deixar enganar? Como explicar que um homem da paz se exponha, por sua própria vontade, a uma experiência tão mórbida? Hoje, vi um oficial algemar um taxista porque ele havia desobedecido à ordem dos soldados de estacionar aqui e não lá. "A gente falou milhares de vezes pra ele", disseram os soldados. O homem ficou estirado no chão no pior calor do verão, passando sede, horas a fio. Seu amigo teve mais sorte: foi obrigado a permanecer de pé, em uma cela, sem algemas.
>
> O que leva esses jovens israelenses a desempenhar o papel de juízes supremos, a ponto de perder todo o juízo? Na minha opinião, é a "Grande Narrativa Sionista" que serve, tanto explícita quanto implicitamente, como uma consciência coletiva para a sociedade israelense. Essa grande narrativa é o sistema de valores que nos faz pertencer a esse coletivo particular.

Este livro apresenta um estudo crítico a respeito de um aspecto dessa narrativa, conforme é reproduzida nos livros escolares de três disciplinas: história, geografia e educação moral e cívica. Trata-se de uma análise dos textos verbais e visuais que representam os "outros" dos judeus sionistas, a saber, os palestinos – tanto os cidadãos de Israel quanto os não cidadãos que vivem sob regime militar nos territórios palestinos ocupados desde 1967.

É a minha própria leitura que conduz o estudo. O filósofo Michael Waltzer observa que "críticos não são indivíduos herméticos descorporificados, e sim membros interessados de sociedades e grupos sociais específicos dotados de pontos de vista específicos"[2]. Essa é uma visão compartilhada por críticos literários, filósofos e analistas do discurso que compreendem o ato de leitura como um processo pessoal de "produção de sentido" mediante o qual o leitor "preenche elementos com conteúdos e dá sentido a esses elementos"[3]. O "sentido" nunca é inteiramente

---

[2] Michael Waltzer, *Interpretation and Social Criticism* (Harvard, Harvard University Press, 1987), p. 43.

[3] Gunther Kress, *Literacy in the New Media Age* (Londres, Routledge, 2003), p. 38.

ditado pelo escritor, como observou o filósofo renascentista francês Michel de Montaigne: "*La parole est moitié à celui qui parle moitié à celui qui écoute*"[4].

A base da minha interpretação consiste de minha própria leitura e das conexões intertextuais que identifiquei nos livros didáticos analisados. A estudiosa de literatura Tiphaine Samoyault explica que, no ato de ler, o leitor é solicitado pelo intertexto em quatro níveis: sua memória e cultura; sua inventividade e espírito lúdico[5]. Temos de levar em conta cada um desses quatro níveis a fim de efetivamente explorar as possibilidades oferecidas pela leitura multimodal, multigenérica e não linear de textos de livros escolares, pois esses tipos de publicação são por natureza "intertextos": eles tanto se referem a outros textos quanto transformam textos de gêneros diferentes[6]. As conexões intertextuais encontradas nos livros didáticos aqui analisados são formadas pelo meu conhecimento dos discursos políticos, culturais e educacionais israelenses, e por minha posição ideológica, que consiste naquilo que Reisigl e Wodak descrevem como "empática para com as vítimas de discriminação"[7].

---

[4] "A palavra é metade de quem pronuncia e metade de quem ouve". Montaigne, *Ensaios III* (trad. Rosemary Costhek Abílio, São Paulo, Martins Fontes, 2001). A respeito do ato de leitura enquanto processo pessoal de produção de sentido, ver também Wolfgang Iser, *O ato da leitura* (trad. Johannes Kretschmer, São Paulo, Editora 34, 1999); Roland Barthes, *O prazer do texto* (trad. J. Guinsburg, 6. ed., São Paulo, Perspectiva, 2013); Umberto Eco, *Os limites da interpretação* (trad. Pérola de Carvalho, 2. ed., São Paulo, Perspectiva, 2010); Jerome Bruner, *Atos de significação* (trad. Sandra Costa, Porto Alegre, ArtMed, 2002), para citar alguns.

[5] Tiphaine Samoyault, *L'intertextualité: mémoires de la littérature* (Paris, Armand Colin, 2003), p. 68.

[6] Gunther Kress, *Literacy in the New Media Age*, cit., p. 140.

[7] Martin Reisigl e Ruth Wodak, *Discourse and Discrimination: Rhetorics of Racism and Anti-Semitism* (Londres, Routledge, 2001), p. 35.

Introdução
Uma etnocracia judaica no Oriente Médio

Apesar de Israel propagandear com êxito que seu regime é uma democracia, ele é frequentemente definido por pesquisadores como uma "etnocracia" ou uma "democracia étnica". Isso porque é a etnicidade[1] e não a cidadania o principal determinante para a alocação de direitos, poder e recursos em Israel. Os judeus que são cidadãos de outros países e os assentadores judeus que vivem além da fronteira oficial do Estado possuem plenos direitos de cidadania, enquanto os cidadãos árabes que residem no interior das fronteiras israelenses não têm nenhum direito, e os palestinos que vivem na região ocupada da Cisjordânia são considerados "apátridas".

A educação israelense também propaga a ideia de que Israel é uma democracia – a única democracia do Oriente Médio –, ao mesmo tempo que reforça sua existência enquanto uma etnocracia. Em todos os livros escolares, assim como no discurso político e sociocultural, Israel é definido como o Estado dos judeus onde quer que eles estejam e não como o Estado de seus cidadãos.

As etnocracias, de acordo com Oren Yiftachel[2], possuem algumas características democráticas, tais como eleições periódicas, liberdade de religião, legislação, relativa liberdade de imprensa e comunicação, além da concessão de certos direitos importantes, embora parciais, às minorias. A estrutura das etnocracias baseia-se

---

1 Este estudo se vale da definição de Yiftachel de etnicidade enquanto "identidade cultural baseada na crença de uma ancestralidade comum em um local específico". Ver Oren Yiftachel, "Re-engaging Planning Theory? Towards 'South-Eastern' Perspectives", *Planning Theory*, v. 5, n. 3, nov. 2006, p. 216.

2 Oren Yiftachel, *Ethnocracy: Land and Identity Politics in Israel/Palestine* (Philadelphia, University of Pennsylvania Press, 2006).

em uma dominação etnoterritorial que se manifesta no controle da terra, dos assentamentos, das forças armadas, do fluxo de capital, da constituição e da cultura pública por um grupo étnico dominante[3].

Assim como outras etnocracias, Israel promove a expansão não democrática da "etnonação" judaica dominante sobre os territórios palestinos, tanto no interior das fronteiras oficiais do Estado quanto além delas. Segundo os livros escolares israelenses, essa expansão corresponde à visão e aos princípios sionistas e atende à necessidade de terras e segurança da parte de Israel. Essas questões serão abordadas no capítulo 2.

Smooha define Israel como uma democracia étnica:

> Trata-se de uma democracia movida por uma ideologia ou um movimento de nacionalismo étnico que proclama certa população como uma nação que compartilha uma ascendência comum, uma língua comum e uma cultura comum. Também alega a propriedade de certo território que considera sua pátria exclusiva [...]. Trata-se de uma democracia diminuída, pois considera a nação étnica, e não o conjunto dos cidadãos, a pedra angular do Estado [...]. Em Israel, os judeus se apropriam do Estado e o transformam em um instrumento para promover sua segurança nacional, demografia, espaço público, cultura e interesses. Ao mesmo tempo, essa democracia dá diversos tipos de direitos [individuais] a um milhão de cidadãos árabe-palestinos (16% da população) que são vistos como uma ameaça.[4]

Na medida em que algumas das características mais importantes listadas acima, como língua, cultura e história comuns, não estavam à disposição da nação judaico-israelense moderna, foi preciso criá-las por meio da educação, da literatura e da mídia, com o propósito de construir uma memória e uma identidade coletiva homogênea. É por isso que, desde sempre, uma tarefa importante dos livros didáticos israelenses é reproduzir uma narrativa que liga os estudantes judeus a suas "origens" na terra de Israel. Livros escolares israelenses sempre apresentaram os judeus israelenses como nativos que regressaram ao lar. Esses judeus "nativizados" são percebidos no discurso israelense como ocidentais modernos, descendentes diretos dos hebreus bíblicos – os filhos de Israel.

---

3 Idem.

4 Sammy Smooha, "Ethnic Democracy: Israel as an Archetype", *Israel Studies*, v. 2, n. 2, 1997, p. 210.

Livros didáticos entre a história e a memória

É difícil imaginar um esforço de criação e controle da memória coletiva mais amplo e maciço do que o que foi feito pelos Estados modernos, em especial por meio de seu sistema educacional[5].

Este estudo não foi escrito por uma historiadora, e sim por uma analista do discurso. Não se pretende fazer aqui uma verificação dos fatos que são apresentados nos livros didáticos israelenses, e sim estudar seu discurso, isto é, sua retórica, e os meios semióticos pelos quais eles transmitem suas mensagens.

O discurso específico dos livros didáticos e de história já foi objeto de estudo de historiadores, sociólogos, psicólogos e analistas do discurso. Um tópico interessante é em que medida os livros escolares são os produtores e reprodutores da memória coletiva ou os agentes da investigação histórica. Segundo Wertsch, narrativas patrocinadas por Estados não são pensadas para ser lógica ou cientificamente corretas, ou para envolver os alunos na investigação histórica, mas para criar uma forte identidade coletiva[6]. Portanto, embora as histórias oficiais sejam às vezes cientificamente equivocadas, a memória coletiva que elas promovem tem grande peso na formação da lealdade e da identidade coletivas, pois a memória tem mais influência sobre as pessoas do que a história.

Wertsch observa que as nações, sendo comunidades imaginadas e não "uma forma natural, dada por Deus, de classificar pessoas [...], exigem um grande esforço e uma vigilância crescente no que diz respeito à questão da identidade" para garantir sua criação e manutenção. Embora "os Estados certamente não sejam as únicas entidades interessadas em fornecer uma memória coletiva no mundo moderno, [...] eles são inigualáveis no que diz respeito ao poder e aos recursos que dedicaram a esse fim"[7]. Um dos principais canais para perpetuar as narrativas nacionais é a educação formal. Wertsch e outros pesquisadores de livros didáticos defendem que a principal tarefa dos livros escolares é compor uma narrativa nacional contínua ou memórias coletivas a fim de construir e consolidar uma identidade nacional para todos os cidadãos, ou ao menos para todos aqueles que constituem o grupo dominante[8]. Essa observação, sem dúvida alguma, vale para Israel, onde

---

5 James V. Wertsch, *Voices of Collective Remembering* (Cambridge, Cambridge University Press, 2002), p. 172.

6 Ibidem, p. 69.

7 Idem.

8 Ibidem, p. 10.

não se ensina a narrativa nacional palestina nem aos estudantes judeus, que constituem a "maioria", nem aos estudantes palestino-israelenses, que constituem a "minoria", mas onde todos aprendem a narrativa sionista[9].

Livros escolares funcionam como aquilo que Nora denominou *lieux de mémoires*, ou lugares de memória[10]. Nora explica que "os livros de história se tornam lugares de memória somente quando remodelam fundamentalmente a memória ou personificam uma revisão da memória com fins pedagógicos"[11]. O que transforma os livros escolares em "lugares de memória" é a função de "inibir o esquecimento, fixar um estado de coisas, imortalizar a morte e materializar o imaterial – tudo para capturar o máximo possível de sentido num mínimo possível de signos"[12].

Assim como outros historiadores, Nora sustenta que há uma grande diferença entre história e memória coletiva. Defende que a história, sendo a-mítica, encara com perpétua suspeição a memória, que é baseada em mitos. Diferentemente da memória, a história acolhe discordâncias, mudanças e controvérsias como parte da interpretação histórica vigente[13]. Isso faz da história a principal inimiga da memória coletiva e sua verdadeira missão é destruí-la[14], ou melhor, transformar os "*lieux de mémoires* [lugares de memória] em *lieux d'histoire* [lugares de história]"[15]. Nora defende ainda que a memória coletiva é ditatorial, não autoconsciente e dominadora, e que retém do passado somente o que ainda vive e é capaz de viver na consciência do grupo e manter viva a memória.

Assim como Nora, Halbwachs também sustenta que a história começa onde a memória acaba, é extinta ou decomposta[16]. Halbwachs explica que a história, diferentemente da memória, tende a ser mais distanciada de qualquer perspectiva particular e não prestar lealdade a nenhum marco social particular. A dife-

[9] Irene Nasser e Riad Nasser, "Textbooks as a Vehicle for Segregation and Domination: State Efforts to Shape Palestinian Israelis' Identities as Citizens", *Journal of Curriculum Studies*, v. 40, n. 5, 2008, p. 627-50.

[10] Pierre Nora, "General Introduction: Between Memory and History", em Pierre Nora (org.), *Realms of Memory: Rethinking the French Past*, v. 1: *Conflicts and Division* (Nova York, Columbia University Press, 1996).

[11] Ibidem, p. 17.

[12] Ibidem, p. 15.

[13] Ibidem, p. 8-9.

[14] Ibidem, p. 9.

[15] Ibidem, p. 14-5.

[16] Maurice Halbwachs, *On collective memory* (Chicago, The University of Chicago Press, 1992) [ed. bras.: *A memória coletiva*, trad. Beatriz Sidou, 2. ed., São Paulo, Centauro, 2015].

rença fundamental entre memória e história seria que a história examina todas as versões e procura dar sentido às diferenças; a memória, em contraposição, é contextual, depende da presença de um grupo especial em um lugar especial. É por isso que a história não pode ser uma espécie de memória universal. Enquanto artefato intelectual e secular, a história exige análise e crítica. No centro da história encontra-se um discurso crítico antitético à memória, cujo objetivo principal, especialmente no caso da memória coletiva, não é compreender o passado, e sim compor um "passado aproveitável" que justifique o "nosso" modo de fazer as coisas, ao mesmo tempo que deslegitima o modo de fazer "deles". O principal objetivo da memória coletiva é distinguir o grupo dos demais, sejam eles *outgroups** ou "inimigos". Conforme já explicado por Allport[17], todos os grupos desenvolvem uma maneira de viver dotada de crenças e códigos característicos, padrões e "inimigos" adequados às suas próprias necessidades adaptativas. Esses códigos e crenças são os ingredientes da memória coletiva e das narrativas nacionais. Um desses ingredientes é a hostilidade aos *outgroups*, o que "ajuda a fortalecer nosso senso de pertencimento"[18], embora, como Wertsch deixa claro, esse elemento não chega a ser necessário. Allport sustenta que tendências opostas parecem caracterizar a pessoa tolerante[19], mas narrativas nacionais oficiais, especialmente em Estados novos, não podem ser tolerantes, pois exigem "a franca rejeição" de todas as outras narrativas e "a geração de algo completamente diferente"[20]. Narrativas oficiais traçam linhas sólidas entre opostos absolutos – preto e branco, bem e mal, verdadeiros filhos da terra e falsos filhos da terra[21]. Tais narrativas são muito típicas de etnocracias como Israel, porque:

> o espaço público etnocrático é formulado em torno de um conjunto de símbolos culturais e religiosos, representações, tradições e práticas que tendem a reforçar as narrativas do grupo etnonacional dominante, enquanto silenciam, degradam e ridicularizam culturas ou perspectivas contestatórias.[22]

---

* *Outgroups* e *ingroups* são um par conceitual popularizado pelo psicólogo social polonês Henri Tajfel (1919-1982). O *ingroup* consiste em um grupo social com o qual um indivíduo se identifica como membro pertencente, ao passo que o *outgroup* designa um grupo social ao qual um indivíduo não se identifica enquanto membro. (N. T.)

17 Gordon W. Allport, *The Nature of Prejudice* (Nova York, Doubleday Anchor, 1958).

18 Ibidem, p. 171.

19 Idem.

20 James V. Wertsch, *Voices of Collective Remembering*, cit., p. 88.

21 Maurice Halbwachs, *On collective memory*, cit.

22 Oren Yiftachel, *Ethnocracy*, cit., p. 37.

Quanto a Israel, Confino defende que os israelenses em geral não são capazes nem estão dispostos a considerar criticamente suas relações passadas com os palestinos, porque esse passado constitui um problema político contemporâneo crucial[23].

O conflito israelense-palestino é aquilo que Bar-Tal chamou de conflito intratável[24]. Zvi Bekerman e Michalinos Zembylas, que estudaram tanto o conflito greco-turco no Chipre quanto o israelense-palestino no contexto das escolas mistas, explicam que a narrativa das memórias coletivas ligadas a conflitos intratáveis fornece uma imagem sem nuances, que leva a "um entendimento conciso, rápido, inequívoco e simples da história do conflito. Essa narrativa que domina livros didáticos escolares e práticas pedagógicas é apresentada como a história da sociedade"[25].

Bekerman e Zembylas argumentam:

> no que diz respeito a conteúdos particulares, as crenças societais da memória coletiva tangenciam ao menos quatro temas importantes em termos da percepção do conflito e da forma pela qual ele é tratado. Primeiro, elas justificam a deflagração do conflito e seus desdobramentos. Segundo, apresentam uma imagem positiva do *ingroup*. Em terceiro lugar, deslegitimam o oponente. Em quarto lugar, apresentam sua própria sociedade como vítima do oponente. Essa visão é formada no decorrer de um longo período de violência e resulta dos sofrimentos e das perdas de uma sociedade, e às vezes é vista até mesmo como um "trauma escolhido".[26]

Estudando as vicissitudes da memória coletiva na Rússia soviética e pós-soviética, Wertsch chegou à conclusão de que muitas vezes é bastante difícil categorizar como memória ou história qualquer narrativa oficial do passado reproduzida em livros didáticos, pois elas contêm elementos de ambas[27]. De certa forma, "histórias oficiais estão em um ponto intermediário entre o texto religioso e a documentação"[28]. Assim como os grupos religiosos, muitas vezes os Estados

---

[23] Alon Confino, "Before the Locked Gate: The History and Memory of the 1967 War", *Haaretz* (Sfarim: Book Review Supplement), 6 jun. 2007, p. 20-1. Disponível em: <http://www.haaretz.co.il/hasite/pages/ShArtSR.jhtml?objNo=60104&returnParam=Y&itemNo=866884&objNo=60104&returnParam=Y>.

[24] Daniel Bar-Tal, "Sociopsychological Foundations of Intractable Conflicts", *American Behavioral Scientist*, v. 50, 2007, p. 1.430-53.

[25] Zvi Bekerman e Michalinos Zembylas, *Teaching Contested Narratives Identity, Memory and Reconciliation in Peace Education and Beyond* (Cambridge, Cambridge University Press, 2012), p. 135-7.

[26] Idem.

[27] James V. Wertsch, *Voices of Collective Remembering*, cit.

[28] Ibidem, p. 71.

buscam produzir textos em que "a força da palavra é forte o bastante para suplantar as diferenças entre os participantes [e] fundi-los, ao menos durante certo tempo, em uma unidade"[29].

Podeh, que estudou os livros escolares israelenses entre 1950 e 2000, afirma que os livros escolares não são agentes de história, e sim "agentes de memória cujo objetivo é garantir a transmissão de certo 'conhecimento aprovado' à geração mais nova"[30]. Ele sustenta que, ao construir a memória coletiva, os livros didáticos israelenses desempenham um duplo papel: por um lado, fornecem um senso de continuidade entre o passado e o presente, transmitindo narrativas históricas aceitas; por outro, alteram e reescrevem o passado para promover uma narrativa que corresponda às suas necessidades contemporâneas.

> Na medida em que [...] o Estado controla o aparato educacional, ele pode moldar a memória coletiva da nação ao determinar o que deve ser incluído e excluído dos currículos e dos livros didáticos. Tal modo de proceder torna possível a manipulação do passado a fim de moldar o presente e o futuro.[31]

Estudos mostram que os livros escolares israelenses visam inculcar a memória coletiva criada pelo sionismo, que "constitui uma memória coletiva judaica completamente nova"[32]. Livros escolares de história, geografia, educação moral e cívica, literatura e até mesmo ciências e gramática disseminam de uma maneira ou de outra a grande narrativa sionista, que, segundo Yael Zrubavel, é composta de duas partes: a narrativa do declínio da "era dourada" da antiguidade até a culminação no Holocausto, passando pelo "exílio", e a narrativa de progresso que se inicia com o retorno sionista à terra de Israel enquanto ato que conduzirá à redenção nacional[33]. Essa narrativa envolve tanto a negação dos 2 mil anos de "exílio" dos judeus quanto a de qualquer vida significativa na Palestina durante esse período.

A narrativa sionista inculcada nas escolas israelenses relata uma luta contínua dos judeus contra os conquistadores não judeus, usurpadores e perseguidores.

---

29 Brian Stock, *Listening for the Text: On the Uses of the Past* (Philadelphia, University of Pennsylvania Press, 1990), p. 150, citado em James V. Wertsch, *Voices of Collective Remembering*, cit., p. 28.

30 Elie Podeh, *The Arab-Israeli Conflict in Israeli History Textbooks, 1948-2000* (Westport, Bergin and Garvey [Greenwood], 2002), p. 5.

31 Idem, "History and Memory in the Israeli Educational System: The Portrayal of the Arab-Israeli Conflict in History Textbooks (1948-2000)", *History and Memory*, v. 12, n. 1, 2000, p. 65-100.

32 Yael Zrubavel, "The 'Mythological Sabra' and Jewish Past: Trauma, Memory, and Contested Identities", *Israel Studies*, v. 7, n. 2, 2002, p. 115-44.

33 Ibidem, p. 115-6.

Em seu livro de história, Eyal Naveh, Naomi Vered e David Shahar apresentam essa narrativa de continuidade da seguinte maneira:

> Os feriados e os dias de memória em Israel foram criados como uma luta contínua do povo judeu pela própria existência, segundo o conhecido esquema dos judeus como poucos e bons contra os góis (não judeus), muitos e maus. No Hanukah, os macabeus lutam contra os gregos antigos; no 11º dia do mês de Adar, Trumpeldor e os defensores de Tel Hai (1920) lutam contra os "saqueadores" árabes; no Purim, o judeu Mardoqueu e sua sobrinha, a rainha Ester, enfrentam o malvado Hamã; no Pessach, Moisés e os filhos de Israel lutam contra o faraó e os egípcios para se libertar da escravidão; no Dia da Lembrança do Holocausto, os rebeldes do gueto de Varsóvia lutam contra os nazistas alemães; no Dia da Memória e no Dia da Independência de Israel, os combatentes de 1948 lutam contra os exércitos dos Estados árabes; e no 33º dia de Ba'Omer, os [antigos] fundamentalistas judeus lutam contra os romanos. Todos esses contextos são reunidos para criar uma narrativa artificial, que define e constrói a memória coletiva dos cidadãos judeus de Israel. A ideia fundamental é a continuidade do destino judeu e a salvação realizada unicamente pela força do povo judeu. Assim, a guerra de 1948 foi concebida como um acerto de uma velha dívida histórica, e os combatentes de 1948 como os descendentes diretos dos macabeus.[34]

Nessa grande narrativa de retorno e redenção, o herói é o "novo judeu" que regressou para reivindicar sua terra natal e recuperá-la das mãos dos invasores árabes. Acrescento um comentário pessoal aqui: na minha infância, nos anos 1950-1960, em todo 15 de Shevat (Ano Novo das Árvores, segundo a tradição judaica) era costume sairmos com a nossa classe para plantar árvores nas florestas criadas pelo Fundo Nacional Judaico, como as crianças judias israelenses fazem ainda hoje, e nos diziam que estávamos recuperando as magníficas florestas bíblicas que os invasores árabes haviam destruído com seus rebanhos quando "nós" estávamos fora.

A reprodução desse tipo de narrativa nacional nos livros escolares é discutida em diversos estudos sobre histórias patrocinadas pelo Estado. Tyack afirma que as narrativas nacionais envolvem "uma mistura particular de heróis inspiradores e fatos elementares nos quais os jovens cidadãos deveriam acreditar" e seu objetivo é inculcar uma memória coletiva fundada na verdade cívica aprovada pelo Estado[35].

---

[34] Eyal Naveh, Naomi Vered e David Shahar, *Nationality in Israel and the Nations: Building a State in the Middle East* (Tel-Aviv, Rehes, 2009), p. 308.

[35] David Tyack, "Patriotic Literacy: History Textbooks in the Nineteenth Century", em *Seeking Common Ground: Public Schools in a Diverse Society* (Harvard, Harvard University Press, 2003), p. 40.

Isso exige, como sustenta Podeh, a manipulação do passado, que passa a funcionar a favor do culto da continuidade e da necessidade de construir um "passado aproveitável".

O culto da continuidade

A educação hegemônica de Israel, valendo-se da Bíblia como fonte histórica autorizada e da arqueologia judaico-israelense, que está interessada antes de mais nada em provar a validade e a veracidade das histórias bíblicas e reafirmar a antiga presença e predominância dos judeus na terra de Israel/Palestina[36], perpetua aquilo que Nora denomina "o culto da continuidade". Esse culto fornece a uma nação "a certeza de conhecer a quem e ao que devemos o que somos"[37]. Nora explica que desse culto vem a importante ideia das "origens", que é a "versão laicizada do mito" que fornece a uma sociedade "em via de laicização nacionalista sua ideia e sua necessidade de sagrado"[38]. O culto da continuidade se destina a justificar "nossa" maneira de fazer as coisas e "nos fazer venerar a nós mesmos". Como explica Nora, "quanto mais grandiosas as origens da França, mais elas aumentavam a grandeza dos franceses"[39]. Mas enquanto para os franceses essa noção caracteriza o espírito do século XIX (e a Terceira República), em Israel ela caracteriza a realidade e as práticas dos dias de hoje. Segundo a narrativa sionista-israelense, os judeus israelenses – que vieram dos mais remotos cantos do mundo, sem nada em comum a não ser a religião de seus ancestrais, praticada por cada grupo étnico de uma maneira diferente – constituem uma nação natural do alvorecer da história. Um exemplo desse culto é a maciça campanha "Judeia e Samaria são a história de todo judeu", que foi promovida pelo Conselho de Comunidades Judaicas da Judeia e Samaria por meio de sua nova organização, o Conselho de Relações Públicas da Judeia e da Samaria. Nessa campanha, histórias de "nossos ancestrais bíblicos" são diretamente vinculadas aos assentamentos judeus ilegais na Cisjordânia com o objetivo de alcançar os judeus seculares de esquerda e convencê-los de "nossos direitos históricos" à terra da Palestina. Cartazes com

---

36 Para mais considerações e bibliografia a respeito do papel da arqueologia israelense na criação da narrativa nacional de continuidade, ver Shlomo Sand, *When and How the Jewish People was Invented* (Resling, 2008) [ed. bras.: *A invenção do povo judeu*, trad. Eveline Bouteiller, São Paulo, Benvirá, 2011].

37 Pierre Nora, "General Introduction: Between Memory and History", cit., p. 12.

38 Idem.

39 Idem.

filhos de assentados vestindo roupas bíblicas contam a história associada a cada assentamento nos territórios palestinos ocupados. Por exemplo: um menininho em uma escada personifica Jacó e o sonho que ele teve em Betel; Efrata é o local onde morreu a matriarca Raquel etc. O raciocínio por trás dessa campanha foi esclarecido no dia 4 de outubro de 2008 pelo diretor da campanha, o sr. Segev, que declarou ao Canal 7 (*Jewish News*): "Particularmente agora, com a perda da fé na liderança, é importante apresentar nossos valores e dizer, sem desculpas, a Judeia e a Samaria são nossas, elas são parte da história de todo judeu".

Como mencionamos anteriormente, o culto da continuidade judaica na terra de Israel/Palestina também significa apagar todos os sinais da existência contínua de palestinos nessa região. Sobre esse aspecto, o professor de literatura Ariel Hirschfeld comenta que o credo sionista "Conheça a sua pátria" significa esquecer 2 mil anos de civilização nessa terra e enxergar a vida atual dos judeus em Israel como um prolongamento direto do reino bíblico da Judeia[40]. De fato, os 2 mil anos de "ausência" judaica da região, cuja negação é um dos dogmas mais importantes dos sionistas, estão literalmente entre parênteses nos livros didáticos, como demonstraremos no capítulo 2 deste volume. Essa negação é dúplice, pois oculta o mundo-da-vida histórico tanto dos judeus "exilados" quanto da Palestina sem os judeus nativos[41]. De acordo com o mito da continuidade, a própria terra foi condenada a uma espécie de exílio no período em que não houve supremacia judaica sobre ela: "Ela não possuía história significativa ou autêntica, aguardando a sua redenção com o retorno dos judeus"[42]. Piterberg explica que o *slogan* sionista: "Uma terra sem povo para um povo sem terra", não significa que a terra estava literalmente desocupada, mas que estava sem os seus guardiões históricos e era ocupada por intrusos sem significado. Essa noção talvez esteja na base da afirmação de Ruth Firer, do Instituto Truman para o Avanço da Paz, ao analisar os livros didáticos de história de Israel: "O Estado soberano de Israel foi *restabelecido* em 1948"[43]. Tal afirmação assume que o Estado atual de Israel é sucessor direto de um antigo "Estado de Israel", ou melhor, reino de Israel. Até mesmo o historiador

[40] *Haaretz*, 27 dez. 2008.

[41] Gabriel Piterberg, "Erasures", *New Left Review*, n. 10, jul.-ago. 2001.

[42] Ibidem, p. 32.

[43] Ruth Firer, "The Presentation of the Israeli-Palestinian Conflict in Israeli History and Civics Textbooks", em Ruth Firer e Sami Adwan, *The Israeli-Palestinian Conflict in Israeli History and Civics Textbooks of Both Nations* (Hannover, Georg-Eckert-Institut für Internationale Schulbuchforschung, Hahnsche Buchhandlung, 2004), p. 22, grifos nossos.

Bar-Navi, considerado por pesquisadores como Firer e Podeh um dos autores de livros didáticos de história mais progressistas, ainda se refere à cidade palestina de Hebrom como a cidade "dos nossos ancestrais", como a qualificam os assentados judeus para justificar a colonização e a expulsão de seus habitantes palestinos[44]. Como assinala Nora: "Quando olhamos para o passado, nós nos apossamos violentamente do que sabemos não ser mais nosso"[45].

Embora a memória coletiva frequentemente alegue estabilidade e constância, parece que um de seus poucos atributos permanentes é sofrer mudanças[46]. Em seu estudo sobre os livros didáticos russos do período de transição da Rússia soviética para a pós-soviética, Wertsch mostra que não é raro que a narrativa oficial seja apresentada como imutável mesmo quando não é[47]. Isso porque as mudanças são lentas e nem sempre são sentidas pelo grupo. Os livros escolares são um exemplo perfeito de tais mudanças, pois são aquilo que Gunther Kress denomina "solidificação momentânea da semiose"[48], o que significa, nas palavras dele, "suspender temporariamente a semiose [ou a produção de significado] em forma textual"[49]. Essa semiose pode mudar de um governo para outro, enquanto a narrativa básica permanece intacta. Portanto, como mostram alguns estudos, livros escolares são textos temporários em essência e de fato. Eles sofrem mudanças e transformações frequentes – embora nem sempre radicais[50]. Como os livros de história "de verdade", podem ser descritos como "produtos [que] correspondem a uma gama de bases de poder existentes em qualquer momento e que estruturam e distribuem os significados das histórias ao longo de um espectro dominante-marginal"[51]. Embora tenham um denominador ideológico comum, os livros escolares israelenses re fletem as controvérsias políticas e as relações de poder em constante transformação

---

44 Eli Bar-Navi, *The 20th Century: A History of the People of Israel in the Last Generations for Grades 10-12* (Tel-Aviv, Sifrei Tel-Aviv, 1998).

45 Pierre Nora, "General Introduction: Between Memory and History", cit., p. 12.

46 James V. Wertsch, *Voices of Collective Remembering*, cit., p. 173.

47 Ibidem, p. 45.

48 Gunther Kress, "Text as the Punctuation of Semiosis", em Ulrike Hanna Meinhof e Jonathan Smith (orgs.), *Intertextuality and the Media* (Manchester, Manchester University Press, 2000), p. 152.

49 Ibidem, p. 141.

50 Walls revela as alterações que os livros didáticos suecos sofreram no que diz respeito ao conflito Israel--Palestina e a influência do sionismo sobre essas publicações. Ver Michael Walls, *Framing the Israel/Palestine Conflict in Swedish History School Textbooks* (manuscrito de tese de PhD defendida na Universidade de Gothenburg, Suécia, School of Global Studies and Center for Educational Science and Teacher Research).

51 Keith Jenkins, *Re-thinking History* (Londres, Routledge, 1991), p. 26.

no interior do Estado. Eles reaparecem quase anualmente em novas versões que se dizem "atualizadas" tanto científica quanto pedagogicamente. Estar atualizado significa apresentar a interpretação atual da realidade. A "atualização" constante dos livros escolares é também uma das qualidades que lhes permite funcionar como "lugares de memória", pois, embora sua função seja "fixar" a memória, Nora argumenta que "funcionalmente os livros de história prosperam por conta de sua capacidade de mudar, sua habilidade de reavivar velhos significados e gerar novos, juntamente com conexões novas e imprevisíveis"[52].

Dois exemplos recentes são as acusações contra dois livros didáticos de história: *A World of Changes*[53] e *Nationality: Building a State in the Middle East*[54], ambos publicados por ministérios da Educação do partido trabalhista e posteriormente banidos por seus sucessores de direita. *Nationality: Building a State in the Middle East* foi republicado com pequenas alterações que, aparentemente, são muito importantes para o governo atual, mas parecem menos importantes aos outros; uma dessas mudanças foi a substituição do termo "limpeza étnica", em referência ao êxodo palestino em 1948, pelo termo "expulsão organizada". As demais alterações serão abordadas mais adiante.

A narrativa oficial produzida nos livros didáticos israelenses passou por algumas mudanças em seus cinquenta primeiros anos de existência. Podeh classifica essas mudanças de radicais, mas ao mesmo tempo modera o otimismo ao afirmar que "o fato de a velha narrativa sionista ainda poder ser encontrada em alguns livros didáticos mostra que a transformação ainda não foi concluída"[55]. Ele resume da seguinte maneira a evolução dos livros didáticos de história no que diz respeito à atitude de Israel em relação aos palestinos. No primeiro período (décadas de 1950 e 1960), "a narrativa histórica era repleta de vieses, preconceitos, equívocos, deturpações e até mesmo omissões propositais. Os árabes eram retratados por estereótipos que reforçavam uma imagem distorcida na sociedade de Israel". A justificação é que os livros didáticos eram destinados a servir aos propósitos de "uma sociedade recém-surgida", que precisava construir uma memória coletiva e consolidar a si mesma, enquanto era "assombrada por um sentimento de

[52] Pierre Nora, "General Introduction: Between Memory and History", cit., p. 15.

[53] Danni Yaakobi et al. (orgs.), *A World of Changes* (Jerusalém/Tel-Aviv, Ministério da Educação e Maalot, 2001).

[54] Eliezer Domka, Hanna Urbach e Zafrir Goldbert, *Nationality: Building a State in the Middle East* (Jerusalém, Zalamn Shazar Centre, 2009).

[55] Elie Podeh, *The Arab-Israeli Conflict in Israeli History Textbooks, 1948-2000*, cit., p. 61.

isolamento e uma mentalidade de cerco". Podeh acrescenta que "o fato de que os livros didáticos eram preconceituosos no passado, e portanto contribuíram para o agravamento do conflito, não conseguiu penetrar na consciência de grandes setores da sociedade israelense". Em meados da década de 1970, novas interpretações da história sionista começaram a reivindicar seu lugar legítimo e reproduziram – na terceira geração de livros didáticos (ca. 1980-1990) – uma narrativa histórica mais crítica e informada, dando assim "um importante passo adiante". No entanto, Podeh observa que mesmo os livros mais progressistas da terceira geração sempre deram sustentação a um "conjunto curricular destinado a incutir o amor à pátria nos cidadãos israelenses e fortalecer sua crença na justa causa do Estado".

A conclusão de Podeh é que "idealmente os alunos devem ter acesso a uma análise mais abrangente das relações árabe-israelenses, bem como uma informação complementar sobre a história e a cultura árabes"[56].

A criação de um passado aproveitável

Um "passado aproveitável" é "uma descrição dos eventos que pode ser usada para algum propósito no presente"[57].

Wertsch assinala o fato de que, embora nunca careçam totalmente de precisão, as memórias coletivas não são tão obrigadas a representar o passado de maneira precisa quanto são a recriar um "passado aproveitável"; a criação de um passado aproveitável é o principal critério de avaliação dos livros escolares, assim como a sua capacidade de aproveitar esse passado para alguma finalidade no presente, em especial para a criação de identidades coerentes de indivíduos e grupos[58]. Para Wertsch, isso pode levar ao sacrifício da precisão e da objetividade[59].

Os dois critérios – precisão e passado aproveitável – não são mutuamente excludentes e podem vir juntos naquilo que Lotman denominou "dualidade funcional"[60]. Lotman explica que, assim como qualquer narrativa, a memória coletiva possui tanto funções referenciais quanto dialógicas: a função referencial tende a fornecer o fundamento para discussões sobre precisão, enquanto a função

[56] Ibidem, p. 29.

[57] James V. Wertsch, *Voices of Collective Remembering*, cit., p. 45.

[58] Ibidem, p. 33.

[59] Idem.

[60] Citado em ibidem, p. 31.

dialógica está ligada à contestação e à negociação envolvidas na criação de um passado aproveitável. Embora ambas as funções sejam capazes de impulsionar a transformação da história oficial, é a negociação com um passado aproveitável que é responsável pelas mudanças na narrativa conforme as demandas do presente. O impulso por trás da memória pública não é a representação precisa do passado, mas, ao contrário, servir aos interesses do presente e do futuro[61]. Em seu estudo sobre os livros escolares russos, Wertsch mostra como a negociação com o passado aproveitável parece mudar com as demandas da nova realidade russa, após o desmantelamento da URSS.

No que diz respeito a Israel, Confino afirma que o objetivo da memória pública tem a ver com a apresentação de "uma imagem do passado baseada na subjetividade do presente"[62].

Seguindo a linha das teorias apresentadas acima, podemos concluir que a narrativa sionista-israelense, que alguns historiadores[63] veem como fraudulenta e enganosa, deve ser avaliada não apenas por sua verdade histórica, mas também por sua habilidade para criar um passado aproveitável em nome da coesão social e da identidade nacional. Como em Israel "história", "geografia" e práticas de colonização estão intimamente conectadas, o "passado aproveitável" recriado em livros escolares e a representação (deturpada) da realidade geopolítica da região podem ser vistos muitas vezes como uma justificação ou comentário sobre as circunstâncias atuais, personalidades vivas e políticas da atualidade. Por exemplo, em um artigo do dia 29 de julho de 2010, o escritor Fogleman comparou a recém-revelada expulsão de fazendeiros sírios das Colinas de Golã em 1967 à expulsão dos palestinos de Lida e Ramla em 1948. Sob o título "O nascimento de uma narrativa", o escritor mostra como a narrativa a respeito da expulsão de 1967 foi moldada a partir da narrativa de 1948; em ambas, os habitantes teriam "fugido" e não "sido expulsos", mas provou-se que ambas as narrativas eram falsas. Ao desmontar as narrativas reproduzidas nos livros escolares e na mídia contemporânea, o artigo critica ou coloca em xeque a credibilidade de personalidades vivas que participaram dessas expulsões e ainda ocupam cargos públicos[64].

---

61 Ibidem, p. 33.

62 Alon Confino, "Before the Locked Gate: The History and Memory of the 1967 War", cit.

63 Gabriel Piterberg, "Erasures", cit.

64 Shay Fogleman, "What Happened to 130,000 Syrian Citizens who Lived in the Golan Heights in June 1967?", *Haaretz*, 29 jul. 2010.

Em suma, pesquisadores de diversas disciplinas acreditam que os livros escolares cumprem o papel educacional de agentes da memória, mais do que o de agentes disciplinadores[65]. Na medida em que os autores dos livros didáticos nem sempre são pesquisadores profissionais da disciplina, mas, como disse Basil Bernstein, pessoas que "trabalham no campo da recontextualização", eles obedecem mais a diretrizes educacionais do que a convenções e regras disciplinares. Portanto, como diz Caroline Coffin em seu estudo sobre o ensino de história nas escolas de ensino médio na Austrália, "o que está em jogo é a política disciplinar da verdade"[66].

O discurso da identidade

"Nações são feitas de indivíduos cujo patriotismo não é um dado inalterável, mas passa por um longo período de formação que provém inicialmente de uma consciência elementar de pertencer a um todo mais amplo"[67].

Como mencionamos acima, os motivos mais comuns para se desenvolver uma narrativa nacional com um passado aproveitável têm a ver com reivindicações de identidade[68].

Allport observa que um dos papéis fundamentais da educação é garantir que as preferências do grupo sejam as preferências de cada indivíduo, que seus inimigos sejam os inimigos de todos[69].

A identidade de grupo é o elemento predominante nas sociedades ocidentais desde o século XIX. Como explica Nora:

> O conceito de identidade [...] passou de uma noção individual e subjetiva a uma noção coletiva, quase formal e objetiva. Assim como a memória, a identidade é uma forma de *dever*. Sou chamado a ser o que sou: corso, judeu, trabalhador, argelino, negro.

---

65 Tyack, 2000; Elie Podeh, *The Arab-Israeli Conflict in Israeli History Textbooks, 1948-2000*, cit.; James V. Wertsch, *Voices of Collective Remembering*, cit.

66 Caroline Coffin, "Constructing and Giving Value to the Past", em Frances Christie e James Robert Martin (orgs.), *Genres and the Institutions: Social Processes in the Workplace and School* (Londres, Continuum, 1997), p. 201.

67 Miroslav Hroch, *Social Preconditions of National Revival in Europe: A Comparative Analysis of the Social Composition of Patriotic Groups among the Smaller European Nations* (Nova York, Cambridge University Press, 1985), p. 13.

68 James V. Wertsch, *Voices of Collective Remembering*, cit.

69 Gordon W. Allport, *The Nature of Prejudice*, cit.

> É nesse nível de obrigação que se cria o laço decisivo entre memória e identidade social. [...] Os dois termos se tornaram praticamente sinônimos.[70]

Em Israel, onde a identidade judaica pessoal e a identidade nacional se confundem quase por completo e onde a identidade judaico-israelense é quase simbiótica com a memória coletiva nacional[71], os cidadãos judeus tendem a se definir, para usar a expressão de Nora, "a partir de fora", como membros do grupo. Por exemplo, quando peço aos alunos do meu curso sobre multiculturalismo e racismo em Israel que se definam, eles geralmente dizem: sou judeu, israelense, sionista, nessa ordem ou em qualquer outra. Os estudantes árabes geralmente dizem que são árabes ou palestinos com documento de identidade israelense[72]. Pouquíssimos estudantes – em especial os recém-chegados e em particular as mulheres – se identificam por critérios individuais, como "sou mãe e esposa, amo poesia, sou otimista/generosa" etc.

No entanto, em Israel, como costuma acontecer em sociedades conflituosas, e na medida em que a etnonação judaica é uma mistura de pessoas de todas as partes do mundo com pouca coisa em comum, questões de identidade coletiva e individual ainda são debatidas "apaixonadamente" e com frequência se tornam discussões acaloradas e até mesmo "guerras de história"[73]. É o caso da questão: "Quem é judeu?", que nunca foi resolvida e continua provocando rompimentos sérios no campo político israelense e nas relações entre Israel e a diáspora judaica[74]. Lealdade, direito à cidadania e imigração estão intimamente ligados à questão da identidade judaica e são tema constante de debate, em especial agora que a nova Lei da Cidadania, aprovada em 29 de março de 2011 pelo Knesset, passou a ser criticada por movimentos antirracistas em todo o mundo[75].

---

70 Pierre Nora, "General Introduction: Between Memory and History", cit., p. 10.

71 Ver Daniel Bar-Tal e Rafi Nets-Zehngut, "Emotions in Conflict: Correlates of Fear and Hope in the Israeli-Jewish Society", *Peace and Conflict: Journal of Peace Psychology*, 1532-7949, v. 14, n. 3, 2008, p. 233-58.

72 Em uma turma de vinte alunos, quando instados a definir sua identidade, duas meninas nascidas em Israel afirmaram antes de mais nada ser antissionistas; duas meninas imigrantes da ex-União Soviética se definiram pessoalmente: uma delas disse: "Eu sou uma mulher, meu nome é Tania", e a outra: "Eu sou Sasha, feminista, ativista, transgênero".

73 Yael Zrubavel, "The 'Mythological Sabra' and Jewish Past", cit.

74 Ver, por exemplo, Sarah Shall, "Who Is a Jew? Court Ruling in Britain Raises Question", *The New York Times*, 7 nov. 2009; Suzi Navot, *The Constitutional Law of Israel* (Alphen aan den Rijn, Kluwer, 2007), p. 189; Uzi Rebhun e Chaim Isaac Waxman, *Jews in Israel: Contemporary Social and Cultural Patterns* (Hanover, Brandies University Press, 2004), p. 296-7.

75 Ver, por exemplo, "Families Fight 'Racist' Israeli Citizenship Law", *BBC News*, 9 mar. 2010.

Esses debates mostram até que ponto o discurso de identidade, assim como o discurso da memória coletiva, é também o discurso da diferença, da inclusão e da exclusão. A construção da memória e da identidade nacionais inclui estratégias de negação de outras memórias e identidades consideradas ameaçadoras. Quando essas memórias e identidades vêm à tona, desafiando todos os meios empregados para apagá-las ou suprimi-las, elas são vistas como obstáculos que precisam ser eliminados. De fato, Nora adverte:

> o verdadeiro problema suscitado pela aura sagrada com que se investiu a memória [coletiva] é saber como, por que e em que momento o princípio positivo de emancipação e libertação sobre o qual ele se baseia sai pela culatra e se torna uma forma de fechamento, um precedente para a exclusão e um instrumento de guerra. Reivindicar o direito à memória é, em princípio, um chamamento à justiça. No entanto, a julgar pelos efeitos que essa reivindicação tem produzido, pode-se dizer que ela se tornou em larga medida um chamamento ao assassinato.[76]

Conforme assinalamos acima, um dos objetivos da narrativa sionista-israelense, assim como de cada fase do projeto sionista, é criar uma identidade homogênea para todas as diferentes etnicidades judaicas que se encontram em Israel (o *slogan* mais popular entre os políticos israelenses é: "Uma nação – Um coração!"), e ao mesmo tempo tentar apagar – tanto física quanto espiritualmente – traços de vida palestina contínua na região, de modo que tanto a memória israelense quanto a palestina morram[77]. As autoridades israelenses sempre proibiram

---

[76] Pierre Nora, *Realms of Memory*, cit., p. 10.

[77] Gabriel Piterberg, "Erasures", cit.; Gadi Algazi, "Revisiting 1967", *Mitzad Sheni*, jul. 2007. A eliminação sistemática da presença palestina foi descoberta pelo historiador Aharon Shay, que revelou em um artigo publicado (em hebraico) no periódico *Cathedra* (v. 105, 2002) a existência de um destacamento de limpeza étnica criado por Ben-Gurion em 1965. A respeito dessa equipe e seu projeto, Algazi explica: "Sua criação foi secreta; a decisão governamental de criá-la nunca veio a público. Sua missão era realizar uma limpeza no país, apagando sistematicamente os vestígios dos vilarejos palestinos abandonados desde 1948. O ministro das Relações Exteriores alegou que ruínas de vilarejos às margens das estradas suscitavam perguntas desnecessárias da parte de turistas. [...] e a Israel Land Administration (ILA) alegou que 'nivelar' os vilarejos pouparia os cidadãos árabes de Israel da angústia e da frustração de não poder retornar a seus vilarejos natais. O destacamento, liderado por Hanan Davidson, ex-paraquedista militar, arrasou mais de cem vilarejos. [...] Arqueólogos foram chamados para realizar vistorias abrangentes antes que as escavadeiras entrassem na área. Para isso, a Israel Archaeological Survey Society [Sociedade de Pesquisas Arqueológicas de Israel], fundada em 1964, recebeu financiamento da ILA. Pesquisar e demolir, documentar e eliminar foram práticas que andaram de mãos dadas. [...] A operação de 'nivelamento' dos vilarejos palestinos não se limitou à Linha Verde, a fronteira de Israel anterior a 1967. [...] Quatro dias após o término da guerra de 1967 [...] acelerou-se a operação de destruição, financiada pelo gabinete da ILA. Os pesquisadores correram para Yalou, Beit Nouba e Amwas, os três povoados palestinos da região de Latrun dos quais os habitantes foram

o ensino da história palestina ou da Nakba, mesmo em escolas árabes[78] – uma proibição que foi recentemente transformada em lei (a "Lei Nakba"), depois que a Nakba foi mencionada na versão árabe-israelense de *Living Together in Israel* (um livrinho de geografia e educação moral e cívica para o terceiro ano do setor árabe) em 2007, e após a decisão judicial da Suprema Corte permitindo que o movimento islâmico celebrasse a Nakba em Israel[79]. A lei proíbe demonstrações públicas de luto no Dia da Independência de Israel ou qualquer manifestação de pesar pelo estabelecimento do Estado de Israel como Estado judeu. Como explica o Instituto para a Democracia de Israel, a "chamada 'Lei Nakba' pretende evitar a celebração pública da catástrofe – ou '*nakba*', em árabe – que atingiu a população árabe durante a guerra árabe-israelense de 1948, quando se estabeleceu o Estado de Israel"[80].

O projeto de lei, aprovado pelo Knesset em 23 de março de 2011, autoriza o ministro das Finanças a "reduzir o orçamento de órgãos que recebam financiamento governamental, se permitirem que o Dia da Independência judaico-israelense e da fundação de Israel seja marcado por cerimônias de luto"[81]. Evidentemente, aqueles que temem a celebração da "Shoah" palestina, como Bar-Navi a denomina no livro didático *The 20th*[82], compreendem que a necessidade de luto dos povos e nações, uma prática tão enraizada na tradição judaica[83], tem a ver com "reivindicações de identidade [...], o desejo de promover o patriotismo e a necessidade de apagar a mágoa da derrota e redimir uma causa perdida"[84]. A "Lei Nakba" manifesta o temor predominante em Israel de que ensinar às crianças palestinas sua própria narrativa possa lhes dar motivo para mágoa, e de que assim elas

---

expulsos e cujas construções foram destruídas (o Parque Canadá foi erguido nessas terras). A mesma equipe de Davidson, em cooperação com as forças de defesa israelenses, levou a cabo a destruição de mais de cem vilarejos nas Colinas de Golã". Ver Gadi Algazi, "Revisiting 1967", cit. Disponível em: <http://www.alterinter.org/spip.php?article1133>.

78 Irene Nasser e Riad Nasser, "Textbooks as a Vehicle for Segregation and Domination: State Efforts to Shape Palestinian Israelis' Identities as Citizens", cit., p. 627-50.

79 "Israeli Textbooks to Drop 'Nakba'", *BBC News*, 22 jul. 2009. Disponível em: <http://news.bbc.co.uk/2/hi/8163959.stm>.

80 Prof. Mordechai Kremnitzer e Roy Konfino, "Implications of the 'Nakba Law' on Israeli Democracy", The Israel Democracy Institute, 22 jun. 2009. Disponível em: <https://en.idi.org.il/articles/10132>.

81 Idem.

82 Eli Bar-Navi, *The 20th Century*, cit.

83 A respeito da influência do medo nas decisões sociais e políticas de Israel, ver Daniel Bar-Tal e Rafi Nets-Zehngut, "Emotions in Conflict", cit.

84 James V. Wertsch, *Voices of Collective Remembering*, cit., p. 31.

tentem "redimir" sua causa perdida[85]. O sentimento das autoridades israelenses, e especialmente dos responsáveis pela educação, é que admitir a Nakba conduzirá à destruição de Israel enquanto Estado judeu e dará aos cidadãos palestinos um motivo para se rebelar[86].

Essa política é típica dos regimes etnocráticos: eles constroem narrativas históricas a respeito da etnonação dominante em que esta é a legítima proprietária do território, enquanto "a história, o lugar e as aspirações políticas do Outro são apresentadas como um fardo ameaçador que deve ser firmemente rejeitado"[87].

Nos livros didáticos aqui analisados, os cidadãos palestinos de Israel não possuem parcelas relativas, nem parcela nenhuma, nos relatos que lhes dizem respeito. Eles estão praticamente ausentes dos textos, exceto como fenômeno negativo: um grupo primitivo que onera o desenvolvimento ou uma ameaça à segurança e à demografia (ver capítulo 1). Nos livros escolares de geografia, a tendência a apagar a vida palestina da cena israelense se expressa na omissão da fronteira internacional de Israel (Linha Verde), na representação da Cisjordânia ocupada (renomeada Judeia e Samaria) como parte de Israel, apesar de nunca ter sido oficialmente anexada ao Estado, e na apresentação das colônias ilegais (como Ariel ou Alon Shvut) como equivalentes a Tel-Aviv ou Jerusalém, ao mesmo tempo que omitem cidades palestinas ou até mesmo cidades mistas do interior de Israel, como Acre ou Nazaré (ver capítulo 2). Assim, os livros didáticos israelenses materializam a observação de Nora segundo a qual "toda a dinâmica da nossa relação com o passado [e, no caso de Israel, com o presente] é moldada pelo jogo sutil entre o inacessível e o inexistente"[88].

---

85 Um dos lamentos mais famosos, o que simboliza o exílio dos filhos de Israel, é: "Junto aos rios da Babilônia, ali nos sentamos e choramos, recordando Sião" (Salmos 137, 1). Nesse lamento também se encontra a frase: "Se eu me esquecer de ti, ó Jerusalém, que eu me esqueça da minha destra" (Salmos 137, 5).

86 O atual ministro da educação de Israel crê que permitir que os palestinos celebrem a Nakba seria a "falência moral" de Israel, e Zvulun Orlev, presidente do Comitê Educacional no Knesset, acredita que seria a ruína de Israel enquanto Estado judeu (*Haaretz*, 1º maio 2008).

87 Oren Yiftachel, *Ethnocracy*, cit., p. 19.

88 Pierre Nora, "General Introduction: Between Memory and History", cit., p. 12.

Lendo os livros didáticos israelenses

A natureza dos livros didáticos

Basil Bernstein afirma que a transformação do conhecimento em comunicação pedagógica é feita pelo dispositivo pedagógico que, assim como o dispositivo de linguagem, é dotado de regras que não são isentas de ideologia[89]. Essas regras "regulam a comunicação pedagógica que o dispositivo possibilita. Tal comunicação pedagógica atua de maneira seletiva sobre o potencial de significação, mais especificamente o discurso potencial que está disponível para ser pedagogizado"[90]. Essas regras se dividem em três categorias:

1) Regras distributivas, cuja função é regular as relações entre poder, grupos sociais, formas de consciência e formas de prática educacional.

2) Regras de recontextualização, que regulam a formação do discurso pedagógico específico. Essas regras não regulam apenas o "conteúdo" do ensino, mas sobretudo a maneira como se faz o ensino, que deriva da teoria da instrução, a qual determina, além da sequência, da velocidade e do ritmo da aprendizagem, os meios semióticos pelos quais a matéria é apresentada aos alunos.

3) Regras de avaliação, cujo propósito é "transmitir critérios [e] produzir uma régua para a consciência"[91].

Assim como todos os outros textos educacionais em que o conhecimento é transformado, os livros escolares reproduzem a memória coletiva, oferecida sobretudo por meio de narrativas[92], conforme as regras pedagógicas de recontextualização. Em outras palavras, os livros escolares transformam o conteúdo disciplinar para inculcar as narrativas e os valores educacionais que se desejam. Essa transformação é feita por intermédio de vários expedientes semióticos, que incluem, além das narrativas, estratégias de argumentação, estruturas míticas[93] e recursos visuais[94].

[89] Basil Bernstein, *Pedagogy, Symbolic Control and Identity: Theory, Research, Critique* (Londres, Taylor & Francis Publishers, 1996), p. 39-41.

[90] Ibidem, p. 42.

[91] Ibidem, p. 46.

[92] James V. Wertsch, *Voices of Collective Remembering*, cit., p. 171.

[93] Idem, "Struggling With the Past: Some Dynamics of Historical Representation", em James F. Voss e Mario Carretero (orgs.), *Cognitive and Instructional Processes in History and the Social Sciences* (Hillsdale, Erlbaum, 1994), p. 323-8.

[94] Theo van Leeuwen, "The Schoolbook as a Multimodal Text", *International Schulbuch Forschung*, v. 14, n. 1, 1992, p. 35-58.

Como esclarece Theo van Leeuwen, "o que sofre transformação é precisamente o que depende dos interesses, objetivos e valores do contexto no qual a prática é recontextualizada"[95]. Hodge e Kress definem essa transformação como uma "adulteração permitida", que envolve "deletar, substituir, combinar ou reordenar um sintagma e seus elementos"[96]. Por isso, "transformações não são 'inocentes'. Elas têm duas funções: economia e distorção, que geralmente aparecem tão misturadas que nem mesmo o enunciador consegue separá-las"[97].

O historiador Hayden White argumenta que, em todos os livros de história, os fatos "não são dados e sim construídos" e os autores "elegem, talham e esculpem fatos selecionados para fins narrativos"[98]. Isso vale sobretudo para os livros escolares. No entanto, o dever do historiador, que não é necessariamente o dever do autor de livros didáticos, é tentar representar o mundo de maneira veraz e honesta, "criticar, corajosamente e em alto e bom som, os pensamentos equivocados acerca do passado, concepções errôneas e preconceitos, independentemente de quão caras são ao autor, ou de quão bem-intencionadas foram no passado"[99]. Em contraposição, o autor de livros didáticos não é obrigado a nos fornecer "uma compreensão mais refinada da maneira como as pessoas no passado construíram seu mundo e suas crenças"[100]. A seleção do autor ou autora não são intrínsecas à lógica da disciplina, mas sim ao que Bernstein denomina "discurso regulativo pedagógico", que é um discurso social que regula as atividades da escola[101].

Na medida em que a transformação ou a recontextualização de textos disciplinares para a educação baseia-se em considerações sociais, pedagógicas e disciplinares, pode-se dizer que os livros escolares constituem *hipertextos* tanto do *hipotexto* sociopolítico dominante quanto de seus respectivos *hipotextos* disciplinares. Os termos hipertextualidade e hipotextualidade são empregados aqui no sentido de Gérard

---

95 Idem, "Legitimation in Discourse and Communication", *Discourse and Communication*, v. 1, n. 1, 2007, p. 96.

96 Gunther Kress e Robert Hodge, *Language as Ideology* (Londres, Routledge, 1993), p. 10.

97 Idem.

98 Hayden White, "Interpretation in History", em *Tropics of Discourse: Essays in Cultural Criticism* (Baltimore, Johns Hopkins University Press, 1978), p. 56.

99 Alon Confino, "Changing Eternity with a Historical Modesty: History and Memory in Israel and Palestine", *Haaretz* (Sfarim: Book Review Supplement), 18 abr. 2007, p. 10-1. Disponível em: <http://www.haaretz.co.il/hasite/spages/849473.html>.

100 Idem.

101 Basil Bernstein, *Pedagogy, Symbolic Control and Identity*, cit., p. 49.

Genette[102]: para ele, a hipertextualidade é qualquer relação que um texto B possua com um texto A anterior, do qual ele deriva ou sobre o qual ele é costurado. Genette explica que essa derivação pode ter muitas formas: o texto B pode não mencionar o texto A, mas não pode existir sem ele, porque aquele é a transformação deste.

Embora variem na maneira como ensinam cada disciplina[103], os livros didáticos israelenses funcionam como transmissores da ideologia sionista e de sua mensagem explícita sobre os direitos históricos dos judeus à terra de Israel/Palestina. Essa é a condição primária para serem autorizados pelo Ministério da Educação. Por isso, são considerados por muitos pesquisadores antes de mais nada hipertextos do hipotexto sionista e, em segundo lugar, hipertextos de seus respectivos hipotextos disciplinares[104].

Bernstein argumenta que, no processo de recontextualização, discursos são deslocados, realocados e reorientados de acordo com princípios pedagógicos[105]. Portanto, os discursos dos livros didáticos nunca são idênticos a seus discursos disciplinares. Nos livros didáticos israelenses, as fronteiras entre o texto disciplinar e os textos políticos, proféticos ou militares se confundem. Os discursos históricos e geográficos se misturam aos discursos científicos, políticos, ideológicos, militares, históricos, verbais e visuais, reforçados por profecias bíblicas, canções patrióticas e poesia heroica. Consequentemente, há uma mistura peculiar de gêneros, modos e mensagens, tanto verbais quanto visuais, que é bastante típica dos livros escolares. Essa mistura, como veremos adiante, procura imortalizar a dominância judaica apresentando-a como legítima desde o alvorecer da civilização.

Wertsch[106] observa que a importância do conhecimento histórico na formação da identidade nacional ganha especial relevância em tempos de transição e turbulência; no caso de Israel, o mesmo vale também para o conhecimento geográfico, pois, segundo a narrativa sionista, "a terra de Israel é a única onde o destino da

---

102 Gérard Genette, *Palimpseste: la littérature au second degré* (Paris, Seuil, 1982), p. 12-4.

103 Os livros didáticos israelenses são livros comerciais, vendidos em regime de livre mercado, e os professores podem escolher qual livro vão utilizar. No entanto, todo livro didático precisa da autorização do Ministério da Educação ou ao menos ser compatível com a base curricular nacional.

104 Yoram Bar-Gal, *Moledet and Geography in a Hundred Years of Zionist Education* (Tel-Aviv, Am Oved, 1993); "Geographic Politics and Geographic Education: A Talk" (artigo apresentando na Conferência da Sociedade Geográfica, Bar-Illan University, Tel-Aviv, 2003); Ruth Firer, *The Agents of Zionist Education* (Tel-Aviv, Hakibutz HaMeuhad & Sifriyat Poalim, 1985); Elie Podeh, *The Arab-Israeli Conflict in Israeli History Textbooks, 1948-2000*, cit.

105 Basil Bernstein, *Pedagogy, Symbolic Control and Identity*, cit., p. 47.

106 James V. Wertsch, *Voices of Collective Remembering*, cit., p. 70.

nação poderia se realizar"[107]. O geógrafo Bar-Gal observa que o sionismo "compreendeu desde muito cedo a importância de ensinar a identidade territorial"[108]; o objetivo do ensino de geografia sempre foi mostrar que "um acontecimento histórico, a ressurreição da nação judaica, teve impacto sobre a paisagem"[109]. Portanto, enquanto livros escolares de história reproduzem e legitimam a narrativa nacional judaico-israelense, os estudos de geografia destinam-se antes de mais nada a ensinar a "conhecer e amar nosso país"[110], louvar as conquistas sionistas na agricultura e nos assentamentos.

Tyack observa que narrativas nacionais utilizam a geografia para introduzir ideias sobre as fronteiras "naturais" dos Estados-nação[111]. De fato, como veremos no capítulo 2, os livros didáticos de geografia apresentam em todos os mapas a "Grande Israel", da qual o Estado atual de Israel é apenas uma pequena (e temporária) parte, justificando-a com citações bíblicas a respeito da Terra Prometida. Os livros escolares de geografia ressaltam o glorioso passado mitológico dos hebreus e, ao mesmo tempo, escondem a realidade geopolítica do presente, que aos olhos dos que planejam o currículo escolar israelense aparece como "uma consequência acidental dos comandos de cessar-fogo que paralisaram o ímpeto militar"[112].

O denominador ideológico comum dos livros didáticos israelenses

Na educação israelense, o hipotexto sionista é o denominador ideológico comum com o qual se verificam todos os fatos e sobre o qual se "moldam" todas as narrativas. É necessário um chão comum para que haja alguma forma de comunicação e/ou interação social. Como explica Norman Fairclough, "a capacidade de exercer poder social ou dominação e hegemonia compreende a capacidade de moldar em algum grau significativo a natureza e o conteúdo desse 'denominador comum'"[113]. Todo denominador comum, diz Fairclough, é construído a partir de "pressupostos

[107] Gabriel Piterberg, "Erasures", cit., p. 31.

[108] Yoram Bar-Gal, "Values and Ideologies in Place Descriptions: The Israeli Case", *Erdkunde: Archive for Scientific Geography*, v. 54, 2000, p. 169.

[109] Idem, *Moledet and Geography in a Hundred Years of Zionist Education*, cit., p. 60.

[110] Idem, "Geographic Politics and Geographic Education: A Talk", cit.

[111] Tyack (1999), citado em James V. Wertsch, *Voices of Collective Remembering*, cit., p. 71.

[112] Yoram Bar-Gal, *Moledet and Geography in a Hundred Years of Zionist Education*, cit., p. 125.

[113] Norman Fairclough, *Analyzing Discourse: Textual Analysis for Social Research* (Londres, Routledge, 2003), p. 55.

compartilhados" que são apresentados como dados e irrefutáveis. Esses pressupostos, ou convicções, não são nunca submetidos a discussão, mas apresentados como "conhecidos" e aceitos. Nos livros didáticos israelenses, os pressupostos compartilhados sobre os palestinos são os seguintes:

1) Pressupostos sobre o que existe:
   a. Direitos históricos dos judeus à terra de Israel.
   b. Ameaça e ódio da parte dos árabes e antissemitismo global.
   c. Os "árabes" possuem 21 países e nós apenas um.

2) Pressupostos proposicionais: o que pode ser o caso ou virá a ser:
   a. Os cidadãos palestinos constituem um problema demográfico que pode vir a se tornar uma "ameaça demográfica", se não for controlado.
   b. Os palestinos dos territórios ocupados são uma ameaça constante e precisam ser controlados, caso contrário vão nos massacrar.

3) Pressupostos de valor: O que é bom e desejável" (Ou o que deveria ser):
   a. Um Estado judeu, uma maioria judaica, controle israelense.

Essas convicções derivam da memória coletiva judaica, sintetizada da seguinte maneira por Daniel Bar-Tal e Rafi Nets-Zehngut:

> De modo geral, a memória coletiva israelense é profundamente marcada pela visão hostil do mundo em relação aos judeus. A história judaica mostra que, desde a destruição do Segundo Templo e o início do exílio forçado na era romana até o momento presente, passando pela Idade Média, pela Reforma e pela Revolução Industrial, em quase todos os lugares onde viveram os judeus foram consistente e continuamente sujeitados ao que hoje se denomina antissemitismo. Em toda essa longa história, eles sofreram perseguição, difamação, taxação, restrição, conversão forçada, expulsão e *pogroms*. [...] Consequentemente, [...] a tradição judaica entende que o antissemitismo é a norma, a resposta natural do não judeu. [...] A sociedade israelense pode ser caracterizada, portanto, por sua mentalidade de cerco, que se baseia na crença predominante de que a sociedade judaica está sozinha em um mundo hostil. [...] Essa percepção constitui uma parte significativa do *éthos* israelense [...] e, como tal, evidentemente afeta a percepção do conflito árabe-israelense e sua resolução. Estudos revelaram, por exemplo, que os judeus israelenses que têm esse tipo de memória tendem a rejeitar as soluções pacíficas do conflito, o que sugere dois Estados para duas nações.[114]

---

[114] Daniel Bar-Tal e Rafi Nets-Zehngut, "Emotions in Conflict", cit., p. 233-58.

Fairclough assinala que "representações compartilhadas socialmente, em especial as avaliativas, fornecem os fundamentos para os juízos sobre o que é certo e o que é errado"[115]. Nos livros escolares, eles servem de legitimação para toda prática que ajude a maximizar o controle judaico sobre o disputado território multiétnico, o que sempre foi o principal objetivo de Israel[116].

Os livros didáticos utilizados neste estudo

A amostra de livros que estudaremos aqui foi escolhida de acordo com a sua popularidade entre os professores[117]. Foram selecionados dez livros didáticos de história, seis de geografia e um de educação moral e cívica, que foi escrito para escolas de ensino médio judaicas e árabes. Os livros foram publicados entre 1996 e 2009, após os acordos de paz de Oslo entre Israel e as Autoridades Nacionais Palestinas, e, com exceção de um, todos foram usados nesse período em escolas laicas regulares, de ensino fundamental ou médio. Três dos livros de história – *The 20th* (1998), *Modern Times II* (1999) e *Building a State in the Middle East* (2009) – foram escritos ou coescritos por historiadores conhecidos, o professor Eli Bar--Navi e o professor Eyal Naveh. Pesquisadores avaliaram que esses dois livros são mais progressivos do que outros porque apresentam narrativas mais complexas do que os relatos simplistas sobre a redenção da terra e as guerras justas, e também porque dão evidência a perspectivas críticas[118]. Dois outros livros de história – *Journey into the Past*, para alunos de 8º e 9º anos, e sua versão para o 2º e o 3º anos do ensino médio, *The Age of Horror and Hope* – foram escritos e publicados pelo Centro para Tecnologias Educacionais, que é o principal produtor de material didático para escolas regulares de Israel. *A World of Changes* foi publicado pelo Ministério da Educação em 1999 e banido em 2001 pelo ministério seguinte, sob a acusação de que dava mais importância às forças globais, às estruturas históricas e aos poderes políticos do que ao *éthos* sionista nacional, tal como o anseio por Sião em 2 mil anos de "exílio", o retorno dos judeus à sua pátria legítima e a ideia

---

115 Norman Fairclough, *Analyzing Discourse*, cit.

116 Oren Yiftachel, *Ethnocracy*, cit.

117 Isso foi verificado por meio de informaçoes de livrarias sobre os livros didáticos mais populares e informações pessoais de professores. Na medida em que os professores podem escolher de uma variedade de livros didáticos, solicitei a grandes livrarias que me indicassem quais os livros mais populares entre os professores ou os mais requisitados pelas escolas nos campos que estudei.

118 Elie Podeh, *The Arab-Israeli Conflict in Israeli History Textbooks, 1948-2000*, cit.; Ruth Firer, "The Presentation of the Israeli-Palestinian Conflict in Israeli History and Civics Textbooks", cit.

de Redenção pelo sionismo[119]. Dois livros de história, publicados em 2004 (*50 Years of Wars and Hopes*) e 2006 (*The Face of the 20th*) por editoras privadas com adaptações à recém-revisada base curricular, foram os mais recomendados pelo Ministério da Educação até 2010 para o ensino médio e o vestibular. Embora nenhum desses livros seja claramente ligado a um partido político ou ideologia, os dois últimos possuem tendências mais de direita e, diferentemente dos outros, se concentram quase exclusivamente nas conquistas militares de Israel e praticamente não tocam em questões relativas a cultura, sociedade, ciência etc.

Dois livros de história foram publicados em 2009, um escrito por Eyal Naveh et al. e outro por Domka et al., ambos com subtítulos iguais: *Building a State in the Middle East*. Esses livros foram escritos durante o mandato de um membro do Partido Trabalhista e, com a mudança de governo, um deles (o de Domka et al.) foi triturado imediatamente após a impressão. Diferentemente de *A World of Changes*, o indiciamento não resultou da deliberação de um comitê: após reclamação de um professor de história do Colégio Tel-Hai, que ouvira dizer que o livro continha uma citação de Walid Halidi que dizia que houve limpeza étnica na Palestina em 1948, o ministro da Educação Gideon Saar ordenou que o livro fosse recolhido. A versão posterior do livro (autorizada) omitiu Walid Halidi e substituiu "limpeza étnica" por "expulsão organizada"[120]. Halidi, representante da versão palestina da história, foi substituído pelo historiador israelense Benny Morris[121].

A maior parte dos livros será indicada de forma abreviada:

1) *The 20th Century* (1998): *The 20th*;

2) *Modern Times II* (1999): *MTII*;

3) *A World of Changes* (2001): *WOC*;

---

[119] Relatório do comitê para a análise do livro didático de história *A World of Changes*, presidido pelo professor Yossef Gorni, em 4 de março de 2001. Ver *Haaretz*, 13 jul. 2001: "Poucos dias após Limor Livnat ser nomeada ministra da Educação, ela baniu um livro didático de história para o ensino médio intitulado *A World of Changes*, editado por Danny Yaakobi com a consultoria de sete professores de quatro universidades [...]. As críticas públicas ao livro foram, em larga medida, políticas: os críticos queriam um livro mais patriótico. [...] Aparentemente o Ministério da Educação continuou a ver os exemplares do livro como um grave risco à alma sionista da juventude do país, como um material tóxico – por isso decidiu destruí-los. A decisão do Ministério foi citada em carta escrita pelo diretor do Departamento de Desenvolvimento e Planejamento Curricular, Nava Segen, a um dos consultores científicos do livro, Haim Saadon. O jornal *Kol Ha'Ir*, de Jerusalém, publicou uma reportagem de Neta Alexander sobre o tema, intitulada 'Onde livros são destruídos', e acompanhada de uma fotografia que mostra um livro didático prestes a ser destruído – na fogueira de livros da Alemanha nazista".

[120] Eliezer Domka, Hanna Urbach e Zafrir Goldbert, *Nationality*, cit., p. 107.

[121] Ibidem, p. 109.

4) *Journey into the Past* (1999): *JIP*;

5) *The Age of Horror and Hope* (2001): *AHH*;

6) *50 Years of Wars and Hopes* (2004): *50 Years*;

7) *The Face of the 20th* (2006): *Face*;

8) *Being Citizens in Israel* (2001): *BCI*;

9) *Nationality in Israel and the Nations: Building a State in the Middle East* (2009): Naveh et al.;

10) *Nationality: Building a State in the Middle East* (2009): Domka et al.

Por conta da semelhança dos títulos, os últimos dois livros serão indicados pelo nome de seus respectivos autores.

Todos os seis livros de geografia analisados aqui foram usados nas escolas israelenses no período de nosso estudo. Todos os livros se declaram compatíveis com a base curricular nacional e apenas um deles não chegou a ser autorizado pelo Ministério da Educação. Os livros serão indicados de maneira abreviada:

1) Y. Aharony e T. Sagi, *The Geography of the Land of Israel: A Geography Textbook for Grades 11-12* (Tel-Aviv, Lilach, 2003): *GLI*;

2) T. Fine, M. Segev e R. Lavi, *Israel: The Man and the Space: Selected Chapters in Geography* (Tel-Aviv, The Centre for Educational Technologies, 2002): *IMS*;

3) E. Rap e T. Fine, *People in Space: A Geography Textbook for 9th Grade* (Tel--Aviv, The Centre for Educational Technologies, 1996-1998): *PIS*;

4) E. Rap e I. Shilony-Tzvieli, *Settlements in Space: Chapters in the Geography of Settlements in the World* (Tel-Aviv, The Centre for Educational Technologies, 1998: *SIS*.

5) M. Segev e Z. Fine, *People and Settlements* (Tel-Aviv, The Centre for Educational Technologies, 2007): *PAS*;

6) D. Vaadya, H. Ulman e Z. Mimoni, *The Mediterranean Countries for 5th Grade* (Tel-Aviv, Maalot, 1994-1996): *TMC*.

Quatro desses livros foram publicados pelo Centro para Tecnologias Educacionais (*People in Space*, *Israel Man and Space*, *Settlements in Space* e *People and Settlements*) e se dizem voltados tanto para escolas judaicas quanto para escolas drusas e árabes. Um foi publicado pelo Ministério da Educação (*The Mediterranean Countries*) e outro (*Geography of the Land of Israel*) pela mesma editora privada que publicou os livros de história de 2004 e 2006. Apesar de se dizer compatível com a base curricular nacional e ser adotado nas escolas, este último não possui o selo oficial de autorização do Ministério da Educação.

A natureza dos livros didáticos israelenses

Conforme mencionamos acima, os livros didáticos são "intertextos", pois tanto se referem a outros textos como transformam textos de diferentes gêneros. O resultado são textos multimodais, multigenéricos, que "operam tanto transgenericamente (para eliminar traços de suas origens textuais) quanto intragenericamente (para afirmar a estabilidade dos tipos textuais)"[122]. Nos livros escolares de história, cada página ou página dupla fornece transgenericamente a narrativa política ou social canônica, e os traços dos textos originais, como citações de artigos opinativos de certos líderes políticos e militares ou mesmo a opinião pessoal do autor, são geralmente apresentados como simples fatos. Além disso, cada página apresenta "quadros" coloridos e de bordas grossas contendo "fontes" históricas de diversos tipos, como testemunhos de eventos, documentos oficiais e pessoais, artigos selecionados e dados estatísticos. Às vezes, à guisa de "fonte", o(a) autor(a) expressa opiniões próprias. Embora os "quadros" fiquem à margem do texto, sendo portanto secundários em relação à narrativa principal, o destaque que recebem – pelo colorido e pelas bordas grossas – geralmente faz com que sejam os primeiros elementos lidos. Consequentemente, esses "quadros" podem determinar a trajetória de leitura e, com ela, a interpretação ou produção de sentido do texto em si. Como nossa análise deixará claro, esses quadros em destaque são usados com frequência como recursos retóricos, seja para reforçar a narrativa oficial, seja para colocar em primeiro plano as interpretações e as críticas do autor.

A composição da página ou página dupla pode indicar diversos caminhos de leitura e conexões intertextuais; na medida em que os significados não são produzidos apenas pelo autor, os textos dos livros didáticos, que constituem uma colagem de diferentes modos e gêneros, são o que Kress denomina "um fluxo em constante transformação"[123], cujos significados são produzidos a todo momento pelos leitores através de conexões intertextuais mutáveis.

Recontextualização, intertextualidade, transformação de textos e diferentes tipos de "solidificação da semiose" levantam algumas questões acerca da natureza do

---

[122] Gunther Kress, "Text as the Punctuation of Semiosis", cit., p. 140.

[123] Ibidem, p. 54.

próprio texto[124]. Uma delas é: que tipos de produção de sentido são criados em cada texto? Outras questões relacionadas são: lemos um ou diversos textos? Quais são as fronteiras do texto? Como explica Kress, "as fronteiras do texto não são necessariamente as fronteiras do gênero", o que significa que um texto pode apresentar uma mistura de gêneros e interagir com diferentes textos e gêneros.

Metodologia

A presente análise segue os princípios da investigação semiótica social e vale-se de métodos de análise multimodal e discursiva. Ela considera a página ou a página dupla uma unidade semiótica que possui significado para além ou independentemente do significado de qualquer uma de suas partes individuais. Como explica Lemke:

> Os significados não são fixos e cumulativos (o significado das palavras somado ao significado das imagens), e sim multiplicativos (o significado das palavras modificado pelo contexto imagético, o significado das imagens modificado pelo contexto textual), criando um todo muito mais amplo que a soma das partes.[125]

Este estudo examina o texto verbal – discursos, gêneros e estilo –, bem como os recursos visuais, a disposição e as relações entre os diferentes elementos na página, na página dupla, no capítulo ou no livro.

A visão dos princípios de investigação semiótica social e dos métodos de análise multimodal é apresentada aqui em citações diretas e indiretas das obras de Gunther Kress e Theo van Leeuwen, que estudaram livros escolares sob uma perspectiva semiótica social e aplicaram métodos multimodais de análise[126].

A abordagem semiótica social é adequada à análise de livros didáticos, pois:

> não é uma teoria pura ou um campo fechado em si mesmo [...] não oferece respostas prontas, mas fornece ideias para formular questões acerca da produção humana de sentido através da criação de signos. [...] A semiótica social se realiza plenamente

---

[124] Ibidem, p. 137.

[125] Jay L. Lemke, "Metamedia Literacy: Transforming Meanings and Media", em David Reinking et al. (orgs.), *Handbook of Literacy and Technology: Transformations in a Post Typographic World* (Hillsdale, Erlbaum, 1998), p. 283.

[126] Gunther Kress, *Literacy in The New Media Age* (Londres, Routledge, 2003); Theo van Leeuwen, "The Schoolbook as a Multimodal Text", cit.; Gunther Kress e Theo van Leeuwen, "Critical Layout Analysis", *International Schulbuch Forschung*, v. 17, 1995, p. 25-43; *Reading Images: The Grammar of Visual Design* (Londres, Routledge, 1996); entre outros.

> quando é aplicada a instâncias e problemas específicos e sempre exige que se mergulhe não apenas em conceitos e métodos semióticos como tais, mas também em algum outro campo [...]. A interdisciplinaridade é uma característica absolutamente essencial para uma análise semiótica social.[127]

O pressuposto básico da semiótica social é que os significados são produzidos por meio de signos ou complexos de signos de formas distintas em modos específicos, nenhum dos quais arbitrário[128]. Na investigação semiótica social, nenhum signo é tratado como uma entidade previamente dada, mas como sendo motivado por interesses, perspectivas, valores e posições do produtor de signos no que diz respeito à mensagem e aos seus receptores, pois os signos são feitos para operar na comunicação[129]. Os signos refletem uma ideologia e são afetados pelo uso, mais especificamente por sua história em dada cultura. A leitura e a interpretação também refletem interesses e crenças do intérprete dentro de certa cultura e história.

O estudo semiótico social investiga como recursos semióticos são usados em contextos históricos, culturais e institucionais específicos, e como as pessoas falam sobre eles nesses contextos – planejam, ensinam, justificam, criticam etc.[130]

A linguagem é um sistema de recursos semióticos: não é apenas um conjunto de regras para produzir frases corretas, mas um recurso inesgotável de produção de sentido[131]. Cada recurso semiótico, linguístico ou não, possui uma função dentro da estrutura do texto, e cada parte contribui para o todo por sua posição e função e é interpretada como funcional em relação ao todo[132]. Portanto, a ordenação na linguagem e o posicionamento em imagens ou textos multimodais que combinam blocos verbais e visuais possuem significado.

No entanto, Van Leeuwen lembra que em todas as sociedades há "regimes semióticos", tipos diferentes de regras para o uso dos recursos semióticos[133]. Essas regras podem ser legitimadas a partir de uma autoridade impessoal (como tradições,

---

127 Theo van Leeuwen, *Introducing Social Semiotics* (Nova York, Routledge, 2005), p. 2.

128 Gunther Kress, "Against Arbitrariness: The Social Production of the Sign as a Foundational Issue in Critical Discourse Analysis", *Discourse in Society*, v. 4, n. 2, 1993, p. 169-91.

129 Gunther Kress, *Literacy in the New Media Age*, cit.

130 Theo van Leeuwen, *Introducing Social Semiotics*, cit.

131 Michael A. K. Halliday, *Language as Social Semiotic: The Social Interpretation of Language and Meaning* (Londres, Arnold, 1978), p. 192.

132 Idem, *An Introduction to Functional Grammar* (Londres, Arnold, 1985), p. xiii.

133 Theo van Leeuwen, *Introducing Social Semiotics*, cit., p. 53.

escrituras, leis ou ideologia), mas necessitam de agentes para que sejam implementadas, portanto há sempre espaço para a interpretação pessoal. A escolha de diferentes partes de uma narrativa ou imagens e seu ordenamento na página resultam de uma combinação de convenção e interesse pessoal dos produtores do texto.

Nos regimes semióticos, o uso dos recursos semióticos não está à disposição de todos. Quem detém o poder detém também os recursos semióticos. Os dominados não podem participar livremente do "jogo da linguagem" ou do "jogo semiótico" e podem ser punidos por utilizar recursos semióticos para criar seus próprios signos. Por exemplo, até os acordos de Oslo de 1993, Israel costumava infligir punições severas aos palestinos que ostentassem bandeiras para proclamar sua nacionalidade, e os israelenses eram proibidos de usar o broche das bandeiras unidas de Israel e da Palestina como símbolo de reconciliação.

Qualquer recurso semiótico plenamente funcional precisa ser capaz de cumprir três demandas elementares: representar estados de coisas no mundo (função ideacional), representar ou estabelecer relações entre leitor e escritor, enunciador e receptor (função interpessoal) e representar tudo isso como uma entidade-mensagem, isto é, um texto que tenha uma coesão interna e seja coerente com seu ambiente (função textual)[134]. "Diferentes modos semióticos, como imagéticos, escritos ou vocais, podem desempenhar os mesmos papéis por diferentes meios, por intermédio de diferentes formas observáveis"[135].

O presente estudo investiga os recursos semióticos que os livros didáticos israelenses utilizam para representar os palestinos. Estudar essa representação no contexto do conflito e da ocupação pode jogar luz sobre as ideologias e os interesses educacionais e sociais de Israel.

Análise semiótica social

A análise semiótica social focaliza quatro aspectos principais: discurso, gênero, modalidade e estilo[136].

1) *Discurso* é o modo pelo qual recursos semióticos são usados para construir representações sobre o que está acontecendo no mundo.

---

[134] Gunther Kress, *Literacy in the New Media Age*, cit., p. 65.

[135] Theo van Leeuwen, *Introducing Social Semiotics*, cit., p. 75.

[136] Ibidem, p. 37.

2) *Modalidade* é a maneira pela qual as pessoas utilizam os recursos semióticos para criar os valores de verdade ou realidade de suas afirmações, comunicar se estas devem ser lidas como fatos ou ficção, verdade comprovada ou conjecturas etc.
3) *Gênero* refere-se a aspectos organizacionais do texto.
4) *Estilo* é o modo pelo qual as pessoas utilizam recursos semióticos para praticar gêneros e ao mesmo tempo expressar seus valores e identidades.

"É só olhando todos esses elementos em conjunto que se pode produzir um quadro multimodal completo."[137] O que se segue é uma elaboração de algumas questões a respeito do discurso, dos gêneros e da modalidade.

Discurso

O discurso, como foi amplamente demonstrado por Foucault, é "um conhecimento socialmente construído a respeito de um aspecto da realidade que pode ser evocado quando esse aspecto da realidade precisar ser representado"[138]. O discurso descreve a organização do conteúdo de um ponto de vista institucional particular, como no discurso jurídico ou religioso, no discurso científico, militar ou político.

Discursos são plurais: há diversas maneiras de conhecer, e pode haver diferentes discursos, diferentes maneiras de compreender a mesma coisa, que podem incluir ou excluir diferentes coisas e servir a diferentes interesses[139]. Van Leeuwen dá como exemplo o discurso estadunidense de guerra em sua representação como "operação especial", que em geral omite ou relega os bombardeios aéreos e as vítimas civis e dedica sua atenção aos soldados de elite, aos sofisticados equipamentos e tecnologias, às habilidades superiores de combate, destacando a agilidade e a eficiência das "forças". O discurso israelense de guerra até fala dos bombardeios aéreos, mas também esconde tanto quanto possível a morte de civis. Tanto o discurso israelense quanto o estadunidense tendem a apresentar o inimigo como um "senhor de guerra despótico" (como Saddam Hussein ou Ahmadinejad), tiranos ou terroristas (como Bin Laden, Nasrallah ou Haniyeh), "comandando homens sem disciplina, sujos, barbudos e mal equipados"[140], ou turbas incitadas por propaganda fundamentalista.

---

137 Ibidem, p. 92.

138 Ibidem, p. 94.

139 Ibidem, p. 95.

140 Idem.

Esses exemplos são variantes do discurso de guerra; outras variantes podem ser o discurso de "guerra ao terror", que apresenta as ações de combate de grupos geralmente mais pobres e mais fracos como "o mal", enquanto as ações de combate das sofisticadas e poderosas "forças" são descritas como uma "reação" justa. Os mesmos "atos terroristas", quando discutidos no âmbito do discurso da "luta pela libertação" ou da "resistência", são concebidos como respostas apropriadas das superpotências ao terror infligido a grupos pobres e indefesos.

O discurso predominante em Israel sobre a ocupação da Palestina é o discurso da "segurança", que legitima aspectos do comportamento israelense diante dos palestinos que, no âmbito do discurso dos direitos humanos, são criticados. Nos livros didáticos israelenses, os atos de terror e o contrabando de armas que foram praticados pelas forças judaicas clandestinas e por grupos como Haganá, Irgun e Lehi (a "gangue Stern")* contra a ocupação inglesa e a resistência palestina antes do estabelecimento de Israel são glorificados no âmbito do discurso da emancipação e da redenção judaicas, enquanto os mesmos atos de palestinos contra a ocupação israelense são apresentados como criminosos. Houve certa objeção da parte de educadores e diretores de escolas a essa dualidade, após a publicação da Circular do Ministério da Educação, em 2009, que anunciava um programa especial sobre o "Olei Hagardom" (guerrilheiros do Irgun e da gangue Stern que foram enforcados pelos ingleses por atividades terroristas). Diretores de escolas de ensino médio se opuseram ao programa, que glorificava "terroristas" judeus e ainda previa um concurso de redação para o 8º e o 9º anos intitulado "Por sua morte, eles nos decretaram a vida". O principal argumento contra o programa é que não se pode glorificar essas ações quando são praticadas por judeus e ao mesmo tempo condená-las quando são praticadas por não judeus[141].

Os discursos são finitos, contêm um certo número de afirmações. Quando se conhece o discurso, uma pequena parte dele pode desencadear o restante[142]. Van Leeuwen dá como exemplo o discurso do "coração sob risco", que evoca de imediato a obesidade, o tabagismo etc. Em Israel, há um discurso "antiárabe"

---

* Por conta de seu fundador, Avraham Stern (1907-1942), os britânicos passaram a usar o nome "gangue Stern" para se referir ao Lehi (acrônimo de "Lohamei Herut Israel" [Lutadores para a Liberdade de Israel]), grupo armado clandestino que se originou de uma cisão no movimento Irgun Zvai Leumi. (N. T.)

141 Entrevista com Zeev Degani, diretor do Hertzlia Gymnasium, *7 days* (suplemento do diário *Yedioth Ahronoth*), 2 jul. 2010.

142 Theo van Leeuwen, *Introducing Social Semiotics*, cit., p. 97.

específico, em que o rótulo de "árabe" evoca massas sujas, pessoas exaltadas, terrorismo, primitivismo, opressão das mulheres, alta natalidade e fundamentalismo. No discurso popular, o gosto árabe, as cores árabes, o trabalho árabe, a música árabe e os odores árabes têm conotação negativa. Vejamos alguns exemplos edificantes desse discurso.

No dia 16 de junho de 2009, o ministro de Segurança Interna de Israel, Yitzhak Aharonovitch, encontrou-se com policiais à paisana durante uma visita à estação central de ônibus de Tel-Aviv, um local com altos índices de criminalidade. Um policial se desculpou, dizendo: "Desculpe, estou um pouco sujo", ao que o ministro respondeu, rindo: "Sujo? Você está um perfeito *arabush*". O termo "*arabush*", quando usado em referência aos árabes, é equivalente ao "*nigger*" em referência às pessoas negras no discurso estadunidense ou britânico. Aharonovitch desculpou-se por suas palavras, dizendo que elas não refletem sua visão de mundo. Um porta-voz do ministro de Segurança Pública também se pronunciou, dizendo que "em um momento de descontração, e usando o linguajar comum, o ministro disse o que disse, sem intenção de ferir ninguém. Se uma ou outra pessoa se ofendeu, não foi sua intenção". O fato de ser parte da "descontração" e do "linguajar comum" mostra quão profundamente arraigadas estão essas expressões racistas no discurso comum do israelense.

Em uma visita a Lod (antiga Lida, cidade palestina que sofreu limpeza étnica em 1948 e foi repovoada por imigrantes judeus, em sua maioria provenientes de países árabes), o ministro Aharonovitch disse que a cidade estava horrível, parecia "o campo de refugiados em Jabalia (Gaza)". E acrescentou: "Estou vendo os problemas: árabes, drogados e prostitutas por toda a parte". Um morador judeu se queixou ao ministro: "Quando os israelenses se sentam juntos e chegam os 'primos', a polícia fica de fora. E eles vêm em massa. É muito desagradável"[143]. Note-se que, ao dizer "israelenses", ele se referia aos judeus israelenses, ignorando o fato de que os "primos" – isto é, os árabes-palestinos – também são cidadãos israelenses. Esse é o típico discurso judaico-israelense em que os palestino-israelenses são considerados cidadãos de segunda categoria, mais próximos dos não cidadãos palestinos dos territórios ocupados do que dos cidadãos judeus. Esse discurso reflete a realidade, na qual os cidadãos palestinos nunca têm os mesmos direitos que os cidadãos judeus,

[143] Yuval Goren, Yoav Stern e Mazal Mualem, "Public Security Minister Calls Cop 'Dirty Arab'", *Haaretz*, 16 jun. 2009. No dia 23 de julho de 2010, Aharonovitch recomendou a anistia de um policial que havia matado um palestino e, dois dias antes, havia sido condenado a trinta meses de cadeia pela Suprema Corte.

em nenhum aspecto de sua vida. Quando cidadãos palestinos se revoltam contra a discriminação ou as injustiças que são cometidas contra os palestinos, eles são tratados com menos tolerância do que seus comanifestantes judeus, como ocorreu em outubro de 2000 e em outubro de 2010 em Um-el-Fahim e nos ataques a Gaza em 2008. Até hoje, o Estado não tomou nenhuma providência contra os policiais que assassinaram treze pessoas nas manifestações em Um-el-Fahim em 2000[144].

O discurso "antiárabe" é, na maioria das vezes, antimuçulmano e raramente se refere a árabes cristãos, ainda que parte significativa dos palestino-israelenses seja cristã. Contudo, o termo "cristão" pertence a outro discurso, mais positivo, que evoca a civilização ocidental, desenvolvimento, liberalismo, beleza, bons modos e riqueza[145]. Tal Nitzan fornece um exemplo instrutivo da atitude em relação aos cristãos palestinos em *The Rarity of Military Rape in the Israeli-Palestinian Conflict*[146], em que ele cita as fantasias sexuais de soldados israelenses com mulheres palestinas: "É relativamente simples, não? Elas simplesmente não são atraentes. Tem algumas bonitinhas, mas não no nível de [...]. Não me lembro nem de ter fantasiado com uma garota (muçulmana) árabe"[147].

Nitzan explica que as muçulmanas não correspondem ao critério ocidental de beleza. São descritas pelos soldados como grandes demais, desarrumadas, encarnando uma simplicidade rústica, a pobreza e o primitivismo; são "irrelevantes como mulheres, como parceiras, até mesmo imaginárias"[148]. No entanto,

> ao lado da aparente repulsa às "*haja*" (muçulmanas devotas), os soldados encontram outro tipo de mulher, jovem, bonita, bem-arrumada, talvez instruída e capaz de uma boa conversa. Essas mulheres são consideradas um fenômeno inesperado, excepcional, segundo a descrição do major Shay: "Quando fui a primeira vez a uma cidade pales-

---

[144] Ver Yoav Peled, "The Or Commission Compared to the US Kerner Commission", *Adalah's Newsletter*, v. 6, out. 2004. Disponível em: <https://www.adalah.org/uploads/oldfiles/newsletter/eng/oct04/peled.pdf>. As condições dos judeus condenados por assassinato político são muito melhores do que as dos prisioneiros políticos palestinos. Enquanto os assassinos judeus têm direito a feriados religiosos, visitas e anistia, os presos palestinos que mataram ou tentaram matar israelenses não possuem esses privilégios.

[145] Ver, por exemplo, Amnon Kapeliouk, *Sabra and Shatila: Inquiry into a Massacre* (Belmont, Association of Arab-American University Graduates, 1984). Há muito tempo a fração cristã do Líbano é considerada aliada de Israel; essa parceria culminou no massacre dos campos de refugiados de Sabra e Chatila em 1982 pelas Falanges Libanesas, com a permissão do Exército israelense.

[146] Tal Nitzan, *The Limits of Occupation: The Rarity of Military Rape in the Israeli-Palestinian Conflict* (dissertação de Mestre de Artes em Antropologia, defendida em 2006).

[147] Ibidem, p.170-1.

[148] Ibidem, p. 172.

> tina como Jericó [...] [reparei que] elas se vestem como as israelenses, não com aquela túnica preta e o *hijab* [...] e têm um aspecto surpreendentemente bom. Elas vão à universidade, estudam, e são bonitas, bem bonitas aliás. [...] os árabes que vivem lá são cristãos e têm dinheiro [...] parecem ocidentais e [...] de repente você pensa: 'Uau, é assim que são as árabes?'".[149]

É desnecessário dizer que muitas muçulmanas não usam *hijabs* ou túnicas pretas, e mesmo as que se vestem desse modo levam uma vida "moderna". Uma porcentagem muito alta de muçulmanas (vestindo ou não *hijab*) se gradua em universidades israelenses e palestinas, mas os fatos nunca conseguem superar os mitos[150]. Em uma pesquisa sobre encontros de paz e reconciliação entre jovens judeus e palestinos em Israel, Dan Rabinowitz assinala que os encontros positivos com médicos ou treinadores de basquete palestinos "não conseguem mudar a atitude e a postura de seus colegas israelenses, nem predispor os israelenses a olhar além das circunstâncias particulares desses encontros. Talvez haja certa moderação em relação aos estereótipos, mas outros aspectos da visão de mundo israelense permanecem intactos"[151].

Os discursos possuem uma história e essa história lhes confere significado. O sionismo secular, por exemplo, sempre usou e ainda usa termos antigos e sagrados para se referir a práticas terrenas: a imigração judaica para Israel é denominada "Aliá", o que originalmente significava peregrinação ao Templo e a Jerusalém; o general Moshe Dayan denomina nossa época "o Terceiro Templo"; o Estado de Israel é Sião e o colonialismo judaico é tratado em termos apocalípticos; a expansão e o confisco de terras são chamados de Redenção de Sião. Todas essas expressões no uso do sionismo secular lhe dão o que Nora chama de "uma aura sagrada" e o dotam de uma fundamentação sagrada que o legitima para além das convenções humanas da moralidade e da lei. Estudiosos do pensamento judaico como Yeshayahu Leibowitz e Gershom Scholem advertiram contra o uso de palavras sagradas ou antigas no hebraico moderno. Leibowitz, cujo artigo "After Qibya" será discutido no capítulo 4, alertava que a santificação da terra estava pavimentando

---

[149] Ibidem, p. 177.

[150] Uma aluna minha da Universidade de Tel-Aviv disse certa vez durante uma aula: "Nós tentamos cultivá-los, mas eles trancam as mulheres e as filhas em casa, batem nelas e não permitem que elas estudem". Quando mostrei a ela que nas fileiras atrás dela havia cerca de vinte alunas árabes muçulmanas que poderiam lhe oferecer uma informação diferente, ela rebateu: "Eu não preciso disso, faço o curso de Estudos do Oriente Médio e leio artigos".

[151] Dan Rabinowitz, "Natives with Jackets and Degrees: Othering, Objectification and the Role of Palestinians in the Co-existence Field in Israel", *Social Anthropology*, v. 9, n. 1, 2001, p. 78.

o caminho para o fascismo. Scholem foi categórico em sua crítica aos líderes sionistas e especialmente ao primeiro primeiro-ministro, David Ben-Gurion, que ele considerava o "responsável pelo uso irrestrito do provérbio messiânico, 'como o *Athchalta de-Geula* [Início da Redenção]', para se referir à instauração do Estado de Israel, dando ao sionismo e ao Estado de Israel um caráter messiânico, algo incompatível tanto com o pensamento judeu-ortodoxo quanto com o pensamento sionista secular"[152]. Scholem temia a terrível vingança das palavras antigas:

> Depois de blasfemar dia após dia os nomes antigos, não podemos mais afastar os seus poderes. Nós os despertamos e eles se levantarão, já que os blasfemamos com tanta potência. [...] Cada palavra que foi criada não do vazio, mas do "velho tesouro", está cheia de pólvora até a boca [...]. Os que ressuscitaram o hebraico não acreditavam no fim dos tempos e, no entanto, foi o que nos decretaram por seus atos. Esperemos que sua vaidade, que nos conduziu a essa vereda apocalíptica, não seja nossa perdição.[153]

Os discursos possuem distribuição social. Conforme mencionamos acima, em cada contexto diferentes discursos são mobilizados para tratar de uma mesma coisa e regimes semióticos determinam qual discurso pode ser usado onde e por quem. A questão que anima a presente investigação é: quais tipos de discursos são usados para representar os palestinos nas escolas judaico-israelenses para alunos que estão prestes a servir o Exército e realizar a política de ocupação da Cisjordânia e da Faixa de Gaza?

Os discursos são quase sempre legitimadores, porque dizem respeito ao porquê de fazermos as coisas e às práticas, às ideias e aos valores ligados a elas. "Portanto não apenas refletem, mas também transformam práticas a fim de salvaguardar os interesses em jogo em dado contexto social."[154] Em Israel, os discursos de segurança e redenção legitimam as práticas de opressão, discriminação e assassinato e as transformam em práticas de defesa, "dissuasão" e retaliação. O exemplo mais recente é a expulsão de famílias palestinas de Sheikh Jarrah (Jerusalém Oriental), considerada legítima no discurso judaico-israelense de "Redenção", pois serve ao objetivo de "unificação" da capital sob controle israelense, ou melhor, serve à sua judaização. Em contextos mais democráticos, essas ações seriam consideradas ultrajantes e ilegítimas. Do mesmo modo, a construção do muro da Cisjordânia

---

[152] Entrevista com Zeev Galili, *Yediot Aharonot*, 22 nov. 1974.

[153] Carta de Scholem a Rosenzweig, 26 de dezembro de 1929, em *Od-Davar* (Tel-Aviv, Am Oved, 1989), p. 59-60.

[154] Theo van Leeuwen, *Introducing Social Semiotics*, cit., p. 104.

e o cerco de Gaza são legitimados pelo discurso israelense de segurança, embora sejam ilegítimos segundo qualquer outro critério.

Essa discrepância foi abordada pela ministra de Relações Exteriores, Tzipi Livni, durante o ataque a Gaza em 2009. Valendo-se do discurso de guerra ao terror, falou dos "legítimos direitos de Israel com relação à lei internacional" em uma conferência que contava com a participação de representantes da justiça e figuras públicas. Quanto às críticas mundiais à política israelense, a ministra disse:

> [estou] disposta a receber as críticas da comunidade internacional em todas as matérias, mas quero que a avaliação seja legítima. [...] Cabe à comunidade internacional distinguir entre uma situação em que organizações terroristas atacam deliberadamente civis e uma situação em que um Estado age contra organizações terroristas e às vezes, acidentalmente, fere civis. [...] Nós partilhamos dos valores do mundo livre, mas há um enorme abismo entre os verdadeiros valores do Estado de Israel e sua imagem perante o mundo.

Livni assinalou ainda que a "legitimidade de Israel deriva de seus princípios fundamentais enquanto Estado judaico-democrático"[155], deriva, mais especificamente, tanto das normas e regras judaicas quanto dos princípios fundadores da democracia.

O discurso de "guerra ao terror" justifica muitas das ações de Israel contra os palestinos e seus defensores, em especial o que denomina "prevenção focada", isto é, assassinato direcionado de pessoas que parecem ou são sabidamente suspeitas. Esse discurso foi utilizado logo após o ataque à flotilha Mavi Marmara, em junho de 2010, quando a imprensa israelense anunciou que a maioria dos passageiros mortos[156] eram membros de grupos islâmicos extremistas, que são considerados os inimigos mais perigosos de Israel (e do Ocidente). Uma dessas declarações foi a seguinte:

> De acordo com um relatório do Centro [Israelense] pelo Legado da Inteligência e do Terror, todos os passageiros mortos eram membros de organizações islâmicas extremistas da Turquia e cerca de metade confessou a seus parentes o desejo de morrer como *shahids* (mártires). Não havia ativistas de direitos humanos entre os mortos, nem de países árabes nem de países ocidentais.[157]

E ainda mais recentemente:

---

[155] *The Jerusalem Post*, 26 mar. 2008.

[156] A mídia israelense nunca se refere aos árabes-palestinos e seus defensores como vítimas.

[157] Or Heler, 16h55, 20 jun. 2010. *Nana10 News*, Canal 10, TV israelense.

> Juiz francês: eu sabia que o grupo turco por trás da flotilha de Gaza tinha ligações com o terror em 1996: Jean-Louis Bruguière, que combate grupos globais de terror e seus financiadores, diz que o IHH é um grupo terrorista, e não uma instituição de caridade.[158]

Essas revelações foram planejadas para apaziguar as "boas almas" que consideram que o ataque das forças de defesa israelenses à flotilla Mavi Marmara fora das águas territoriais de Israel não era justificado. As leis de Israel permitem a eliminação de terroristas e potenciais terroristas sem necessidade de julgamento. Como veremos no capítulo 4, esse discurso também se vale da expressão bíblica "mata quem tenta te matar", interpretada nos tempos modernos como "dissuasão" e "retaliação".

Van Leeuwen assinala que há três tipos de ideias ou atitudes que devemos examinar quando estudamos um discurso:

1) Avaliações das ações ou coisas envolvidas. A avaliação é uma expressão da atitude. Expressões avaliativas, nas palavras de Michael Halliday, funcionam como "intervenções ou intrusões do enunciador na situação de fala" e afetam toda a extensão do discurso como "um mote recorrente ou viés"[159]. A avaliação pode ser feita por diversos meios linguísticos e discursivos que mostram como as pessoas julgam, apreciam, desaprovam, abominam etc. e permitem que escritores e enunciadores compartilhem suas emoções, gostos e considerações com um público ideal ou esperado[160]. Os meios de avaliação, tais como a avaliatividade, são específicos do discurso e do gênero[161]. A avaliatividade será discutida extensivamente no capítulo 4, com relação à legitimação dos massacres.
2) Propósito: diferentes discursos dão diferentes propósitos a uma mesma ação. Os mesmos atos podem ser descritos como ações propositais para emancipar o povo judeu, redimir a "terra prometida" e libertar Jerusalém, ou, ao contrário, para fazer uma limpeza étnica na Palestina[162].

---

158 Yossi Melman, *Haaretz*, 17 jul. 2010.

159 Michael A. K. Halliday, *Language as Social Semiotic*, cit., p. 66.

160 Jim R. Martin e Peter R. R. White, *The Language of Evaluation: Appraisal in English* (Basingstoke, Palgrave Macmillan, 2005).

161 Caroline Coffin, *Historical Discourse: The Language of Time, Cause and Evaluation* (Londres, Continuum, 2006).

162 Para definições de limpeza étnica e sua aplicação na Palestina, ver Ilan Pappé, *The Ethnic Cleansing of Palestine* (Oxford, OneWorld, 2006) [ed. bras.: *A limpeza étnica da Palestina*, trad. Luiz Gustavo Soares, São Paulo, Sundermann, 2016].

3) Legitimação: os motivos pelos quais determinadas coisas devem ser feitas ou foram feitas de determinadas maneiras por determinadas pessoas. A legitimação no discurso também será abordada no capítulo 4.

Essas três atitudes e a análise de cada uma podem nos ajudar a responder à pergunta de qualquer análise semiótica social: "como um discurso transforma a realidade em uma versão dessa realidade?"[163].

Van Leeuwen sugere que, para descobrir como isso ocorre, devemos: 1) inventariar os elementos da prática social; 2) observar como o discurso transforma cada um deles.

No entanto, na análise dos textos, nós trocamos a direção: tentamos deduzir, a partir do texto, as circunstâncias e as práticas, as crenças e os interesses sociais que os geraram.

Modalidade

Modalidade é uma forma de descrever como os escritores aumentam e diminuem a força de suas afirmações, e como reforçam ou suavizam as categorizações semânticas com que trabalham[164]. Fairclough define a modalidade como "a relação que a sentença ou oração estabelece entre o autor e as representações"[165]. Ela indica como a voz do autor se situa em relação a outras vozes e outras posições, e, como assinalam Hodge e Kress, "os recursos linguísticos da modalidade também [...] possibilitam que as pessoas desclassifiquem as verdades dos outros". Por exemplo, "alguns dizem que os árabes foram expulsos, outros dizem que eles fugiram. Ambas as explicações não passam de mitos" (*The 20th*, p. 195). Textos autorizados como os livros escolares podem se valer dos recursos da modalidade para impor uma versão da verdade que seja difícil de refutar. Essa, como lembra Van Leeuwen, é uma parte praticamente inevitável da escrita acadêmica. Um exemplo do presente estudo poderia ser: "Talvez a disputa pudesse ser resolvida sem derramamento de sangue, mas o primeiro-ministro queria uma ação de dissuasão" (*The 20th*, p. 198). No entanto, a modalidade não nos diz quão verdadeira é a informação, e sim com que grau de verdade ela é representada, isto é, quão verdadeira

---

163 Theo van Leeuwen, *Introducing Social Semiotics*, cit., p. 106.

164 Jim R. Martin e Peter R. R. White, *The Language of Evaluation*, cit., p. 13-4.

165 Norman Fairclough, *Analyzing Discourse*, cit., p. 219.

o produtor do signo queria que ela parecesse[166]. Como a verdade não é descrita através de uma disjunção lógica, a modalidade permite graus de verdade e também tipos de verdade[167]. Fairclough distingue dois tipos de modalidade: o primeiro é a modalidade deôntica e indica com o que os autores se comprometem em termos de verdade ou necessidade; é a modalidade da necessidade e da obrigação. O segundo tipo de modalidade é a epistêmica, ou modalidade das probabilidades. Aqui, a probabilidade pode ser alta, média ou baixa, ao passo que na modalidade deôntica ela é sempre alta[168].

Gênero

O gênero é um dos três fatores importantes da constituição do texto, além do discurso e do modo. A categoria do gênero é essencial em todas as tentativas de compreensão de um texto, qualquer que seja a constituição modal: falada, escrita, musical ou plástica, pois "não há nenhum texto ou elemento textual que não seja genericamente constituído"[169]. Hoje, a maioria dos pesquisadores adota a concepção bakhtiniana de gênero[170], em que o gênero possui uma lógica situada culturalmente e historicamente, assim como propósitos sociais. Bakhtin sustentava que a linguagem é sempre formada social e genericamente, e que nós sempre confrontamos a linguagem como gênero[171]. As interações possuem formas convencionais e genéricas, e essas formas possuem significado e propósito. A partir dos primeiros indícios, já sabemos em que gênero estamos e isso nos ajuda a traduzir e compreender os significados. Por isso "erros de gênero são frequentemente vistos como erros de postura"[172].

Uma característica do gênero é o lugar. A transformação da realidade em uma versão dessa realidade só se realiza em textos que aparecem em lugares específicos como, por exemplo, um livro escolar, um catálogo, uma revista, a Bíblia – e esse

---

166 Theo van Leeuwen, *Introducing Social Semiotics*, cit., p. 160.

167 Michael A. K. Halliday, *An Introduction to Functional Grammar*, cit.

168 Jim R. Martin e Peter R. R. White, *The Language of Evaluation*, cit., p. 13-4.

169 Gunther Kress, *Literacy in the New Media Age*, cit., p. 93.

170 Mikhail Mikhailovich Bakhtin, *Problems of Dostoevsky's Poetics* (ed. e trad. Caryl Emerson, Minneapolis, University of Minnesota Press, 1984), p. 157.

171 Idem, *Speech Genres and Other Late Essays* (trad. Vern W. McGee, Austin, University of Texas Press, 1986).

172 Gunther Kress, *Literacy in the New Media Age*, cit., p. 85.

lugar confere ao texto muitas de suas qualidades[173]. É muito difícil confundir um livro didático com outra coisa, pois as diferenças entre um livro didático de história e um livro de história para especialistas ou um livro de história para o grande público são evidentes desde a própria capa. Além do título, os livros didáticos possuem o carimbo de autorização do Ministério da Educação e a faixa etária à qual se destinam; no entanto, o nome do autor geralmente não aparece na capa dos livros didáticos. Ao não ressaltar o nome do autor, o livro didático dá a impressão de que o escritor é apenas o mensageiro ou mediador entre os fatos crus e os leitores, e não o propagador de uma ideologia ou ponto de vista ideológico. Em livros não escolares, não há indicação de faixa etária; eles não são sujeitos a autorização, mas o nome do autor e seus méritos profissionais são um dos principais elementos de informação tanto na capa como na quarta capa. Há outras diferenças na estrutura do livro, de cada capítulo e em cada página, como listas de perguntas, indicações de leitura de apoio etc. Essas diferenças genéricas, próprias do local, afetam a maneira pela qual o texto do livro é escrito, guardado, lembrado, apreciado e acreditado.

Na medida em que as ações sociais ocorrem em campos de poder, os gêneros são expressão de relações de poder. Para participar plenamente da vida social, precisamos ser capazes de produzir gêneros adequados[174]. No entanto, a semiótica social não enxerga os gêneros como formas estáveis ou recipientes nos quais despejamos conteúdo, mas sim como recursos semióticos ou moldes para realizarmos atos de comunicação[175]. Portanto, os gêneros são muito versáteis e, como diz Kress, "a maior parte dos textos consiste em uma hibridização de gêneros e uma fusão de categorias"[176]. Essa hibridização determina a organização do texto, que, por sua vez, é muito importante para a sua interpretação. O evento pode adquirir diferentes significados de acordo com seus diferentes modos de organização no texto. Como explica Lotman, "o próprio fato de transformar um evento em texto eleva o grau de sua organização"[177]. Livros didáticos, que são inevitavelmente misturas de gêneros, organizam a realidade de modos diferentes, conforme a matéria, a faixa etária e os objetivos educacionais.

---

[173] Robert de Beaugrande, *New Foundations for a Science of Text and Discourse: Cognition, Communication and the Freedom of Access to Knowledge and Society through Discourse* (New Jersey, Ablex, 1997), v. LXI.

[174] Gunther Kress, *Literacy in the New Media Age*, cit., p. 85.

[175] Theo van Leeuwen, *Introducing Social Semiotics*, cit., p. 128.

[176] Gunther Kress, *Literacy in the New Media Age*, cit., p. 76.

[177] Yuri M. Lotman, *Universe of the Mind: A Semiotic Theory of Culture* (Bloomington, Indiana University Press, 1990), p. 221-2.

Como veremos adiante, a maior parte dos gêneros se desenvolve em etapas[178], que normalmente obedecem a uma ordem. A alteração dessa ordem geralmente possui propósitos retóricos ou "implicatura"[179]. Qualquer etapa pode se realizar em diversos modos alternativos, visuais ou verbais, e um estágio pode por si só ter caráter multimodal.

Os gêneros são realizados em textos, pois a comunicação sempre ocorre enquanto texto. Para a semiótica social, o texto é o resultado de uma ação social[180]; ele reflete as circunstâncias que o produziram[181]. Por isso, ao analisar um texto, podemos deduzir as circunstâncias sociais de sua produção, isto é, quem age em relação a quem e com qual finalidade. O texto, enquanto unidade organizacional de eventos e relações, estrutura significado, comunicação e, através deles, cria entendimento[182].

À luz dessas observações, as perguntas que devem ser feitas na análise de um texto são as seguintes: quem está envolvido, com qual propósito, que papéis desempenham os envolvidos, com qual poder e em quais ambientes[183]? A expressão dessas matérias sociais proporciona um tipo de forma ou gênero ao texto.

O gênero multimodal: escrita e imagens nos livros didáticos

O gênero não é uma categoria linguística, mas sim uma categoria que realiza e expressa significados sociais[184]. Significados genéricos podem ser realizados através das imagens, das fontes tipográficas, da cor e do tipo de papel em que são impressos[185]. Além disso, os gêneros não se definem pelos mesmos critérios em todos os

---

178 J. R. Martin, "A Contextual Theory of Language", em Bill Cope e Mary Kalantzis (orgs.), *The Powers of Literacy: a Genre Approach to Teaching Writing* (Londres/Pittsburg, Falmer/University of Pittsburg Press, 1993, Critical Perspectives on Literacy and Education/Pittsburg Series in Composition, Literacy, and Culture), p. 116-36.

179 Paul Grice, "Logic and Conversation", em Paul Grice, *Studies in the Way of Words* (Harvard, Harvard University Press, 1989), p. 1-138.

180 Michael A. K. Halliday, *Language as Social Semiotic*, cit.

181 Gunther Kress, "Text and Grammar as Explanation", em Ulrike Hanna Meinhof e Kay Richardson (orgs.), *Text, Discourse and Context: Presentations of Poverty in Britain* (Londres, Longman, 1996, Real Language Series).

182 James V. Wertsch, *Voices of Collective Remembering*, cit., p. 14.

183 Gunther Kress, *Literacy in the New Media Age*, cit., p. 48.

184 Theo van Leeuwen, *Introducing Social Semiotics*, cit., p. 74.

185 Ibidem, p. 105.

diferentes modos (ciência, literatura, música, cinema). Van Leeuwen mostra que, mesmo em um único modo (por exemplo, o cinema), as definições de gênero comportam diferentes critérios, como ambientação (*westerns*), conteúdo (histórias de detetive), forma (musicais) ou pretensões de verdade (documentários). Alguns gêneros se definem a partir da função que cumprem ou do que fazem, isto é, apelo, legitimação, persuasão, explicação etc.[186].

Os livros didáticos são definidos por sua função, pois é ela que determina sua *raison d'être* e, portanto, suas qualidades genéricas e discursivas.

O gênero ou texto multimodal é geralmente composto de linguagem e imagens. Barthes define as relações entre texto e imagem como de ancoragem ou revezamento. Na ancoragem, as palavras elucidam imagens. Nas palavras de Van Leeuwen, "o texto conduz o leitor através dos significantes da imagem, fazendo com que ele evite alguns e receba outros" e "o guia em direção ao significado pré-escolhido"[187]. Um exemplo extraído do presente estudo: uma fotografia de uma rua alagada é definida pela legenda como "O Problema Palestino" (*The 20th*). Nada na fotografia sugere ao leitor que ele está diante do "problema palestino", pois, embora ela retrate um problema – um problema ambiental, aliás –, não há nada "palestino" na imagem – não há nem palestinos, nem paisagens palestinas, nem casas palestinas –, apenas uma rua alagada em um bairro pobre que poderia ser em qualquer lugar do mundo.

No revezamento, "o texto e a imagem estão em relação de complementaridade e ambos são fragmentos de um sintagma mais geral ao qual cada um contribui com sua própria informação distinta"[188]. As imagens podem prolongar as palavras e vice-versa, através da similaridade (conteúdo semelhante nas palavras e na imagem), do contraste ou do complemento. Por exemplo, tanto no *The 20th* quanto no *MTII*, há uma fotografia de um homem correndo com uma menina ferida no colo. O texto da legenda especifica as circunstâncias do evento e identifica quem são as pessoas: soldado israelense resgatando a irmã da escola, que havia se tornado um campo de batalha depois que os palestinos fizeram os alunos de refém e as forças israelenses atacaram na tentativa de resgatar as crianças. As partes verbais e visuais são complementares nesse caso: palavras e imagem são "fragmentos de um sintagma mais geral" e formam um único texto. O texto conta a história

---

[186] Idem, "Multimodality, Genre and Design", em Sigrid Norris e Rodney H. Jones, *Discourse in Action: Introducing Mediated Discourse Analysis* (Londres, Routledge, 2005), p. 74.

[187] Idem, *Introducing Social Semiotics*, cit., p. 229.

[188] Idem.

geral do ataque e a imagem retrata o momento final: o resgate. As imagens servem frequentemente de elaboração, acrescentando detalhes sobre o lugar, a ação e objetos-signo, como roupas ou ferramentas. Por exemplo, quando um título do *PIS* diz: "Vida tradicional da população não judaica", a imagem de um "agricultor rudimentar" nos diz exatamente qual é a população "não judaica" em questão e qual é o sentido da palavra "tradicional" que está sendo empregado nesse contexto.

Integração: texto e imagem podem se integrar ou se sobrepor. Alguns textos são impressos sobre fotografias que retratam, por exemplo, soldados voltando ou indo para a guerra, ou um evento histórico (a declaração do Estado), uma imagem simbólica (a bandeira nacional), ou sobre o mapa ideológico de Israel. Imagens e textos verbais aparecem no pano de fundo dos textos definidores: por exemplo, em *AHH* (p. 289), Yasser Arafat – armado e uniformizado – discursando na ONU salta de um texto sobre a OLP; fotografias de mortos e feridos, políticos e navios de combate aparecem no pano de fundo do diário de um soldado. Esses panos de fundo funcionam como dispositivos de coesão que conectam todos os elementos do *layout* – como um todo e suas partes, como elaboração e especificação – e lhes conferem significado enquanto unidade semântica.

Embora palavras e imagens possam ser parte de uma mesma mensagem, "o mundo narrado é diferente do mundo retratado"[189]. Van Leeuwen argumenta que, nas últimas duas ou três décadas, o *status* da linguagem diminuiu e hoje a imagem é que adquire *status* e se torna controlada, ensinada e codificada, à semelhança da linguagem[190]. Kress sublinha que, na medida em que o modo, seja imagem ou escrita, é um recurso configurado cultural e socialmente para a representação e a comunicação, o significado é realizado de maneira diferente em diferentes modos. Cada modo possui aspectos materiais diferentes; deixa em cada lugar a marca do trabalho cultural passado[191] e da regularidade da organização, isto é, assim como a linguagem, todo modo possui seu léxico, sua gramática e sua sintaxe[192].

Na medida em que possuímos, nas palavras de Saussure, uma espécie de dicionário de signos gravado em nosso cérebro, esses signos e seus significados culturais tornam-se automáticos, de tal forma que são frequentemente considerados leis da natureza e não convenções culturais. Um exemplo muito comum é o significado

---

189 Gunther Kress, *Literacy in the New Media Age*, cit., p. 2.

190 Theo van Leeuwen, *Introducing Social Semiotics*, cit.

191 Gunther Kress, *Literacy in the New Media Age*, cit., p. 45.

192 Gunther Kress e Theo van Leeuwen, *Reading Images*, cit.

das cores[193]. Em salas de aula multiculturais, geralmente os professores tratam o significado das cores como algo "natural", enquanto as crianças das diferentes culturas enxergam as cores de modo diferente[194]. No capítulo 2, discutiremos a cor enquanto modo semiótico.

Kress explica que os significados podem se realizar em qualquer modo, mas são específicos a determinados modos[195]. Temos de observar, portanto, o que é específico de determinado modo e o que não é, e por quê. Em textos multimodais como os livros escolares, a informação pode ser transmitida mais de um modo do que de outro. O motivo para se usar um modo e não outro é sua aptidão ou "adequação" à ocasião. Por exemplo, o livro *A World of Changes* – que foi recolhido – é o único livro didático que apresenta um mapa com as rotas de fuga dos refugiados palestinos em 1948. Essas rotas não são especificadas no texto verbal, mas são assinaladas no mapa por setas flamejantes que expressam as circunstâncias da fuga com uma imediatez que não pode ser recriada na escrita.

Nos livros didáticos, os significados são realizados pela escrita e pelas imagens e em diferentes combinações desses dois modos. Kress esclarece as diferenças: a escrita se baseia no tempo, enquanto a imagem se baseia no espaço[196]. A escrita obedece à lógica da sequência ou linearidade: primeiro e segundo são inevitavelmente hierárquicos. A imagem obedece à lógica do espaço e da simultaneidade. Ela retrata elementos em arranjos espacialmente organizados: situar um elemento no centro significa que todos os outros elementos são marginais. Situar-se no topo significa ser superior, dada nossa posição no espaço (a cabeça no céu e os pés no chão). Daí as relações de sentido na página: embaixo significa realista ou terreno, ou mais especificamente empírico ou real, e em cima significa ideal, abstrato, teórico ou divino.

As relações entre esquerda e direita em uma página ou imagem são "dado" e "novo", como na sintaxe verbal:

> Para que algo seja dado significa que ele é apresentado como algo que o leitor já conhece, como um ponto de partida familiar e consensual da mensagem. Para que algo

[193] Ver Gunther Kress e Theo van Leeuwen, "Colour as a Semiotic Mode: Notes for a Grammar of Colour", *Visual Communication*, v. 1, n. 3, p. 33-68, e Theo van Leeuwen, "Semiotics and Iconography", em Theo van Leeuwen e Carey Jewitt (orgs.), *The Handbook of Visual Analysis* (Londres, Sage, 2001), p. 92-119.

[194] Nurit Peled-Elhanan, "Layout as Punctuation of Semiosis: Some Examples from Israeli Schoolbooks", *Visual Communication*, v. 8, n. 1, 2009, p. 91-116.

[195] Gunther Kress, *Literacy in the New Media Age*, cit., p. 106.

[196] Ibidem, p. 69.

seja novo significa que ele é apresentado como algo ainda não conhecido [...] portanto como algo a que o leitor deve prestar mais atenção.[197]

Em inglês, a informação no lado esquerdo da página é o que o autor gostaria que víssemos como dado, conhecido, aceito, ou como o ponto de partida da mensagem; a informação no lado direito da página é o que o autor gostaria que tratássemos como algo novo. Em hebraico, como a direção da escrita é da direita para a esquerda, a ordem é invertida: o lado direito da página ou da imagem é o ponto de partida da mensagem, ou a parte do que é dado, e o lado esquerdo é para onde estamos indo ou aonde chegaremos. Esses pontos serão mais bem elaborados no capítulo 3.

Outra diferença entre escrita e imagens apontada por Kress é que, na escrita, o compromisso é nomear as relações e classificações: "A célula possui...", "Este homem é...", e nada tem significado a não ser que seja nomeado[198]. Na imagem, o compromisso é com a localização (isso fica aqui) e a forma (isso se parece assim). Na escrita, lexicalizamos o movimento. A imagem prescinde de verbos ou descrições exatas das relações, todos esses elementos são mostrados pela disposição, cor e perspectiva[199].

A questão com respeito às relações entre a escrita e a imagem é: o que queremos dizer, e quais modos e gêneros são mais adequados para realizar esse significado? Questões vinculadas são: nós lemos uma imagem assim como lemos um texto? Como diferentes modos realizam diferentes significados? Como a imagem representa relações sociais e interação social? Como cada modo expressa valores e interesses[200]?

Caminhos de leitura como acesso ao conhecimento no texto multimodal

Textos multimodais, como os livros didáticos, levam à questão da direcionalidade e da definição dos "pontos" que balizarão a leitura: quais elementos devem ser lidos em conjunto[201]? Enquanto no texto verbal (o mundo como é contado) há

---

197 Theo van Leeuwen, "The Schoolbook as a Multimodal Text", cit., p. 37.

198 Gunther Kress, *Literacy in the New Media Age*, cit., p. 43.

199 Idem.

200 Ibidem, p. 105-6.

201 Ibidem, p. 157.

um "caminho de leitura" explícito e delimitado que devo seguir para compreender o escrito (da esquerda para a direita no inglês e da direita para a esquerda no hebraico; da parte superior da página para a parte inferior em ambas as línguas), a leitura multimodal permite ler como um desenho (o mundo como é retratado), o que significa que ela não restringe quem vê a um caminho de leitura preestabelecido, ao contrário, quem vê segue um caminho de leitura a ser construído. Ler imagens traz à tona ordenamentos e arranjos que conferem novos significados às imagens. Portanto, pode-se dizer que ler imagens é mais difícil, na medida em que o caminho de leitura na página escrita já é preestabelecido. O leitor é muito mais ativo construindo o caminho de leitura de um texto multimodal, que é estabelecido segundo princípios de relevância para o leitor. Forma, tamanho e cor podem determinar o caminho de leitura da página inteira, o que pode ser diferente para diferentes leitores. Para ler um texto multimodal é preciso ter consciência dos elementos que constituem a imagem, assim como dominamos os elementos que constituem as frases textuais. O significado dos elementos depende de sua disposição no *layout* da página ou página dupla, que é um espaço estruturado. Esses princípios são totalmente diferentes da leitura comum.

Seguir diferentes caminhos de leitura significa construir leituras completamente diferentes, epistemologicamente falando: "O que parece ser o mesmo tipo de texto exige uma leitura diferente do que é de fato um texto diferente". Portanto, a análise de livros didáticos deve ocorrer em dois níveis: 1) análise verbal e visual dos componentes do texto; 2) estudo dos caminhos que ele permite. Contudo, como assinala Kress, devemos lembrar que "o poder para refazer o texto está mais nas mãos do leitor do que nas do autor"[202].

Análise dos textos multimodais

A análise multimodal é a única capaz de abarcar todo o espectro de signos e significações dos livros didáticos. Kress assume que, ao ler e compreender um texto multimodal, realizamos uma série de passos consecutivos: em primeiro lugar, vemos que há "blocos" de escrita e imagens e decidimos quais são os modos dominantes; integramos os não dominantes aos dominantes ou os tratamos como iguais e os lemos em conjunto[203]. Em seguida, decidimos qual a função de cada

---

202 Ibidem, p. 164-5.

203 Ibidem, p. 159.

modo, tanto no nível estrutural (eles são complementares ou um é suplementar em relação ao outro?) quanto em termos de papel-significado especializado (a escrita tem o papel de enquadramento pedagógico e a imagem o de representar o conteúdo curricular?). Como veremos, muitos livros didáticos israelenses são bastante consistentes no que diz respeito à distribuição de função entre texto e imagem. Uma das questões que surgiu no presente estudo foi: qual modo é usado para criticar ou desmistificar e qual modo é empregado para mitificar?

Livros didáticos como textos multimodais

50 Years e *Face* têm pouca cor e apresentam um número significativamente menor de fotografias, fontes, mapas ou gráficos em relação aos demais. Nesse sentido, eles se assemelham aos livros didáticos dos anos 1950-1960, que eram compostos unicamente de texto e impunham um único caminho de leitura aos leitores. Todos os outros livros – tanto de geografia quanto de história – são multimodais, isto é, contêm textos e recursos visuais de todos os tipos e oferecem diversos caminhos possíveis de leitura.

Estudos anteriores sobre os livros didáticos israelenses não enfocam a natureza multimodal dos livros escolares, concentrando-se na análise do conteúdo. A análise do conteúdo geralmente considera as imagens como ilustrações de relatos verbais. Firer assinala que fotografias contribuem para o "apelo do texto"[204]. Para ela, algumas fotografias sobre o conflito israelense-palestino possuem função ilustrativa, ao passo que outras são mais elaboradas e "confrontam os leitores com os estragos e a destruição que as bombas árabes causaram à vida em Israel". A análise de conteúdo evita a análise crítica do discurso e, portanto, toca muito pouco em questões de retórica, gênero, modalidade ou estilo.

Os exemplos da análise multimodal que serão dados adiante mostram que estratégias de análise de discurso e análise multimodal podem trazer à tona significados para além da frase, do parágrafo ou da imagem, significados que são diferentes daqueles a que chegamos exclusivamente pela análise de conteúdo.

[204] Ruth Firer, "The Presentation of the Israeli-Palestinian Conflict in Israeli History and Civics Textbooks", cit., p. 58.

A importância deste estudo

Coffin defende que o "sucesso escolar na matéria de história depende do domínio que o aluno tem sobre os recursos lexicogramaticais e das estruturas textuais que realizam os gêneros argumentativos"[205]. Seguindo Kress e Van Leeuwen, diríamos que o sucesso nas matérias de história, geografia, ciências e outras disciplinas escolares também depende do domínio que o aluno possui sobre os recursos e as estruturas multimodais.

Kress recomenda o estudo de textos que não sejam explicitamente ideológicos, mas sim do "texto mundano [que] é tão ideologicamente saturado quanto um texto que mostre sua constituição ideológica abertamente"[206]. Os livros escolares não são explicitamente ideológicos. Para professores e alunos, eles possuem a autoridade de uma verdade sem viés, são apresentados como informes neutros e objetivos de "fatos brutos" e dados científicos. No entanto, evidenciou-se que os livros didáticos de todo o mundo são ideológicos e autorizados[207], e obedecem a regras de recontextualização, distribuição e avaliação ditadas pelo Estado ou por grupos dominantes[208]. Eles representam, tanto verbal quanto visualmente, ideologias que são "representações que podem muito bem contribuir para relações sociais de poder e dominação"[209]. A importância de se revelar suas conotações ideológicas latentes está no fato de que até mesmo os alunos que talvez nunca venham a ler um livro por prazer ou para se informar, até mesmo eles precisam ler livros didáticos para passar no vestibular. A maioria dos estudantes israelenses, na medida em que é privada de qualquer contato significativo com seus vizinhos palestinos, recebe boa parte da informação sobre eles por intermédio da escola e do material escolar. Como eles vão para o Exército assim

---

[205] Caroline Coffin, "Constructing and Giving Value to the Past", cit., p. 211.

[206] Gunther Kress, "Against Arbitrariness", cit., p. 174.

[207] David R. Olson, "On the Language and Authority of Textbooks", em Suzanne de Castell (org.), *Language, Authority and Criticism: Reading on the School Textbooks* (Londres, Falmer Press, 1989), p. 233-4; Theo van Leeuwen, "The Schoolbook as a Multimodal Text", cit.; Allan Luke, *Literacy, Textbooks and Ideology* (Londres, Falmer Press, 1988); "Genres of Power: Literacy Education and the Production of Power", em Ruqalya Hasan e Geoffrey Williams (orgs.), *Literacy in Society* (Nova York, Longman, 1996); Robert Veel e Caroline Coffin, "On Learning to Think like an Historian", em Ruqalya Hasan e Geoffrey Williams (orgs.), *Literacy in Society*, cit.; James V. Wertsch, *Voices of Collective Remembering*, cit.; David Tyack, "Patriotic Literacy", cit., p. 38-67.

[208] Os livros didáticos suecos, por exemplo, não são controlados pelo Ministério da Educação e, no entanto, todos endossam a narrativa sionista por diversos motivos. Ver Michael Walls, *Framing the Israel/ Palestine Conflict in Swedish History School Textbooks*, cit.

[209] Norman Fairclough, *Analyzing Discourse*, cit., p. 9.

que completam o ensino médio e são despachados para os territórios palestinos ocupados para pôr em prática a política israelense, a leitura crítica dos livros didáticos pode ser crucial para eles e para os professores, que, como provou Weinburg, geralmente não procuram subtextos porque não acreditam que existam subtextos[210]. Segundo Weinburg, os alunos geralmente "não percebem ou não sabem como procurar as particularidades que moldarão suas percepções ou farão com que eles enxerguem os eventos de uma determinada maneira". Eles não interrogam o texto, mas aceitam a sua narrativa como uma verdade definitiva ou até mesmo "divina"[211].

O estudo de Weinburg mostra que, "para os alunos, ler história não é um processo de questionamento das intenções do autor ou de contextualização dos textos em um mundo social, mas sim de coleta de informação"[212]. Mas, como diz Bernstein, "a comunicação pedagógica é frequentemente vista como um condutor, um transmissor para mensagens ideológicas e relações externas de poder"[213]. Como sustenta Jenkins, "a história não corresponde à realidade das coisas no passado"[214], mas os professores e os alunos não têm ciência do que Barthes denominou "efeito de real"[215] ou o viés criado pelas interpretações dos autores. Eles ignoram o fato de que nos livros didáticos, assim como em qualquer outro livro de história, "as escolhas de estrutura narrativa e a escolha de paradigmas explicativos [são] produto de [...] uma decisão interpretativa: uma decisão moral ou ideológica"[216].

Isso vale especialmente para os livros didáticos de geografia, pois os alunos esperam que livros científicos sejam neutros, objetivos e factuais. Até mesmo professores experientes alegam tratar os livros didáticos como "informação" e não como relatos ideológicos. Quando confrontados com a complexidade das representações multimodais, os professores argumentam que não adquiriram ferramentas para ler tais textos[217] e alegam "cegueira" a seus significados ocultos. Essa

---

210 Sam Wineburg, *Historical Thinking and Other Unnatural Acts: Charting the Future of Teaching the Past* (Filadélfia, Temple University Press, 2001), p. 77.

211 Ibidem, p. 77-8.

212 Ibidem, p. 76.

213 Basil Bernstein, *Pedagogy, Symbolic Control and Identity*, cit., p. 39.

214 Keith Jenkins, *Re-thinking History*, cit., p. xiii.

215 Roland Barthes, *O rumor da língua* (trad. Mario Laranjeira, São Paulo, Martins Fontes, 2004).

216 Hayden White, "Interpretation in History", cit., p. 67.

217 Meus comentários sobre a leitura dos professores se baseiam em meus 25 anos de universidade e treinamento interno de professores de escola.

"cegueira" precisa ser enfrentada para que professores e estudantes sejam capazes de ler textos escolares e sejam empoderados pelo conhecimento adquirido.

A história, segundo Jenkins, é um "campo de força [...] um campo que inclui e exclui de diversas maneiras, realça e marginaliza determinados pontos de vista [...] em graus e formas diversos que reagem ao poder dos que os fomentam"[218]. Isso vale em particular para os livros didáticos de história e geografia, sobretudo em um Estado como o de Israel, onde a história e a geografia são tão intimamente ligadas. Jenkins conclui que "ter conhecimento disso pode empoderar o conhecedor". Para saber como ler livros didáticos e ser empoderado por esse conhecimento, alunos e professores precisam de instrução explícita a respeito das maneiras multimodais pelas quais esses textos transmitem suas mensagens; caso contrário, passarão ao largo das controvérsias ideológicas e manipulações que engendram os textos. Se retêm esse tipo de instrução, é como se os educadores estivessem "conscientemente obliterando as necessidades comunicacionais de seus leitores"[219]. O presente estudo procura oferecer uma introdução a essa instrução, que parece essencial em países multiculturais como Israel, onde a leitura crítica da narrativa oficial é considerada despatriótica, quando não um ato de traição[220].

Uma última nota introdutória: todos os excertos dos livros didáticos foram traduzidos por mim. No entanto, eles foram todos conferidos por um tradutor profissional do hebraico para o inglês.

---

[218] Keith Jenkins, *Re-thinking History*, cit., p. 85-6.

[219] Gunther Kress, "Against Arbitrariness", cit., p. 184.

[220] Ruth Firer, "The Presentation of the Israeli-Palestinian Conflict in Israeli History and Civics Textbooks", cit.

1
A representação dos palestinos nos livros escolares de Israel

"Israel nunca procurou uma cidadania igual para árabes palestinos e judeus, tampouco o consentimento de seus cidadãos árabes para a imposição ideológica forçada de um Estado judeu."

Oren Yiftachel, *Ethnocracy: Land and Identity Politics in Israel/Palestine*, p. 93

Muitos livros didáticos israelenses não apenas omitem e silenciam a versão palestina da história, como frequentemente manipulam o passado, conforme revelou Podeh, o que implica em geral o uso de estereótipos e preconceitos para descrever o "outro" (palestino)[1]. Estereótipos alimentam o preconceito e "promovem a deslegitimação – classificação de grupos em categorias sociais negativas e extremas que são excluídos dos grupos humanos porque se considera que sua atuação foge aos limites das normas e/ou valores aceitos"[2]. Oren e Bar-Tal constataram que alguns dos meios comumente utilizados em livros escolares para levar a cabo essa deslegitimação são a desumanização, a marginalização, a caracterização negativa, o uso de rótulos políticos e a comparação entre grupos[3].

No entanto, tanto Podeh quanto Bar-Tal citam apenas a deslegitimação verbal explícita, em especial pela avaliação, e ignoram quase por completo outros dispositivos teóricos e recursos visuais. Os capítulos seguintes se concentrarão no discurso visual e também nos dispositivos retóricos.

---

1 Elie Podeh, *The Arab-Israeli Conflict in Israeli History Textbooks, 1948-2000* (Westport, Bergin and Garvey [Greenwood], 2002).

2 Idem.

3 Neta Oren e Daniel Bar-Tal, "The Detrimental Dynamics of Delegitimization in Intractable Conflicts: The Israeli-Palestinian Case", *International Journal of Intercultural Relations*, v. 31, 2007, p. 111-26.

Podeh e outros pesquisadores definem as visões que predominam nos livros didáticos de Israel como preconceituosas e etnocêntricas e diferentes do racismo, mas a abordagem sociocognitiva dos pesquisadores do racismo não faz distinção entre etnicismo, racismo e formas adjacentes de discriminação, pois são "conceitos indefinidos que se sobrepõem". Wodak e Reisigl defendem que "articulações ideológicas tais como racismo, nacionalismo, sexismo, etnicismo são tangentes, conectadas e sobrepostas". Essas articulações têm antes de mais nada a finalidade primordial "de proteger os interesses do *ingroup* dominante"[4]. Todos os "ismos" acima reforçam a deslegitimação dos "outros, principalmente por exclusão e classificação, por meio das quais se tem o controle das concepções de realidade[5]. No que diz respeito à exclusão, por ora direi apenas que os livros didáticos analisados aqui não apresentam, seja verbalmente, seja visualmente, nenhum aspecto social ou cultural positivo do mundo-da-vida palestino: nem literatura, nem poesia, nem história, nem agricultura, nem arte, nem arquitetura, nem costumes, nem tradições. Nenhum dos livros contêm fotografias de seres humanos palestinos e todos os representam por símbolos racistas ou imagens degradantes, como terroristas, refugiados e agricultores rudimentares – os três "problemas" que eles constituem para Israel.

Classificação dos palestinos nos livros didáticos israelenses

"Categorias engendram significado no mundo como trilhas na floresta que dão ordem ao nosso espaço de vida. E, assim como as trilhas, tendem a resistir à mudança."[6]

A classificação de pessoas ou "atores sociais" é usada "sempre que atores são referidos em termos das categorias pelas quais uma sociedade ou instituição diferencia classes de pessoas: idade, gênero, procedência, classe, patrimônio, raça, etnia, religião, orientação sexual etc."[7]. Essas diferenciações ajudam a constituir aquilo que Van Dijk denomina a linguagem da autoapresentação e da alterapresentação[8]. Uma característica central da linguagem da autoapresentação e da

---

[4] Martin Reisigl e Ruth Wodak, *Discourse and Discrimination: Rhetorics of Racism and Anti-Semitism* (Londres, Routledge, 2001), p. 21.

[5] Gunther Kress e Robert Hodge, *Language as Ideology* (Londres, Routledge, 1993), p. 63.

[6] Gordon W. Allport, *The Nature of Prejudice* (Nova York, Doubleday Anchor, 1958), p. 171.

[7] Theo van Leeuwen, *Discourse and Practice: New Tools for Discourse Analysis* (Oxford, Oxford University Press, 2008), p. 42.

[8] Teun A. van Dijk, *Ideology. A Multidisciplinary Approach* (Londres, Sage, 1997).

alterapresentação aparece na classificação étnica que diferencia os israelenses ou judeus[9] dos "não judeus", ou seja, os "árabes". Para os educadores israelenses, essa dicotomia, característica do discurso racista[10], sempre pareceu "essencial para manter uma identidade judaico-israelense distinta e a habilidade de competir com êxito com os árabes"[11]. Como afirmou Allport, "é próprio da mentalidade preconceituosa formar em todas as áreas da experiência categorias que são monopólicas, não diferenciadas, binárias e rígidas"[12].

A distinção entre judeus e não judeus ajuda a estabelecer o *ingroup* judeu não apenas como dominante, mas também como mais real – porque possui nome próprio – e a marginalizar e subjugar os cidadãos palestinos como um *outgroup* definido apenas negativamente como não *ingroup*. Como veremos nos capítulos seguintes, a diferenciação entre os judeus como o *ingroup* dominante e os não judeus como o *outgroup* marginal da sociedade israelense permeia todas as áreas de investigação. Até mesmo em assuntos que não tocam a questões nacionais ou étnicas, tais como indústria, agricultura ou profissões, os livros didáticos – na esteira do discurso social e político – dividem o mundo-da-vida israelense etnicamente, em judeu e "não judeu" ou "árabe". Essa distinção é utilizada em livros de geografia para conotar a diferença entre progresso e atraso, e ilustrar com mapas, gráficos e diagramas o caráter incompleto do projeto sionista de "judaização" da terra. Por exemplo, em *Settlements in Space* (p. 59), um mapa das "áreas rurais em Israel" representa os assentamentos judeus em azul e os vilarejos árabes em vermelho. O texto abaixo do mapa define o assentamento judeu como: *kibutz*, *moshav*, assentamento da comunidade [judaica] etc., enquanto os vilarejos árabes são definidos apenas como "árabes", apesar de haver diversos tipos de vilarejos árabes em Israel[13]. Nos livros de educação moral e cívica, "o setor não judeu/árabe" conota a centralidade dos cidadãos judeus e a marginalidade da "minoria" palestina, e nos livros de história conota a distinção entre a versão certa e a errada: a narrativa judaica é a certa e a narrativa árabe é a errada. Em termos de modalidade, as versões

---

9 Em geral, não judeus que não são árabes são incluídos no grupo "judeu", como será demonstrado no capítulo 2.

10 Martin Reisigl e Ruth Wodak, *Discourse and Discrimination*, cit.

11 Elie Podeh, "History and Memory in the Israeli Educational System: The Portrayal of the Arab-Israeli Conflict in History Textbooks (1948-2000)", *History and Memory*, v. 12, n. 1, 2000, p. 65-100.

12 Gordon W. Allport, *The Nature of Prejudice*, cit. p. 171.

13 David Grossman e Yossi Katz, "Patterns of Rural Settlements in the Land of Israel", em Ilan Salomon e Ruth Kark (orgs.), *Studies in the Geography of Israel* (Jerusalém, Israel Exploration Society, Department of Geography, The Hebrew University of Jerusalem), v. 14.

israelenses dos eventos são apresentadas como fatos objetivos, enquanto as versões árabe-palestinas são apresentadas como possibilidade, sempre entre aspas (como "de acordo com a versão árabe"). Vejamos dois exemplos extraídos de livros escolares considerados mais progressistas por pesquisadores:

1) "No setor árabe, o massacre Kaffer Kassem tornou-se símbolo dos males da opressão" (*The 20th*, p. 121).

2) "Dier Yassin tornou-se um mito na narrativa palestina [...] e criou uma imagem horrenda do conquistador judeu aos olhos dos árabes de Israel" (Naveh et al., p. 112-3).

Imediatamente após essa afirmação, o livro fornece uma definição de "mito": "mito é uma história que se torna um símbolo importante na vida de uma nação, baseado na realidade, mas ao mesmo tempo distorcendo-a. A narrativa [é] a história do povo conforme esse povo a concebe e a conta".

Como veremos adiante, os livros de história apresentam em geral as ações israelenses como moralmente corretas, em conformidade com as normas universais e judaicas, enquanto as ações palestinas são extravagantes ou virulentas. Israel "reage à hostilidade árabe", realiza "operações" e executa "ações punitivas de dissuasão" contra o terror palestino, enquanto os "árabes" assassinam israelenses, cometem atos de terror contra Israel, são vingativos e usam o que dizem ser "seu sofrimento" em propaganda anti-isralense.

O que há em um nome?

"As coisas não possuem significado a não ser que sejam nomeadas."[14]

Conforme já assinalado por Firer, os livros escolares quase nunca usam o rótulo "palestino" para se referir aos territórios palestinos ocupados ou aos próprios palestinos[15]. No discurso social, político e educacional de Israel, os cidadãos palestinos são denominados pelo rótulo degradante de "árabes de Israel". Os palestinos dos territórios ocupados, além de "árabes", são designados por "*pales(h)tinaiim*" (em hebraico) ou "*palestinim*", conforme a inclinação política do enunciador ou

[14] Gunther Kress, *Literacy in the New Media Age* (Londres, Routledge, 2003), p. 43.

[15] Ruth Firer, "The Presentation of the Israeli-Palestinian Conflict in Israeli History and Civics Textbooks" em Ruth Firer e Sami Adwan, *The Israeli-Palestinian Conflict in Israeli History and Civics Textbooks of Both Nations* (Hannover, Georg-Eckert-Institut für Internationale Schulbuchforschung, Hahnsche Buchhandlung, 2004), p. 63.

do autor. Geralmente, vozes de esquerda os chamariam de *palestinim*, que é o mesmo que palestinos, ou na pronúncia árabe "falastinos", que é como eles se referem a si mesmos. Vozes de direita se referem aos palestinos como "árabes" ou "*Pales(h)tinaiim*", que é mais próximo de "filisteus" e pode ser traduzido por "filistinos". Portanto, a partir de agora traduzirei a palavra dessa forma.

Historicamente, os palestinos são o povo da Palestina, ou Síria Palestina, como os romanos a denominavam, a terra dos filisteus. Palestina foi o nome usado pelos gregos, pelos romanos e depois pelos europeus; foi também o nome oficial usado pelos ingleses durante o seu mandato na região. Compreende a totalidade do sul da Síria, e não apenas a porção da Palestina atual, e foi a terra natal de todos os povos que viviam na região, inclusive dos hebreus. O professor Shimon Shamir explica que os judeus que viviam Palestina eram chamados de "*pals(h)tinaiim*", e não necessariamente os árabes[16]. Por exemplo, quem se alistava no Exército inglês durante a Segunda Guerra Mundial era denominado "*pales(h)tinaiit*", e a própria Golda Meir disse certa vez: "Também sou *pales(h)tinaiit*", querendo dizer que tinha origens na antiga terra da Palestina e esse era o seu documento de identidade – emitido durante o Mandato Britânico, a Palestina era assinalada como sua terra natal. Portanto, a solução dos dois Estados, diz Shamir, significaria haver um Estado judeu (Israel) e um Estado palestino na terra da Palestina[17].

Os palestinos (pronunciado "falastinos") e a Palestina (Falastin) são os nomes que o movimento nacional palestino escolheu para a sua terra e o seu povo no início do século XX, diferenciando-se assim do rótulo britânico, dos filisteus e dos hebreus, e livrando-se de todas as outras conotações da Palestina.

Embora os livros analisados aqui tenham sido publicados após os acordos de Oslo, que pressupunham o reconhecimento mútuo das nações israelense e palestina, eles não respeitam o nome que os palestinos usam para se referir a eles próprios: falastinos. Nos livros mais à esquerda, ora eles são "árabes", ora "árabes de Israel", ora "palestinos", ao passo que nos livros de direita eles são árabes, "árabes de Israel" e, em raras ocasiões, *pales(h)tinaiim*, termo geralmente reservado a terroristas. O rótulo de "árabes" reforça a ideia que Israel sempre buscou transmitir, a saber, a de que os palestinos não constituem uma nação por si só, mas pertencem a outra nação,

---

16 Shimon Shamir, "How the Media Confuse between Palestinians and Philistinians and Why Is It Important", *Haayin Ha-Shviit*, 1º mar. 2005, e *Haaretz*, 18 abr. 2009.

17 Idem, "How the Media Confuse between Palestinians and Philistinians and Why Is It Important". Disponível em: <http://www.the7eye.org.il/Dailycolumn/pages/article5519.aspx> (em hebraico).

muito maior, situada fora de Israel: os árabes. Nesse ponto, eles são semelhantes aos judeus israelenses, que pertencem ao grupo maior do povo judeu, cuja grande maioria reside fora de Israel. A única diferença entre os palestinos e os judeus israelenses, segundo a concepção de Israel, é que o povo judeu só possui um Estado – Israel –, enquanto os "árabes" podem se instalar em qualquer um dos vinte e um diferentes Estados que eles têm. Portanto, qualquer judeu que vá para Israel recebe imediatamente a cidadania, enquanto os palestinos não têm cidadania alguma.

Guarnecida dessa percepção, a política israelense sempre foi a de "estimular" de maneira implícita (ou às vezes até explícita) os palestinos a abandonar suas casas e se estabelecer em países árabes. Um exemplo significativo é uma declaração de Tzipi Livni, ainda como ministra das Relações Exteriores:

> A solução nacional para os árabes de Israel está em outro lugar: para manter um Estado democrático judeu precisamos constituir dois Estados-nação separados por linhas vermelhas claras. Quando isso acontecer, poderei me dirigir aos cidadãos palestinos de Israel, que denominamos "árabes de Israel", e dizer a eles que a solução nacional deles está em outro lugar.[18]

Essa é uma rara ocasião em que um líder importante sugere substituir os "árabes de Israel" por "cidadãos palestinos de Israel". No entanto, o motivo por trás dessa mudança está alinhado com as velhas intenções e objetivos de sempre. Livni usa o rótulo "palestinos" pelo mesmo motivo que os livros escolares empregam o rótulo "árabes": para indicar que essas pessoas, embora sejam cidadãs do Estado de Israel, não pertencem ao lugar onde de fato vivem e trabalham, e onde viveram por gerações. Livni reitera a ideia recorrente de transferi-los para o Estado vizinho (que até agora não existe) da Palestina. Esse discurso é digno de nota porque Livni se dirigia a alunos de ensino médio de Tel-Aviv que estavam às vésperas do alistamento militar.

A maior parte dos livros analisados aqui reserva o rótulo de "palestino" aos terroristas. Por exemplo: "A calmaria no Líbano não durou muito [...]. A independência do Líbano se encontrou em risco novamente nos anos 1968-1969, quando organizações terroristas palestinas, lideradas pela OLP, se instalaram no Líbano e começaram a agir contra Israel a partir de lá" (*AHH*, p. 288). Ou: "Depois da guerra de 1967, a presença de organizações terroristas palestinas na Jordânia aumentou e elas criaram um Estado dentro do Estado. A partir desses territórios,

---

[18] *Haaretz*, 10 dez. 2008.

começaram a cometer atos terroristas no vale do Jordão, sem a permissão do rei" (*AHH*, p. 284). Tanto *Face* quanto *50 Years* ressaltam o fato de que os refugiados palestinos eram uma fonte de problemas e insegurança para todos os países pelos quais passavam, como o Líbano e a Jordânia. Na página 378 de *Face* há um subcapítulo intitulado: "O fator palestino ameaça a integridade e a unidade do Líbano", e na página 382 há um subcapítulo semelhante sobre a Jordânia. *50 Years* menciona os palestinos não terroristas, denominados "árabes dos territórios", apenas como mão de obra barata e ameaça à agricultura israelense, ou então como "infiltrados" que vêm da Jordânia e do Egito para Israel para cometer atos de terror. O capítulo termina com uma fotografia de pessoas de *keffiyehs*, armadas e mascaradas, dentro de um veículo. Essa é a única fotografia de palestinos no livro inteiro, posicionada no centro inferior da página, como se concluísse a narrativa. A legenda explica que essas figuras são "filistinos armados patrulhando as ruas de Amã durante o conflito entre o Exército jordaniano e os filistinos". Assim como nos livros dos anos 1950-1990, esses livros "concebem os palestinos como um fator que constantemente inflama e agrava o conflito"[19].

Os palestinos que não são terroristas são geralmente denominados "árabes": "Os países árabes não aceitaram as consequências da Guerra [israelense] de Independência e, embora tenham assinado os acordos de cessar-fogo, exigiram que Israel retornasse às fronteiras da partilha e reintegrasse os refugiados árabes a suas casas" (*JIP*, p. 309). Ou: "Com a queda dos países árabes, vastas regiões onde transitavam um milhão de árabes foram anexadas a Israel" (*AHH*, p. 337). É somente no momento em que menciona o acordo de paz entre Israel e a OLP que *JIP* afirma explicitamente que "Israel reconheceu a OLP como a única representante do povo palestino" (*JIP*, p. 332).

Enquanto *50 Years* e *Face*, orientados mais à direita, usam os rótulos *pales(h) tinaiim*, que equivale a "filistinos", e "árabes", Naveh et al. e Domka et al., orientados mais à esquerda, alternam entre "árabes" e "palestinos". No subcapítulo: "Os motivos da fuga dos árabes de Israel" (Naveh et al., p. 142-3), "árabe" aparece cinco vezes e "palestinos" duas, e em todos os casos para se referir às mesmas pessoas. Em contraste, quando fala da Nakba, a proporção é a inversa: "palestinos" aparece quatro vezes e "árabe" aparece uma única vez. Em Domka et al. (p. 158-9) verifica-se a mesma tendência. Quando o assunto é a "infiltração" de

---

[19] Ruth Firer, "The Presentation of the Israeli-Palestinian Conflict in Israeli History and Civics Textbooks", cit., p. 64.

refugiados palestinos em 1963, os quais tentavam retornar a suas casas e lavouras, o livro utiliza em um mesmo parágrafo a palavra "árabe" três vezes e a palavra "palestinos" duas vezes.

O livro de educação moral e cívica *Being Citizens in Israel: A Jewish Democratic State* dedica um espaço considerável às perspectivas e eventos palestinos; o livro detalha os atos de discriminação praticados contra os cidadãos palestinos, chama o conflito de "o conflito israelense-palestino" (e não "o conflito árabe-judeu", como geralmente se faz) e menciona – diferentemente da maior parte dos livros – o fato de que após 1993 a OLP retirou de seu estatuto os artigos que pregavam a destruição de Israel e a negação do seu direito de existir (*BCI*, p. 337). No entanto, denomina "Israel Mandatária" a Palestina pré-Israel e alterna de maneira um tanto aleatória e aparentemente ilógica os termos "árabes" e "palestinos", utilizando com muito mais frequência o rótulo "árabe". Por exemplo, o capítulo intitulado "A cisão nacional [em Israel]" começa com a seguinte afirmação:

> Para compreender a essência da cisão nacional, é preciso conhecer as características da sociedade árabe. [...] Em 1948 [...] viviam na Israel Mandatária (ou Palestina, como é chamada pelos árabes) quase dois milhões de pessoas. Dois terços eram compostos de árabes-palestinos e um terço era composto de judeus. [...] Após a expulsão e a fuga maciça de árabes durante a guerra, apenas 160 mil árabes-palestinos permaneceram no interior das fronteiras do Estado de Israel, 10% dos árabes-palestinos que já viviam lá. (*BCI*, p. 279.)

A partir desse ponto, raramente se volta a usar o rótulo "palestino", e os cidadãos palestinos passam a ser chamados "árabes", "minoria árabe" ou "os árabes de Israel". Nas duas ou três páginas em que se usa "palestinos", o rótulo "árabes" vinculado a cidadãos palestinos ou refugiados é usado vinte e cinco vezes contra apenas quatro do rótulo "palestinos" (*BCI*, p. 279-80). Em um parágrafo de doze linhas, identificamos uma única ocorrência de "palestinos", quatro de "árabes" e duas de "árabes de Israel", todos para se referir a um mesmo grupo de pessoas, ou melhor, "população" ou "setor", como são denominados. Um exemplo se encontra na frase a seguir:

> A realidade imposta aos árabes em Israel, como consequência de terem se tornado uma minoria no Estado que os subjuga, ao mesmo tempo que se encontra em conflito com o restante do povo palestino, aguçou sua consciência política etc. (*BCI*, p. 281.)

"Árabes" é empregado com frequência como um rótulo genérico para todos os não judeus nativos. O livro de geografia *Israel: The Man and the Space* dá nome a todas as minorias presentes em Israel: "A população árabe: nesse conjunto, há diversos grupos religiosos e diversos grupos étnicos: muçulmanos, cristãos, drusos, beduínos e circassianos. Mas como a maior parte deles é árabe, a partir de agora nós nos referiremos a eles como 'árabes'" (*IMS*, p. 12). Nesse livro, o rótulo "palestinos" é reservado aos "trabalhadores estrangeiros" mal pagos: "Alguns trabalhadores estrangeiros são palestinos provenientes das áreas controladas pela Autoridade Palestina etc." (*IMS*, p. 12).

Apresentar as regiões palestinas como "áreas controladas pela Autoridade Palestina", em vez de terra natal dos palestinos, e referir-se às pessoas que vivem nessas regiões como trabalhadores estrangeiros reforça a ideia de que os palestinos não pertencem ao lugar onde vivem há séculos.

O único livro que usa o rótulo "palestinos" de maneira consistente é *WOC*, que foi interditado. Ele designa o conflito como "conflito sionista-palestino" e se refere à guerra de 1948 como uma guerra civil, e não como guerra de independência; é o único livro que chama de "Palestina" o território pré-Israel, como ele efetivamente era chamado, e não de "Israel Mandatária", como em outros livros escolares. Ele apresenta os dois lados adversários de maneira simétrica e dá praticamente o mesmo peso aos argumentos e reivindicações nacionais de cada um (este ponto será discutido mais a fundo no capítulo 3). Além do mais, *WOC* é o único livro analisado aqui que chama os territórios palestinos ocupados de Cisjordânia e não Judeia e Samaria, ou a "Terra Ocidental de Israel", como *50 Years* e outros livros; as aldeias palestinas que foram destruídas são mencionadas por seus nomes originais, e até mesmo a cidade de Eilat é chamada por seu nome árabe (Um-Rash-Rash), como era conhecida antes de 1948.

Uma vez que a posição do presente estudo é que nenhum signo é neutro e todo signo é motivado por interesses e ideologia, a mistura de rótulos nos parece motivada não apenas pelo desrespeito ao nome que o povo palestino escolheu para si, mas também pela percepção de que pouco importa a denominação que se deem, porque, para "nós", eles não passam de árabes. Essa percepção alimenta os argumentos usados no discurso popular e político para barrar o retorno dos refugiados palestinos, assim como o argumento de que não se deve permitir o retorno dos árabes a Israel porque muitos judeus foram expulsos de países árabes, como Marrocos, Iraque e Síria.

O uso do discurso racista

Racismo verbal

De acordo com o estudo de Bar-Tal e Nets-Zehngut, *The Israeli-Jewish collective memory regarding the Israeli-Arab/Palestinian conflict*, a "consciência israelense judaica é caracterizada por [...] patriotismo cego, beligerância, senso de superioridade moral, desumanização dos palestinos e insensibilidade ao seu sofrimento"[20]. No que concerne à desumanização dos palestinos, essas constatações não são diferentes dos achados de outras pesquisas realizadas nas últimas três décadas; por exemplo, a pesquisa de Zemach indicou

> [uma] tendência de estereotipia entre os jovens israelenses, no sentido de que veem todos os árabes, dentro e fora do Estado de Israel, como um coletivo ameaçador e mal-intencionado. [A pesquisa] também revelou um nível preocupante de apoio a medidas legais e administrativas que, caso efetivamente implementadas, restringiriam a liberdade dos cidadãos palestinos de Israel, limitando seus direitos civis e até humanos.[21]

Uma pesquisa do Instituto Maagar-Mohot, na Universidade de Tel-Aviv, conduzida pelo professor Yitzhak Katz, revelou que, em fevereiro de 2010, 50% dos estudantes judeus israelenses de ensino médio julgavam que não se deviam conceder direitos civis iguais aos cidadãos palestinos e 56% achavam que não se devia permitir que cidadãos palestinos concorressem ao Knesset. A pesquisa sublinha a relação significativa entre essas posições e a crença judaica. Por exemplo, 82% dos estudantes religiosos julgavam que se deveriam negar direitos civis aos cidadãos palestinos; entre os estudantes seculares, esse número cai para 39%. De modo análogo, 82% dos estudantes religiosos e 47% dos estudantes seculares julgam que não se deve permitir aos cidadãos palestinos o direito de concorrer ao Knesset[22]. O argumento do presente estudo é o de que essas atitudes são produto da educação israelense e os livros escolares convencionais e de ampla circulação manifestam aquilo que Reisigl e Wodak denominam, seguindo Van Dijk, "racismo de elite", que é o "racismo reproduzido nos discursos de elite, tais como

[20] Citado em Akiva Eldar, "Learning All the Wrong Facts: A Study of Israeli and Palestinian Textbooks Shows How Both Sides Tell the Narrative of the Conflict from Their Own Perspective, Ignoring the Other Side", *Haaretz*, 9 dez. 2004.

[21] Mina Zemach, "Attitudes of the Jewish Majority in Israel towards the Arab Minority" (Jerusalém, Fundação Van-Leer), citado em Dan Rabinowitz, "Natives with Jackets and Degrees: Othering, Objectification and the Role of Palestinians in the Co-existence Field in Israel", *Social Anthropology*, v. 9, n. 1, 2001, p. 65.

[22] Or Kashti, disponível em: <http://www.haaretz.co.il/hasite/spages/1155708.html> (em hebraico).

artigos, livros didáticos, discurso acadêmico, pronunciamentos políticos e debates parlamentares – um racismo que em seguida é implementado e levado a cabo em outros campos sociais", tais como o exército[23].

Como já mencionamos, Podeh argumenta que, no primeiro período dos livros didáticos israelenses (1950-1960), "a narrativa histórica era repleta de vieses e preconceitos"[24]. Nos livros didáticos dos anos 1990, tanto Podeh[25] quanto Firer[26] afirmam que os "árabes" não são mais descritos em termos estereotipados e que, no geral, é apresentado um quadro equilibrado do conflito árabe-israelense. Firer afirma que, "como o politicamente correto chegou a Israel, não é mais apropriado usar uma linguagem discriminatória nos livros didáticos"[27] e, mais adiante, acrescenta que nos anos 1967-1990 "os estereótipos de árabes e palestinos quase desaparecem"[28]. Contudo, a análise aplicada aqui revela que nos livros escolares mais importantes de 1996 a 2010, inclusive os que Firer e Podeh consideram mais equilibrados e menos dogmáticos, os palestinos ainda são representados visual e verbalmente de maneira racista e estereotipada, ou então nem são representados, isto é, aparecem ou como um elemento negativo "impessoalizado", ou como um "ponto cego", excluídos de onde deveriam estar, a partir do qual se pode intuir sua existência, como um livro que está faltando na estante da biblioteca.

Nos livros para alunos muito pequenos (de 1 a 4 anos de idade), os palestinos, quer os cidadãos de Israel, quer os residentes dos territórios ocupados, praticamente inexistem. É impossível encontrá-los em desenhos, fotografias ou textos verbais, sejam eles factuais ou ficcionais. Nas antologias não há quase nenhum traço da literatura ou da poesia palestina, de canções infantis, provérbios ou contos folclóricos, e não há praticamente nenhum traço de sua existência nos livros factuais sobre o Estado de Israel.

Em outros livros escolares, o discurso a respeito dos palestinos atende a todos os critérios do discurso racista, conforme definido por sociólogos e analistas do

---

[23] Martin Reisigl e Ruth Wodak, *Discourse and Discrimination*, cit., p. 24.

[24] Elie Podeh, *The Arab-Israeli Conflict in Israeli History Textbooks, 1948-2000*, cit., p. 61.

[25] Idem.

[26] Ruth Firer, "The Presentation of the Israeli-Palestinian Conflict in Israeli History and Civics Textbooks", cit.

[27] Ibidem, p. 75.

[28] Ibidem, p. 92.

discurso como Allport, Van Leeuwen, Essed, Van Dijk e Reisigl e Wodak[29]. Essed afirma que o racismo enquanto ideologia está presente nas práticas cotidianas e serve "para cimentar e unificar, isto é, para preservar a unidade ideológica do grupo dominante":

> Ele abarca toda uma gama de conceitos, ideias, imagens e intuições que fornecem o quadro de interpretação e sentido para o pensamento racial na sociedade, seja na forma sistematicamente organizada do discurso acadêmico, seja na forma corriqueira e cotidiana do raciocínio baseado no senso comum.[30]

Segundo Essed, o racismo, quer como ideologia, quer como prática cotidiana, é "a expressão ou ativação de poder de grupo"[31] e consiste em representações sociais compartilhadas dos outros. Essed explica que "representação social é um termo geral para denominar uma estrutura socialmente compartilhada de cognições tais como crenças, conhecimentos, opiniões, atitudes, propósitos e emoções"[32]. Ela não distingue entre racismo institucional e racismo pessoal, pois "crenças raciais ou étnicas ou opiniões manifestadas por membros individuais do grupo dominante são relevantes não como opiniões pessoais e sim como reflexos de representações socialmente compartilhadas de grupos raciais e étnicos"[33].

Desse ponto de vista, os livros didáticos autorizados que descrevem os palestinos à maneira típica da representação racista – isto é, primitivos, subservientes, pervertidos, criminosos ou maus, e como um problema a ser resolvido[34] – não devem ser tratados meramente como um reflexo das opiniões pessoais do autor e sim como um reflexo de grande parte da atitude oficial de Israel em relação aos palestinos como um todo.

O racismo, que é um processo social, é recorrentemente reforçado e reproduzido por um complexo de atitudes (preconceito) e ações (discriminação). Como explica

---

[29] Gordon W. Allport, *The Nature of Prejudice*, cit.; Theo van Leeuwen, "Semiotics and Iconography", em Theo van Leeuwen e Carey Jewitt (orgs.), *The Handbook of Visual Analysis* (Londres, Sage, 2001), p. 92-119; Philomena Essed, *Understanding Everyday Racism: An Interdisciplinary Theory* (Londres, Sage, 1991), v. 2 (série da editora Sage sobre relações étnicas e de raça); Teun A. van Dijk, *Ideology*, cit.; Martin Reisigl e Ruth Wodak, *Discourse and Discrimination*, cit.

[30] Philomena Essed, *Understanding Everyday Racism*, cit., p. 44.

[31] Ibidem, p. 37.

[32] Ibidem, p. 44.

[33] Idem.

[34] Essas categorias são discutidas em Theo van Leeuwen, "Visual Racism", em Martin Reisigl e Ruth Wodak (orgs.), *The Semiotics of Racism* (Viena, Passagen, 2000), p. 349.

Essed, "a aquisição, o uso e a transformação do preconceito étnico são processos sociais em que se reafirma discursivamente a preferência do *ingroup*"[35]. Segundo Essed, o preconceito não é simplesmente antipatia. É uma representação social composta de diferenciações de *ingroup* e *outgroup*. As diferenças assumidas são avaliadas como negativas em relação às normas, valores, tradições ou objetivos do *ingroup*, e são subsequentemente atribuídas a características raciais ou étnicas do *outgroup*. Essas avaliações negativas são "generalizações baseadas em representações insuficientes ou enviesadas, que são elementos constitutivos de uma ideologia que racionaliza e reforça sistemas existentes de desigualdade racial e étnica"[36].

Os livros escolares de geografia frequentemente racionalizam e reforçam os sistemas de discriminação, confisco de terras e falta de infraestrutura nas aldeias árabes (capítulo 2). Por exemplo, dado que os árabes-palestinos raramente conseguem permissão para construir e expandir, seja em terrenos municipais ou privados, as casas ou anexos que conseguem erguer para os filhos são considerados ilegais por Israel e imediatamente demolidos[37]. *GLI* justifica e reforça essa prática da seguinte maneira:

> **Construção ilegal nas aldeias árabes**: Boa parte das casas ilegais é construída em terrenos municipais e terras agrícolas, que, pela lei israelense, pertencem ao Estado. A construção ilegal também é resultado do desejo de esquivar-se do pagamento de uma licença. (*GLI*, p. 199.)

Porém, como explica Yiftachel:

> A judaização territorial facilita a implementação desigual de processos de alocação de terras [...], rezoneamento e desenvolvimento em benefício dos grupos dominantes. [Apesar do fato de que] os árabes representam 20% da população, eles só têm 3,5% da terra [...]. Depois de 1948, o Estado expropriou mais da metade dos proprietários de terra e mais de quinhentos assentamentos judeus foram erguidos em suas terras. [...] Desde a sua instauração, o Estado ergueu mais de setecentas localidades judaicas e nenhuma localidade árabe [...]. Em 2006, embora a população árabe já houvesse sextuplicado, as terras sob seu controle diminuíram pela metade. Essa situação cria uma potencial guetização dos árabes.[38]

---

[35] Philomena Essed, *Understanding Everyday Racism*, cit., p. 45.

[36] Idem.

[37] Ver, por exemplo, Yoav Stern, "Attempts to Stop House Demolition in Wadi Ara: It Is Not in Arab Genes to Build without a License", *Haaretz*, 6 jun. 2010.

[38] Oren Yiftachel, *Ethnocracy: Land and Identity Politics in Israel/Palestine* (Philadelphia, University of Pennsylvania Press, 2006), p. 133, 143 e 166.

Os cidadãos palestinos perderam tanto propriedades pessoais como patrimônio territorial e interesses coletivos, pois praticamente toda a terra que pertencia a eles foi declarada terra do Estado.

Os livros escolares de geografia frequentemente racionalizam a "estabilidade forçada" dos cidadãos palestinos e o fato de que eles não se tornaram tão "modernos" quanto o setor israelense, retratando-os como clãs; uma das características repetidamente citadas a respeito da mentalidade de clã dos árabes é a "relutância" dos cidadãos árabe-palestinos a alocar terra para uso público:

> **Gestão do uso da terra no setor árabe**: No setor judeu não há objeções a alocar parte das terras privadas para construções públicas. No setor árabe há a expectativa de que todos os serviços e necessidades públicas sejam providos pela reserva de terras do Estado. (*GLI*, p. 303.)

Vale dizer que "a reserva de terras do Estado" é composta de terras que foram confiscadas dos cidadãos palestinos. Yiftachel explica a ideia por trás do movimento de transformação das terras árabes confiscadas em "terras do Estado":

> Estados colonizadores geralmente consideram que as terras nativas são terras públicas das quais os governos podem dispor sem aprovação nem conhecimento dos nativos. Consequentemente, os nativos tornam-se invasores de suas próprias terras. Ainda que o Estado venha a reconhecer a posse dos nativos sobre a terra, o ato é lido geralmente como capricho de um soberano e pode ser revogado a qualquer momento.[39]

Como veremos no capítulo 2, "A geografia da hostilidade e da exclusão", os livros de geografia analisados aqui desqualificam a agricultura palestina, dizendo que não é desenvolvida ou moderna (*PIS*). Essa descrição omite o fato de que o sistema israelense de desigualdade obriga os cidadãos palestinos a se virar com poucos recursos, menos financiamentos, água e terra, em comparação com seus concidadãos judeus.

A política israelense contra a concessão do direito de retorno aos refugiados é justificada pela representação do êxodo dos palestinos, seja o decorrente da expulsão forçada, seja o decorrente da fuga da agressão judaica, como uma "fuga em pânico", em que eles simplesmente "abandonaram" suas terras, geralmente para espanto do povo e dos líderes israelenses. Os não cidadãos palestinos dos territórios ocupados são retratados com frequência como terroristas, e esse tipo de representação reforça a política de controle constante, restrição de movimento e

---

[39] Ibidem, p. 145.

até mesmo assassinatos extrajudiciais, que é apresentada nos livros escolares como uma necessidade aceita por todos.

Como ficará claro nos capítulos seguintes, os princípios básicos do preconceito elencados por Essed são compatíveis com a atitude de Israel em relação aos cidadãos e não cidadãos árabe-palestinos como é apresentada nos livros escolares. São eles:

1) Sentimento de superioridade, que no discurso social e nos livros didáticos é expresso pela narrativa do progresso (judeu-ocidental). Nessa narrativa, os judeus representam o Ocidente e, portanto, o progresso, enquanto os não judeus ou árabes representam o Oriente e, portanto, o atraso. Embora rejeitada por geógrafos e antropólogos modernos[40], essa percepção colonialista de ocidentais progressistas civilizando a população indígena atrasada do Oriente ainda persiste em livros escolares de geografia (ver capítulo 2), na literatura[41] e na mídia israelense, como descreve o historiador e jornalista Tom Segev:

> Este é o pressuposto básico do projeto sionista desde o início: nós somos os representantes do iluminismo e do progresso, da sofisticação racional e da moralidade, e os árabes são uma turba primitiva, uma gentalha ignorante, tempestuosa e violenta, que precisa ser domada e educada pela nossa sabedoria, e isso, nem é necessário dizer, pelo método da cenoura e do garrote, como faz o vaqueiro com o burro.[42]

2) Percepção da raça subordinada como intrinsecamente diferente e estranha. Estritamente ligada à primeira, essa percepção aparece nos livros escolares israelenses em classificações e observações genéricas como: "A sociedade árabe é tradicional e rejeita as mudanças por natureza, reluta em adotar novidades. [...] A modernização lhes parece perigosa" (*GLI*, p. 303).

3) Sentimento de poder reivindicar privilégios e vantagens, que em Israel se referem à terra, direito de imigração exclusivo de judeus, concedido pela "lei do retorno" exaltada em todos os livros escolares, orçamentos e serviços municipais, identidade nacional e dominância cultural. Nos livros escolares, esse sentimento aparece de maneira muito evidente na afirmação repetida dos direitos exclusivos dos judeus sobre a totalidade da terra de Israel/Palestina, manifestada tanto verbal

---

40 Ben Page, "Critical Geography and the Study of Development. Showers of Blessings?", em Alisdair Rogers e Heather A. Viles (orgs.), *The Student's Companion to Geography* (2. ed., Malden, Blackwell, 2003), p. 97-103.

41 Yael Zrubavel, "The 'Mythological Sabra' and Jewish Past: Trauma, Memory, and Contested Identities", *Israel Studies*, v. 7, n. 2, 2002, p. 115-44.

42 Tom Segev, *Haaretz*, 28 dez. 2008.

quanto visualmente nos mapas que retratam os territórios palestinos como pertencentes ao Estado de Israel, apesar de nunca terem sido anexados por lei.

4) Medo e desconfiança de que a raça subordinada cobice as prerrogativas da raça dominante. No contexto israelense, esse medo está ligado à expansão pessoal e municipal, à ascensão profissional e política, aos direitos nacionais e culturais e à comemoração da catástrofe palestina – a Nakba – no Dia da Independência Judaica. Um exemplo desse medo é a resposta geral ao documento "A visão de futuro dos cidadãos árabes palestinos de Israel", publicado em 2006 pelo Comitê Nacional das Lideranças das Autoridades Árabes em Israel, um documento em que os cidadãos árabes reivindicavam mudanças de amplo alcance em diversas áreas da cidadania que levariam à igualdade em relação à população judaica. As mudanças pertencem aos seguintes domínios:

1) Estatuto legal dos árabes palestinos em Israel;

2) Terra e moradia;

3) Desenvolvimento econômico;

4) Desenvolvimento social;

5) Visão estratégica para a educação árabe;

6) Cultura árabe palestina em Israel;

7) Instituições e trabalho político.

O documento, que aborda todos os aspectos cruciais do preconceito e da discriminação contra os cidadãos palestinos e exige a correção desses aspectos, alarmou tanto a ala esquerda quanto a ala direita da arena política[43]. Esse medo foi resolvido pela concessão por lei de todos os privilégios, direitos e serviços elencados acima quase que exclusivamente a veteranos do Exército (menos os veteranos drusos e beduínos), isto é, apenas para judeus. Nos livros escolares, esse medo se manifesta na omissão no currículo da história, da cultura e de todos os fatos

[43] Uma das reações reproduzidas em uma publicação *on-line* do Partido Trabalhista, *Ofakim Hadashim* [Novos Horizontes], no dia 15 de janeiro de 2007 e escrita pelo jornalista de direita Ben-Dror Yemini começa com as seguintes palavras: "Em nenhum lugar do mundo se encontra uma situação semelhante à nossa. Muitos países possuem minorias (alguns mais, outros menos), mas em nenhum lugar do mundo há um país que contenha uma minoria que deseja se juntar ao seu grupo étnico correligionário em um país vizinho a fim de destruir (ou no mínimo mudar) o caráter étnico do país em que ela vive. Portanto, devemos pleitear a separação completa entre os movimentos étnicos, judeu e árabe, sem ferir os direitos civis dos cidadãos árabes e sem abrir mão de um milímetro do caráter sionista-judeu do Estado de Israel".

sociais relativos a quase 20% da população de Israel, e na representação desses cidadãos como um "elemento" marginal, atrasado, hostil e perturbador, não obstante os esforços de Israel para modernizá-los.

Outro aspecto desse medo é o temor de que os palestinos se considerem ou sejam considerados vítimas, como fica evidente na já mencionada Lei Nakba. Por exemplo, os jornalistas israelenses não se referem aos mortos palestinos como vítimas; praticamente não há fotografias do sofrimento dos palestinos, seja na mídia, seja nos livros escolares, e quase não há expressão de empatia da parte de jornalistas, políticos ou educadores pelas terríveis circunstâncias em que vivem essas pessoas. Nos livros escolares, boa parte dos registros sobre os mortos palestinos carece – assim como a mídia – daquilo que Dominick La Capra denomina "inquietação empática"[44], isto é, "a resposta até mesmo de testemunhas secundárias (inclusive historiadores) a acontecimentos traumáticos [...] deve envolver uma inquietação empática que tem de transparecer na própria forma de abordagem", o que implica "demonstrar sensibilidade à experiência traumática dos outros"[45]. No contexto israelense, essa inquietação empática diante das vítimas palestinas durante a Nakba ou nos anos seguintes poderia deslegitimar a narrativa sionista-israelense e as injustiças legitimadas contra os palestinos, portanto é impossível.

A exclusão e a marginalização são típicas do comportamento racista contra o diferente[46]. Mas, como assinala Van Dijk, para legitimar seu comportamento racista, grupos dominantes que excluem e marginalizam "minorias" evitam fazer referência clara a seus interesses e tendem a alegar que suas ações são para o bem de todos e até mesmo para os próprios dominados[47]. Van Dijk conclui: "um grupo precisa mostrar que seus princípios básicos são justos e os do outro são errados. Os nossos são gerais, universais e se aplicam a todos; nossas ações se enquadram na ordem moral geral, o que significa que constituem o senso comum"[48].

Um bom exemplo é o trecho do discurso da ex-ministra de Relações Exteriores Tzipi Livni, citado anteriormente[49]. Nesse pronunciamento, assim como em

---

[44] Dominick La Capra, *Writing Shoa, Writing Trauma* (Baltimore, Johns Hopkins University Press, 2001), p. 125.

[45] Ibidem, p. 41.

[46] Albert Memmi, *Racism* (Minneapolis, University of Minnesota Press, 1999).

[47] Teun A. van Dijk, *Ideology*, cit.

[48] Ibidem, p. 258.

[49] *The Jerusalem Post*, 26 mar. 2008.

outros proferidos durante os ataques a Gaza em 2009, Livni tentou convencer os palestinos e o mundo em geral de que o que Israel estava fazendo era compatível com as normas universais. Tzipi Livni, assim como outros políticos, apelou para valores e princípios universais, "usando e abusando da retórica da sobrevivência e da segurança e ao mesmo tempo negando aos palestinos a relevância das mesmas considerações de segurança e sobrevivência"[50]. Nesse pronunciamento, assim como nas descrições dos massacres que encontramos nos livros escolares israelenses (capítulo 4), o discurso legitimador da segurança e da proteção esconde a hostilidade e desculpa a brutalidade através do argumento de que Israel faz o que é preciso para "proteger seus cidadãos do terror"[51].

Estratégias de representação negativa

Van Dijk enumera as categorias usadas para racionalizar o preconceito contra os grupos minoritários, denominando-as "os sete Ds da discriminação": dominância, diferenciação, distância, difusão, diversionismo, despersonalização ou destruição e discriminação diária[52]. Reisigl e Wodak especificam que "essas categorias funcionam de diversas maneiras para legitimar e representar a distinção do 'outro', por exemplo dominando os grupos minoritários por sua exclusão das atividades sociais, destruindo-os e assassinando-os"[53].

Os meios discursivos pelos quais essas formas de discriminação se manifestam nos livros escolares israelenses vão ao encontro das estratégias de representação negativa dos atores sociais[54]; tais estratégias incluem exclusão, supressão e relegação dos atores sociais, genericização, coletivização, funcionalização e impessoalização. Vejamos alguns exemplos.

Impessoalização

"Referência às pessoas por uma qualidade negativa atribuída a elas, geralmente realizada num substantivo abstrato que não inclui a característica semântica '+humano', por exemplo, como um problema."[55]

---

[50] Oren Yiftachel, *Ethnocracy*, cit., p. 67.

[51] Por exemplo, Tzipi Livni em *Haaretz*, 27 dez. 2008.

[52] Teun A. van Dijk, *Ideology*, cit., p. 40.

[53] Martin Reisigl e Ruth Wodak, *Discourse and Discrimination*, cit., p. 22.

[54] Theo van Leeuwen, *Discourse and Practice*, cit.

[55] Ibidem, p. 46.

Além de serem definidos por associação como não entidade (não judeus), os palestinos são tratados como "o problema palestino". Essa expressão, utilizada repetidamente nos livros escolares escritos por Eli Bar-Navi, que é considerado um autor progressista[56], é uma expressão recorrente na ideologia e na propaganda ultradireitista de Meir Kahane[57]. Rotular uma nação de "problema" já é por si só perturbador, sobretudo em um livro didático judeu apenas sessenta anos depois de os próprios judeus terem sido denominados "o problema judaico". E, de fato, rotular o povo palestino de "problema" (às vezes como um problema tóxico)[58] assinala não apenas sua exclusão social da sociedade em geral, como vai além e desemboca – como foi o caso dos judeus e outros grupos indesejados na Europa racista – na legitimação de sua eliminação. Como explica Allport[59], e como a realidade israelense insiste em demonstrar, a doutrinação verbal e a representação negativa do outro pode infectar a mente das pessoas a ponto de fazê-las apelar com relativa facilidade para o ataque físico. Allport explica que, na medida em que "a vítima vem sendo tipificada há muito tempo, as pessoas perderam a capacidade de conceber os membros do *outgroup* como indivíduos". Alunos de ensino médio, que estão prestes a se tornar soldados, aprendem que a própria existência de palestinos entre nós é um problema que precisa ser resolvido. Por exemplo, em *The 20th* (p. 249), o professor Bar-Navi explica que a anexação dos territórios palestinos ocupados ao Estado de Israel criaria "uma situação absurda, na qual os judeus seriam minoria em sua própria terra", e isso, acrescenta, transformaria "o sonho sionista em um pesadelo sul-africano". O historiador Bar-Navi escreveu isso quando o presidente da África do Sul era Nelson Mandela. No entanto, para ele, a África do Sul ainda é um pesadelo para a população branca, que ele equipara aos judeus israelenses.

Genericização

Sempre que os palestinos são mencionados nos livros de história, geografia e educação moral e cívica analisados aqui, é invariavelmente como um coletivo, seja

[56] Elie Podeh, *The Arab-Israeli Conflict in Israeli History Textbooks, 1948-2000*, cit.; Ruth Firer, "The Presentation of the Israeli-Palestinian Conflict in Israeli History and Civics Textbooks", cit.

[57] Kahane, fundador da separatista Liga de Defesa Judaica, no Brooklyn, tornou-se fundador e líder do Kach, um partido de ultradireita que em 1984 tinha uma cadeira no Knesset, mas foi cassado pelo Comitê Central Eleitoral e pela Suprema Corte em 1988. Ambos consideraram que o partido disseminava propaganda racista ilegal. Ver Dan Rabinowitz, "Natives with Jackets and Degrees", cit.

[58] Eli Bar-Navi, *The 20th Century: A History of the People of Israel in the Last Generations for Grades 10-12* (Tel-Aviv, Sifrei Tel-Aviv, 1998), p. 184.

[59] Gordon W. Allport, *The Nature of Prejudice*, cit., p. 171.

genericamente ("Os árabes são..."), seja por aquilo que Van Leeuwen denomina uma "sinédoque singularizante"[60] ("O árabe é..."), seja pela "indeterminação", usando números aproximados e quantidades indeterminadas (a maioria, alguns etc.).

A referência às pessoas por quantidades é o que Van Leeuwen define como "agregação": "Tratamento linguístico de pessoas como números e estatísticas por meio de quantidades definidas ou indefinidas"[61]. A impressão criada por essa forma de se referir a palestinos mortos ou vivos, somada à ausência de fotografias ou relatos sobre os indivíduos palestinos e o mundo-da-vida palestino, é a de que eles são todos iguais e existem apenas em bandos ou massas, como gado. Até mesmo a morte de palestinos em massacres ou guerras é relatada como morte de animais, por números ou quantidades aproximadas; em diversas descrições sobre o massacre de Deir Yassin, encontramos o seguinte:

> 245 corpos foram contados na aldeia – homens, mulheres e crianças.
>
> (*The 20th*, p. 184, para o 2º e o 3º anos do ensino médio.)

> O número de mortos não é exato e varia de 100 a 254.
>
> (*Journey into the Past*, p. 284, para o 8º e o 9º anos do ensino fundamental.)

> No decurso da batalha que ocorreu em terra, entre 100 e 250 pessoas foram mortas, inclusive mulheres e crianças.
>
> (*Fifty Years of Wars and Hopes*, p. 180, para o 1º e o 2º anos do ensino médio.)

Quando resumem as consequências das guerras, os livros de história fornecem números precisos dos mortos israelenses, como "6 mil mortos, dos quais 4.500 soldados e 1.500 civis, e mais de 30 mil feridos"[62]. Já as mortes de palestinos são descritas por estimativas. Em Hagiladi e Kassem, lê-se o seguinte: "houve muitas mortes, muitas aldeias foram destruídas e centenas de milhares de palestinos se tornaram refugiados"[63]. O livro de Hagiladi e Kassem, que não é um livro de escola, apresenta lado a lado a narrativa israelense e a palestina, e, ainda assim, ambas as versões empregam a "agregação" quando tratam das perdas do outro grupo. Isso pode apontar para uma característica comum dessas duas narrativas nacionais: não demonstrar empatia ou inquietação empática ao descrever a morte dos "nossos inimigos".

---

[60] Theo van Leeuwen, *Introducing Social Semiotics* (Nova York, Routledge, 2005).

[61] Idem, *Discourse and Practice*, cit., p. 38.

[62] N. Hagiladi e F. Kassem, *The War of Independence/The Nakba* (Jerusalém, Instituto Van-Leer Institute e Universidade Al-Quds, 2007), p. 20.

[63] Idem.

A agregação elimina a possibilidade de ver esses "corpos" como seres humanos individuais, e sua eliminação enquanto tragédia humana, especialmente quando não há fotografias do sofrimento de palestinos e árabes, como observa Ruth Firer em seu estudo sobre os livros didáticos israelenses publicados até o fim dos anos 1990, pode ser justificada.

Van Leeuwen e Jaworski identificaram uma atitude semelhante nos relatos da mídia ocidental sobre as vítimas palestinas ou pró-palestinas da agressão israelense[64]. Eles observam que o "público ocidental é convidado a sentir a agonia dos israelenses [e] as mortes palestinas raramente são tratadas de forma tão gráfica ou memorável: são pessoas anônimas, contabilizadas como números, corpos soltos em fúnebres multidões despersonalizadas".

Essa atitude também predomina nas negociações entre Israel e a Autoridade Palestina no que diz respeito à troca de prisioneiros, transformando milhares de presos palestinos, todos os 5.777, entre eles 216 menores de idade e 45 crianças[65], em um "preço" sem rosto que Israel tem de pagar pelo retorno de um soldado israelense capturado (chamado de "filho"), com nome, rosto, família e biografia.

O coletivo palestino jamais recebe um atributo positivo ou verbos afetivos ou cognitivos, o que implica que essas pessoas não pensam racionalmente nem têm sentimentos. Via de regra, para os livros didáticos israelenses, árabes e palestinos não fazem nada além de espreitar, atacar de todas as maneiras e se multiplicar (*PAS*, p. 78). Os poucos verbos transitivos que encontramos em relação a esse grupo homogêneo foram: "envenenar", "atacar", "recusar", "sonegar" e "agradecer a Israel o progresso que ele trouxe para sua vida" (*SIS*, p. 60).

Funcionalização

"Ocorre funcionalização quando se faz referência a atores sociais em termos de uma atividade, de algo que eles fazem."[66]

---

[64] Theo van Leeuwen e Adam Jaworski, "The Discourses of War Photography: Photojournalistic Representations of the Palestinian-Israeli War", *Journal of Language and Politics*, v. 1, n. 2, 2002, p. 258.

[65] Publicado por Addameer, associação de direitos humanos e apoio aos prisioneiros, 1º mar. 2011, e Betselem, centro israelense de informação de direitos humanos nos territórios ocupados, fev. 2011.

[66] Theo van Leeuwen, *Discourse and Practice*, cit., p. 42.

Van Leeuwen explica que as pessoas são "funcionalizadas" nas histórias quando são "personagens sem nome [que] têm papéis efêmeros, funcionais, e não são pontos de identificação para o leitor ou receptor"[67].

Um exemplo eloquente de funcionalização é encontrado em *SIS* (p. 63), em uma descrição da aldeia de Bnei Reem. Ela é elogiada por conseguir conciliar tecnologia moderna e tradição religiosa judaica, uma combinação que foi possível graças a "uma família árabe que vivia na "região". Essa família serviu de "'gói do Sabat'[68], abrindo e fechando o sistema de irrigação [no Sabat]. Hoje, entretanto, a tecnologia moderna permite que isso seja feito sem a necessidade da mão humana, com o auxílio de um *timer* de Sabat que aciona as máquinas".

Como o livro não diz que Bnei Reem foi erguida sobre as ruínas da aldeia palestina de al-Masmiyya al-Kabira, que sofreu limpeza étnica e foi destruída em 1948, com a exceção de suas duas escolas e de um punhado de casas, e cujos 2.923 habitantes foram expulsos, ficamos sem saber por que motivo essa família em particular permaneceu lá e onde exatamente ela "residia". Se tivesse dado detalhes sobre essa família "funcionalizada", o texto também mencionaria que os "infiltrados terroristas" que "cercaram" a aldeia, espantaram as vacas e desmoralizaram o povo a ponto de afugentá-los (*SIS*, p. 64) não eram ninguém menos que os habitantes originais, que retornaram para fazer a colheita e se vingar.

Ao "funcionalizar" e tratar essas pessoas como se fossem instrumentos, o livro ensina os estudantes que nem todos merecem uma história ou uma identidade individual. Algumas pessoas só têm função na história de outras pessoas, como é o caso do "gói do Sabat"; quando são substituídas por máquinas, elas se tornam inexistentes.

Demonização

Ao contrário das conclusões de Podeh e Firer, os livros de 1994 a 2010 não estão livres de formas explícitas de demonização. Nos livros de Bar-Navi, especialmente elogiados por Podeh e Firer por sua correção política, encontramos comparações flagrantes entre palestinos e nazistas ou o diabo. Por exemplo: "O primeiro-ministro viu em Arafat a encarnação de Hitler" (*The 20th*, p. 252); "Arafat era considerado a personificação de Satanás e a OLP um clã de assassinos" (*The 20th*, p. 257); "Para [o primeiro-ministro] Menahem Begin, a ação no Líbano era uma guerra

[67] Ibidem, p. 40.

[68] Não judeu contratado para realizar um trabalho necessário durante o Sabat.

de salvação que pouparia Israel de uma segunda Auschwitz" (*The 20th*, p. 251)[69]. Essas comparações são em sua maioria extravocalizadas, isto é, são apresentadas em citações diretas ou indiretas de figuras autorizadas (como líderes de Estado) e, portanto, possuem uma autoridade de verdade que nunca é contradita pelo autor.

Discriminação enquanto naturalização e existencialização enquanto fenômeno autodirigido

Assim como na mídia e no discurso político e social em geral, a discriminação de palestinos é descrita nos livros didáticos israelenses como uma situação natural, e seus infortúnios são sua "sina" (*The 20th*, p. 195), resultado de suas próprias ações (*PIS*, p. 110) ou de circunstâncias desfavoráveis que são apresentadas de uma das seguintes maneiras[70]:

1) Em termos da "existencialização" ou "naturalização", em que a ação humana é representada como algo natural e fora dos limites temporais, que "simplesmente existe". Por exemplo: "A população dos campos de refugiados está crescendo rapidamente e as condições de vida são muito duras, o desemprego é alto, as casas são pequenas e pobres e os serviços de saúde, educação e limpeza são de baixa qualidade" (*PIS*, p. 110). O verbo "ser" possibilita que a terrível situação dos palestinos seja representada como constante, estagnada, fora do tempo e sem ação ou causa humanas.

2) Como um fenômeno autodirigido que age independentemente dos atores sociais humanos: "Embora Israel tenha vencido a guerra de sobrevivência que foi obrigado a enfrentar, o problema palestino envenenaria por mais de uma geração as relações de Israel com o mundo árabe e a comunidade internacional" (*MTII*, p. 239). Ou: "A imigração não teve influência sobre o aumento da população árabe" (*PIS*, p. 109).

Tanto o "problema palestino" quanto a "imigração" são apresentados nesses trechos como agentes livres que atuam por conta própria. "O problema palestino",

---

[69] É interessante notar que, na verdade, Begin disse que a guerra era uma alternativa a "outra Treblinka", mas os autores optaram por substituir Treblinka por Auschwitz, provavelmente porque Auschwitz é um dos principais *lieux de mémoire* da memória coletiva israelense. Todos os anos, estudantes às vésperas de se alistar são levados em visita a Auschwitz como parte de seu processo de iniciação – e há muito Auschwitz se tornou o símbolo do antissemitismo e do extermínio dos judeus, até mesmo para pessoas que raramente leem sobre o Holocausto ou sabem alguma coisa a seu respeito. Os autores talvez tenham presumido que a maioria dos estudantes sabe ao menos a conotação da palavra Auschwitz e mudaram as palavras de Begin para tornar a mensagem mais clara.

[70] Cunhadas em Theo van Leeuwen, *Discourse and Practice*, cit., p. 67.

vale dizer, não é o problema dos palestinos em decorrência da agressão israelense, e sim o problema que os palestinos constituem para os israelenses, que são atormentados por essa "perturbação" venenosa. De modo semelhante, a frase sobre a falta de imigração árabe não fornece o motivo desse fenômeno e apresenta a "imigração" como um agente autônomo. Esse fraseado esconde o problema dos refugiados palestinos e encobre o debate em torno de seu direito de retorno. Na mesma linha, a frase "suas terras estão escasseando" (*SIS*, p. 59) esconde todo um sistema de confisco de terras[71] apresentado como um fenômeno natural ou autodirigido.

Podeh tenta alinhar as representações verbais racistas dos livros didáticos israelenses com as de livros escolares ocidentais, alegando que "muitos estudos no Ocidente demonstraram que estereótipos e preconceitos, visões e mitos etnocêntricos frequentemente permeiam os livros didáticos de história. O caso de Israel não é exceção"[72]. Podeh argumenta ainda:

> é sabido que os livros didáticos em ciências sociais e humanidades não transmitem meramente um corpo objetivo de informação, mas são responsáveis por transmitir à juventude aquilo que os adultos acreditam que eles devam saber sobre sua cultura, bem como sobre a cultura de outras sociedades.[73]

Segundo os livros escolares analisados aqui, o que os adultos israelenses acreditam que os jovens israelenses devem saber sobre seus vizinhos palestinos é intimamente ligado à convicção dos adultos de que os palestinos devem ser eliminados, ou ao menos excluídos, marginalizados, segregados e controlados.

Racismo visual

Van Leeuwen defende que a consideração das imagens "deve ocupar um lugar privilegiado em qualquer investigação dos discursos racistas. Precisamos mostrar que as imagens fazem mais do que simplesmente retratar aquilo que é, precisamos tornar explícito seu sentido racista"[74].

Van Leeuwen chama nossa atenção para o fato de que é muito mais fácil negar o racismo visual do que o racismo verbal, afirmando que ele "está nos olhos de

---

[71] Destrinchado em Oren Yiftachel, *Ethnocracy*, cit.

[72] Elie Podeh, "History and Memory in the Israeli Educational System", cit., p. 1.

[73] Ibidem, p. 2.

[74] Theo van Leeuwen, *Discourse and Practice*, cit., p. 137.

quem vê"[75]. É por isso que o autor recomenda que os críticos do racismo "prestem mais atenção ao racismo visual que aparece em contextos aparentemente 'inocentes', de 'entretenimento', do que em formas mais flagrantes de racismo"[76].

Van Leeuwen levanta duas questões sobre as relações entre a imagem e o receptor[77] que têm a ver com as opções e as escolhas que a "linguagem das imagens" nos oferece para retratar pessoas. A primeira é: como as pessoas são retratadas como "outros"? E a segunda, que é um desdobramento da primeira: quando são retratadas, o que fazem essas pessoas?

Van Leeuwen enumera cinco estratégias diferentes para representar visualmente as pessoas como "outros". Todas podem ser encontradas nos livros escolares aqui analisados:

1) A estratégia da exclusão: simplesmente não representar as pessoas em contextos em que elas estão presentes na realidade;

2) Retratar as pessoas como agentes de atos que são comumente ligados a pouco apreço ou considerados subservientes, pervertidos, criminosos ou maus;

3) Apresentar pessoas enquanto grupos homogêneos, negando-lhes características e diferenças individuais;

4) A estratégia das conotações culturais negativas;

5) A estratégia da estereotipia racial negativa.

A primeira estratégia é a mais comum nos livros escolares israelenses, isto é, nem sequer mostrar os palestinos, ou ignorar os palestinos e os contextos em que eles vivem e trabalham. A segunda estratégia é mostrá-los em atos negativos ou problemáticos: como terroristas ou refugiados, cultivando suas terras com ferramentas primitivas etc. Um aspecto particular da representação dos palestinos é que eles aparecem comumente em atividades das quais não se consegue ver a finalidade: as fotografias não mostram de onde vieram nem para onde estão indo os refugiados; eles são mostrados em não lugares, que facilmente poderiam ser no Afeganistão, no Iraque ou em qualquer outra paisagem árida. De modo semelhante, não é possível dizer, a partir das imagens, para onde o nômade conduz o seu camelo ou qual o alvo das pedras das crianças terroristas. Essa intransitividade das imagens

---

75 Idem.

76 Ibidem, p. 147.

77 Ibidem, p. 142.

contribui para o ser enquanto "fenômeno" dos palestinos, ou como objetos descontextualizados e congelados no tempo, ao invés de indivíduos realizando uma ação humana ou reagindo em determinado ponto no tempo e no espaço.

Por exemplo, em *MTII* há apenas duas fotografias de palestinos. Uma é de crianças com o rosto encoberto atirando pedras "em nossas forças" (*MTII*, p. 321), mas as forças – jipes ou tanques – que aparecem na reprodução palestina dessa mesma fotografia não são mostradas no livro, provavelmente porque a imagem pareceria uma representação de "pequenos Davis contra Golias" e obviamente prejudicaria o propósito de apresentar as crianças como terroristas. A outra fotografia é de "refugiados" em uma rua sem nome e parecendo nada mais do que "refugiados", carregados de bebês e trouxas. A legenda diz: "Uma família palestina que teve de abandonar sua aldeia na guerra de 1948", e em seguida acrescenta: "A vitória de Israel na Guerra de Independência foi uma tragédia para os árabes de Israel e ficou gravada na memória coletiva árabe como 'El-Nakba'" (*MTII*, p. 267). A família sem nome, que teve de "abandonar" uma aldeia também sem nome, não é nada mais do que um símbolo de todos os outros refugiados e encarna a tragédia de todos eles.

Na terceira estratégia, as pessoas podem ser retratadas de modo específico ou genérico. Van Leeuwen sublinha:

> isso tem uma importância evidente para o estudo do discurso racista. Estamos falando de um judeu ou de um negro em particular, ou de judeus ou negros? Passar de um para outro é sempre se deslocar de um juízo específico para o preconceito e o racismo. A representação pode focar o que torna uma pessoa única ou um certo tipo social.[78]

Van Leeuwen constatou, por exemplo, que durante a Guerra do Golfo os soldados aliados eram retratados como indivíduos, enquanto os soldados iraquianos eram sempre retratados em grupo. Isso implica que "eles são todos iguais e não é possível distinguir um do outro"[79].

Como mencionamos anteriormente, os palestinos são sempre retratados como um coletivo ou tipos sociais de agricultores rudimentares (*PIS*), nômades (*GLI*), refugiados (*JIP*, *AHH*) e terroristas (*The 20th*, *50 Years*). As imagens estereotípicas, representando agricultores, terroristas mascarados ou refugiados palestinos em não lugares, anônimos e intemporais, coisificam essas pessoas, apresentando-as como "um objeto a ser escrutinado"[80]. Essas representações as transformam em

---

[78] Ibidem, p. 143-4.

[79] Idem.

[80] Ibidem, p. 46.

"problemas" universais, ou melhor, na encarnação dos "problemas" ou "ameaças" que elas constituem para os israelenses: o atraso "asiático", o terrorismo e o "problema" dos refugiados – que, como diz Bar-Navi (*The 20th*) aos estudantes, mancham a imagem internacional de Israel e "envenenam" suas relações com outras nações, ou, como afirma Domka et al. (p. 158), "são como uma espada hostil que ameaça a própria existência do Estado de Israel".

As pessoas podem ser categorizadas tanto visual quanto verbalmente em termos de características "culturais" ou "biológicas" negativas ou por qualquer combinação entre elas. Normalmente essas características são exageradas e operam por conotação: elas conotam valores negativos ou positivos e associações com determinado grupo sociocultural. Van Leeuwen explica que categorização biológica implica que essas características estão "no sangue"[81]. Mas a caracterização cultural também pode ser apresentada como "de sangue". Por exemplo: "A sociedade árabe é tradicional e rejeita mudanças por natureza, relutando em adotar novidades [...]. Os árabes se recusam a viver em prédios altos e insistem em morar em casas de um andar, cercadas de terra" (Figura 1, *GLI*, p. 303). Essas afirmações retratam os "árabes" – todos os milhões de árabes – como se eles tivessem essas qualidades "negativas" por natureza ou hereditariedade. Esse texto em particular está associado à caricatura de um "árabe", vestido com calças e sapatos de Ali-Baba, usando *kaffiyah* e bigode, e ao lado de um camelo. Como essa imagem dificilmente representa um árabe real, ela simboliza todos os árabes na visão dos israelenses.

Figura 1: "Os árabes se recusam a viver em prédios altos e insistem em morar em casas de um andar, cercadas de terra." (*GLI*, p. 303.)

[81] Ibidem, p. 146.

O "árabe" icônico do desenho é aquilo que o Groupe µ denomina o ícone de um ícone[82], transportado de ilustrações de livros europeus como *As mil e uma noites* para os livros escolares de Israel: ele tem as características não do "modelo" vivo, mas do modelo imaginário, e representa um "árabe" imaginado em um contexto em que os árabes reais vivem e trabalham. Isso é apresentado a estudantes judeus israelenses que vivem lado a lado com seus concidadãos árabes, mas podem passar a vida inteira sem nunca encontrá-los cara a cara.

A moldura oval da caricatura cria um invólucro, "um sistema fechado que, sendo tomado como um todo, comporta-se como um centro de energia [e] isola [a imagem] do ambiente. [...] Sua função de cercamento é mais firmemente expressa quando seu formato é circular"[83]. No ícone, o árabe é irreversivelmente separado da construção moderna. O camelo – signo-objeto do nômade primitivo – está parcialmente dentro do quadro, mas vira as costas para a construção moderna, que evidentemente não pode comportá-lo.

Van Leeuwen sublinha que os desenhos são menos factuais que as fotografias e, portanto, exprimem uma opinião, não um fato[84]. Ele resume da seguinte maneira a motivação por trás das apresentações por desenho:

> Os desenhos são gerais sem ser abstratos. Representam pessoas como tipos, e não como símbolos. Todos os turcos possuem bigodes e todos os árabes possuem camelos. Essa realidade substitui a realidade do naturalismo e do individualismo.[85]

Outro "tipo" palestino é a "imagem de Oxfam"[86] do agricultor rudimentar que segue atrás de um arado rudimentar puxado por bois ou burros (ver o capítulo 2 para uma análise detalhada dessa fotografia). O arado rudimentar, como assinala Van Leeuwen, faz parte da taxonomia das representações racistas e conota atraso, subdesenvolvimento e sociedade não ocidentalizada. É usado em um livro escolar israelense de geografia (*PIS*) como ilustração das afirmações verbais a respeito do modo de vida "tradicional" e não moderno dos palestinos. Assim, "a imagem

---

82 Groupe µ, *Traité du signe visuel: pour une rhétorique de l'image* (Paris, Seuil, 1992), p. 132.

83 Rudolph A. Arnheim, *The Power of the Centre: A Study of Composition in the Visual Arts* (Berkeley, University of California Press, 1988), p. 56 e 62.

84 Theo van Leeuwen, *Discourse and Practice*, cit., p. 167.

85 Ibidem, p. 349.

86 O termo foi cunhado em David Hicks, "Images of the World: An Introduction to Bias in Teaching Materials", *Accidental Paper*, n. 2, Centre for Multicultural Education. Londres, Institute of Education, 1980, p. 31.

naturalista dá autenticidade à análise 'científica'"[87]. Como o livro escolar não mostra nenhum outro palestino, os ícones que conotam atraso representam toda a população palestina. No entanto, seguindo Barthes, Van Leeuwen explica ainda que esses significados conotativos se baseiam em "conceitos muito amplos e difusos que condensam em uma única entidade tudo o que for ligado às pessoas representadas [...]. Esses significados são significados ideológicos e servem para legitimar o *status quo* e os interesses daqueles que detêm o poder".[88]

Uma pergunta importante que Van Leeuwen faz a respeito das representações visuais dos "outros" é: de que maneira as pessoas retratadas se relacionam com o receptor?

Gunther Kress e Theo van Leeuwen distinguem três dimensões nessas relações: a distância social entre quem vê e quem é representado na imagem, a interação social entre eles e a relação social entre eles[89]. Esses três fatores são traduzidos em distância, ângulo e olhar e estão em toda imagem, pois não se pode fotografar sem fazer escolhas nesses três aspectos.

> A gradação e as múltiplas combinações que essas dimensões permitem podem resultar em muitas formas de retratar as pessoas como "outros". Os mesmos parâmetros de imagem podem ser usados para mostrar a exclusão, manter as pessoas a distância para poder acusar e criticar, ou para nos excluir e nos distanciar de membros de nossa turma de escola, nossa comunidade, nosso país etc., como é o caso dos livros didáticos.[90]

Nos livros escolares aqui analisados, há três estratégias de representação dos palestinos como "outros":

> *distanciamento* – representação das pessoas como desconhecidos, "forasteiros" estranhos a nós; *desempoderamento* – representação das pessoas como "inferiores" a nós; e *objetificação* – representação das pessoas como objetos para o nosso escrutínio, em vez de indivíduos passíveis de suscitar nossa atenção e empatia.[91]

A distância indica proximidade. Mantemos distância dos estranhos, mas "trabalhamos junto" ou falamos cara a cara com alguém de que gostamos. Assim, nas imagens, as pessoas retratadas "de longe" são apresentadas como estranhas, as

---

87 Theo van Leeuwen, "Visual Racism", cit.

88 Idem, "Semiotics and Iconography", cit.

89 Gunther Kress e Theo van Leeuwen, *Reading Images*, cit.

90 Theo van Leeuwen, *Discourse and Practice*, cit., p. 141.

91 Idem.

pessoas mostradas em *close* se parecem mais como "uma de nós". De acordo com Van Leeuwen, "esse tipo de uso diferencial da distância é comum em livros escolares que tratam de questões de imigração, países em desenvolvimento etc."[92].

Quando são retratados, os palestinos aparecem geralmente a distância, o que os torna estranhos aos israelenses que os veem. Quando são crianças de escola que veem as imagens, elas aprendem a manter distância desse tipo de pessoa.

Por outro lado, israelenses ou judeus, sejam cidadãos ou refugiados, são sempre retratados a uma distância curta, como familiares e próximos (como será mostrado no capítulo 2).

O desempoderamento tem a ver com relações sociais, traduzidas em ângulos verticais e horizontais que determinam se olhamos uma pessoa de cima ou de baixo, olho no olho ou de soslaio. Todos esses ângulos representam relações de poder. Palestinos e locais da Palestina aparecem em geral abaixo da nossa linha de visão, de forma que sempre os olhamos de cima (como será discutido no capítulo 2).

A objetivação tem a ver com o olhar: aqui "o fator crucial é se as pessoas retratadas olham ou não para quem vê" e de que forma[93]. Se não olham para nós, elas são "oferecidas ao nosso olhar como um espetáculo para o nosso escrutínio desapaixonado"[94]. Assim são a maior parte das fotografias de indígenas, "refugiados" e imigrantes nos livros didáticos da Austrália e da Holanda analisados por Gunther Kress e Theo van Leeuwen[95]: as pessoas se tornam um objeto para contemplar e examinar. Nós as contemplamos mais como *voyeurs* do que interagentes[96]. Quando as figuras das fotografias dirigem o olhar para nós, isso significa que elas nos interpelam numa relação mais próxima e "demandam" algo de nós; esse "algo" pode ser intuído a partir da expressão em seu rosto e do contexto. Por exemplo, o único retrato de perto de um palestino apresentado nos livros que analisamos é uma fotografia de crianças refugiadas na Jordânia (*WOC*, p. 164): uma menina olha diretamente para a câmera e, portanto, a nós. Como israelense que conhece o contexto da fotografia e a situação dessa criança, seu olhar me perturba e me deixa um tanto desconfortável, mas não posso fugir dele (Figura 2).

---

92 Ibidem, p. 138.

93 Ibidem, p. 140.

94 Idem.

95 Gunther Kress e Theo van Leeuwen, *Reading Images*, cit.; Theo van Leeuwen, "The Schoolbook as a Multimodal Text", cit., p. 35-58.

96 Theo van Leeuwen, *Discourse and Practice*, cit., p. 141.

ילדים פלסטינים פליטים בירדן, 1949

Figura 2: Turma de refugiados palestinos na Jordânia (*WOC*, p. 164). Cortesia de Maalot Publishers.
Fonte: Hulton Getty/A.S.A.P.

Expulsão dos palestinos

Para avaliar o progresso da educação israelense em relação ao seu reconhecimento do passado, Podeh analisou a forma como os livros didáticos dos anos 1950 até o fim dos anos 1990 lidavam com o problema dos refugiados palestinos. Ele resume da seguinte forma o desenvolvimento que os livros didáticos de história dão à atitude com os palestinos: "Nas primeiras duas gerações, os textos culpavam a liderança árabe pela difícil situação dos refugiados. As expressões usadas para descrever a partida dos árabes eram idênticas: 'fuga', 'abandono', 'saída', 'desocupação' etc."[97]. No entanto, acrescenta Podeh:

> as primeiras sementes da mudança já eram visíveis na segunda geração de livros didáticos que apareceram originalmente em meados dos anos 1970. Essa mudança refletia os desenvolvimentos da sociedade israelense, que, por sua vez, levaram à introdução de uma nova base curricular de história. Novas interpretações da história sionista também desempenharam um papel importante nessa transformação.

Podeh explica ainda:

> o fato de que os livros didáticos eram preconceituosos no passado, contribuindo portanto para a escalada do conflito, não logrou penetrar na consciência de amplos setores da sociedade israelense. Nesse sentido, a narrativa histórica apresentada pelos livros didáticos da terceira geração (1980-1990) constitui um importante passo adiante.

Essa terceira geração testemunhou a publicação de livros didáticos que diferiam substancialmente dos livros didáticos anteriores e mencionavam, embora de forma brevemente e um tanto vaga, que "durante as batalhas muitos árabes do país foram expulsos"[98].

Podeh defende que essa mudança na narrativa pode "facilitar o processo de reconciliação entre israelenses e árabes". No entanto, na medida em que as mudanças nos livros didáticos são geralmente produto de desenvolvimentos sociais e políticos, "é possível que a quarta geração de livros didáticos ainda revele mais mudanças"[99].

A maior parte dos livros que examinamos fazem parte da quarta geração antecipada por Podeh. Tanto nos livros escolares de direita quanto nos de esquerda, o hipotexto sionista permanece inalterado e ainda é compatível com o discurso

---

[97] Elie Podeh, *The Arab-Israeli Conflict in Israeli History Textbooks, 1948-2000*, cit., p. 79.

[98] Ibidem, p. 79.

[99] Ibidem, p. 88.

sociopolítico israelense que prevalece desde 1948. Embora o objetivo de uma terra sem árabes nunca seja dito com todas as letras, tanto o discurso político quanto os livros escolares deixam muito clara a necessidade crucial de judaizar o país e garantir uma maioria judaica. Como explica Confino:

> O objetivo dos judeus não era matar sistematicamente os árabes, mas estabelecer tanto quanto possível um Estado com um mínimo de árabes, expulsando-os, afugentando-os e prevenindo seu retorno pela total destruição de vilarejos e fechamento de todas as fronteiras.[100]

Nenhum dos livros analisados aqui esconde o fato de que houve expulsão oficial[101]; no entanto, nenhum deles afirma que houve um projeto de limpeza étnica. O êxodo é atribuído aos fracassos da liderança palestina, à ausência de auxílio da parte dos países árabes e aos desfechos naturais da guerra, que fizeram com que os palestinos "abandonassem" seus vilarejos e cidades[102]. Todos os livros analisados aqui apresentam esse êxodo como uma das consequências positivas da guerra de 1948. O fato de que a terra foi "esvaziada" dos árabes está incorporado nos textos, em especial nas descrições dos massacres de palestinos, que, como veremos no capítulo 4, são legitimados em larga medida pelo seu resultado.

Um exemplo é encontrado em *JIP* e em sua versão para alunos mais velhos, *AHH*, que faz esta afirmação um tanto obscura: "A remoção dos 600 mil árabes de suas casas foi resultado direto da guerra, e não de um plano anterior por parte dos judeus ou por parte dos árabes [...]. No entanto, a expulsão de Lod e Ramla foi autorizada pelo escalão político" (*AHH*, p. 313-4)[103].

---

[100] Alon Confino, "Before the Locked Gate: The History and Memory of the 1967 War", *Haaretz* (Sfarim: Book Review Supplement), 6 jun. 2007, p. 20-1. Disponível em: <http://www.haaretz.co.il/hasite/pages/ShArtSR.jhtml?objNo=60104&returnParam=Y&itemNo=866884&objNo=60104&returnParam=Y>, p. 20-1.

[101] Segundo Avi Shlaim: "Havia muitas razões para o êxodo palestino, inclusive o fato de que os líderes palestinos se retiraram assim que as coisas começaram a apertar, mas o motivo mais importante foi a pressão militar dos judeus. [...] No fim de 1948, o número de refugiados palestinos havia crescido para cerca de 700 mil". Ver Avi Shlaim, *The Iron Wall: Israel and the Arab World* (2. ed., Nova York, W. W. Norton & Company, 2001), p. 32.

[102] Os fatos precisos da limpeza étnica da Palestina não são mencionados em nenhum dos livros escolares; segundo a Zochrot, 530 cidades e vilarejos foram destruídos: 74% (392 assentamentos) por soldados judeus; 25% como resultado das ameaças israelenses; e apenas 1% (5 vilarejos) foram "abandonados" por ordem dos líderes árabes. Ver Zochrot, *How to Say Nakba in Hebrew?*, 2008. Disponível em: <https://zochrot.org/en/educationUnit/all>.

[103] Lida (Lod) e Ramla – a dez milhas a sudeste de Tel-Aviv – foram destruídas em 10-14 de julho de 1948, na Operação Danny, que resultou no massacre de Lida e na transferência forçada de toda a população dos dois povoados para a Jordânia.

A autoridade dos "escalões políticos" é usada para legitimar a expulsão ou ao menos para apresentá-la como um mal necessário. Nisso ela é compatível com as afirmações a respeito dos assassinatos extrajudiciais que ocorrem hoje e outras formas de agressão contra os palestinos. Por exemplo, um relato a respeito de um menino de dez anos que foi baleado em Naalin, ao tentar afastar os soldados israelenses de seu irmão durante uma manifestação contra o muro do *apartheid*, termina com as seguintes palavras: "As forças de segurança israelenses afirmam que o disparo foi feito em conformidade com as normas"[104]; no discurso israelense de legitimação, basta eximir os atiradores.

AHH e *JIP* também mencionam a limpeza étnica de 1967, mas dizem apenas que 350 mil palestinos fugiram dos territórios conquistados por Israel durante a guerra de 1967 e se refugiaram na Jordânia, sem mais especificações.

Em *The 20th* e *MTII*, Bar-Navi e Naveh se referem ao problema dos refugiados como "doloroso", "uma terrível tragédia humana" (*The 20th*, p. 194). Os autores insistem em rotular de "tragédia" todas as catástrofes provocadas por Israel contra os palestinos. "Tragédia", sendo uma ação do destino, na qual os seres humanos são simples instrumentos, reduz a responsabilidade humana. No entanto, em *The 20th*, Bar-Navi cita Benny Morris ao falar dos "cerca de 369 vilarejos abandonados" e 100 mil habitantes expulsos, sem especificar nomes ou locais e sem fornecer mapas. Ele explica que os aldeões foram expulsos por motivos de segurança: "Os aldeões foram expulsos após o término das batalhas, com a finalidade de 'limpar' as áreas de fronteira de elementos hostis" (*The 20th*, p. 195). Não obstante, desqualifica as versões palestina e israelense da limpeza étnica, afirmando que são "puro mito", embora os argumentos que usa para sustentar sua tese sejam um tanto falhos: "O motivo da fuga em pânico dos árabes pode ser resumido em uma palavra: GUERRA" (*The 20th*, p. 195). Esses livros reiteram o argumento de que não houve limpeza étnica planejada da parte da liderança israelense[105].

Naveh et al. e Domka et al. admitem que houve casos de expulsão e ambos comparam duas visões israelenses a respeito do problema dos refugiados. Domka et al.

---

[104] *Haaretz*, 1º set. 2008.

[105] Esse argumento também aparece em Avi Shlaim: "O plano D não era um projeto político de expulsão dos árabes da Palestina: era um plano militar com objetivos militares e territoriais. No entanto, ao ordenar a captura das cidades árabes e a destruição dos povoados, ele permitiu e justificou a expulsão forçada dos civis árabes". Ver Avi Shlaim, *The Iron Wall*, cit., p. 32.

declaram de maneira muito clara a política israelense de "barrar o retorno" dos refugiados palestinos e a política de "represália" dos anos 1950 contra o retorno dos palestinos que dela resultou. Sublinham, assim como *The 20th*, que a maior parte dos "infiltrados" era composta de agricultores que retornaram para lavrar seus campos e fazer suas colheitas, mas que Israel suspeitou que pudesse haver espiões entre eles (já que eram todos homens!) e reagiu com dureza (*The 20th*, p. 158-9).

Naveh et al. tratam da "fuga dos árabes de Israel" e enumeram as vantagens desse êxodo para os judeus (segurança, apropriação de terras e habitação). Ressaltam que esse êxodo determinou o caráter judaico de Israel e mencionam o fato de que os palestinos perderam o Estado que eles poderiam ter tido. O livro indica que a expulsão e o massacre de Deir Yassin foram dois dos motivos que levaram os palestinos a fugir e, em seguida, compara as visões de dois historiadores israelenses; em um "quadro" especial, apresenta a história de uma palestina de Jafa que relembra a "fuga" forçada de seus pais. No entanto, vale notar que Jafa foi atacada e esvaziada pela Irgun-Etzel, uma organização armada dissidente, e não pelas forças oficiais do Haganá. Finalmente, o livro culpa os Estados árabes por não terem integrado os refugiados em seus países e eternizarem sua difícil situação (*The 20th*, p. 144-5). O capítulo se encerra com perguntas sobre os motivos que levaram o ministro Sharett a não permitir o retorno dos refugiados. Uma dessas perguntas é:

> Após a Segunda Guerra Mundial, milhões de refugiados em toda a Europa foram obrigados a abandonar suas casas, mas eles se restabeleceram. Por que, em sua opinião, os palestinos não trataram de se restabelecer? Por que os Estados árabes não ajudaram os palestinos?

Essa pergunta cria uma situação de leitura que legitima a política de Israel no que diz respeito aos refugiados palestinos, por meio do que Van Leeuwen denomina "conformidade às normas": se todo mundo faz [e se os europeus fizeram conosco], por que nós não podemos fazer? Além disso, se conseguimos nos restabelecer longe do nosso país de origem, por que eles não conseguiriam? Por outro lado, a pergunta apresenta como dado o dever dos países árabes de recuperar e incorporar os palestinos, isto é, como um fato conhecido e aceito. Esse pressuposto reforça a percepção de Israel de que os palestinos pertencem à grande nação árabe e devem receber ajuda dos seus, assim como Israel auxiliou os refugiados judeus.

Aqui, vale prestar atenção à estrutura das descrições do "problema dos refugiados" palestinos. Alguns livros tratam da Nakba recorrendo ao subgênero *exposição*[106], no qual se justapõem duas versões de um mesmo acontecimento. Como explica Coffin, "a exposição é um texto analítico que apresenta uma determinada interpretação do passado e depois 'prova' a validade dessa interpretação por uma série de argumentos e evidências que a corroboram"[107]. Embora inclua duas versões concorrentes, a exposição apresenta interpretações alternativas sem discuti-las ou refutá-las, criando uma impressão de equilíbrio e debate, apesar de conduzir o leitor a um único ponto de vista[108]. A exposição é construída em geral de forma que uma das versões seja ofuscada pela interpretação da outra, normalmente reforçada no fim do capítulo. Assim, às vezes os resultados da guerra de 1948 são apresentados de dois pontos de vista, um após o outro, ou um ao lado do outro, na mesma página ou página dupla. Segue-se a exposição encontrada em *The 20th* (p. 195, grifo nosso):

> *Na consciência dos árabes*, a guerra de 1948 e suas consequências são entendidas como "Shoá". Os árabes-palestinos não apenas perderam sua terra, mas tornaram-se uma nação de refugiados. Em oposição, *para os israelenses*, a fuga dos árabes resolveu um terrível problema demográfico, e até mesmo uma pessoa moderada como [o primeiro presidente] Weizmann falou a respeito disso como "um milagre". *E de fato* desde cedo era evidente que Israel não ia permitir o retorno dos refugiados. [...] Os líderes árabes escolheram usar os refugiados como um aríete contra Israel. Como disse um oficial da UNRWA [Agência das Nações Unidas de Assistência aos Refugiados da Palestina no Oriente Médio]: "os países árabes não querem resolver o problema dos refugiados. Preferem mantê-lo como uma ferida aberta, como um insulto contra a ONU e como uma arma contra Israel. O que importa aos líderes árabes se os refugiados vivem ou morrem? (Amã, agosto de 1951.)"

O uso da exposição nesse texto exemplifica a função desse subgênero. Não apenas a perspectiva israelense recebe mais espaço, mais destaque e mais valor através da avaliatividade e da modalidade, como tem, por assim dizer, a "última palavra", a *ultima verba*, primeiro pelas palavras do presidente Weizman – que possui a autoridade de um cientista renomado, portanto a autoridade da verdade e da objetividade, além da autoridade institucional como presidente e da autoridade pessoal como líder honesto, corajoso e admirado – e em seguida pela observação

[106] A definição é de Caroline Coffin, *Historical Discourse: The Language of Time, Cause and Evaluation* (Londres, Continuum, 2006).

[107] Ibidem, p. 78.

[108] Ibidem, p. 80.

conclusiva do representante da UNRWA. É bastante óbvia a motivação retórica por trás da decisão de citar o representante da UNRWA – uma testemunha internacional cuja função era e ainda é ajudar os refugiados palestinos – e lhe dar a última declaração sobre o tema. Como explica Kress, "a escrita obedece à lógica do tempo e da sequência ou linearidade [e] primeiro e segundo são inevitavelmente hierárquicos"[109]; portanto, a última palavra (a do observador da UNRWA), que reforça o argumento israelense, tem mais peso. Seguindo Lyotard, argumentaríamos que esse fecho possui uma "função redentora", ele age "como se a ocorrência [...] pudesse chegar a uma conclusão, ou como se houvesse uma última palavra, em virtude de seu lugar"[110]. O papel de Israel em relação aos refugiados palestinos de 1948 se resolve com a observação do representante da UNRWA, que constitui o fim da história no que diz respeito a Israel; ao fazer com que o representante da UNRWA desloque para os países árabes a culpa pela criação do "problema", Israel é exonerado de toda e qualquer responsabilidade.

A afirmação implícita nessa passagem é que a guerra e suas consequências não precisariam ser necessariamente uma Shoá para os palestinos, não fosse pelos líderes árabes, que criaram o problema dos refugiados em benefício de seus próprios interesses. A baixa modalidade do enunciado em relação à catástrofe, que existiria somente "na consciência dos árabes", é compensada pelo juízo extravocalizado do observador da UNRWA.

Tanto *50 Years* quanto *Face* dedicam um espaço considerável para convencer os leitores de que Israel não teve participação na fuga dos palestinos e de que o problema dos refugiados não é problema "nosso". Enquanto os outros livros omitem ou deixam vagos alguns fatos a respeito da limpeza étnica da Palestina, *50 Years* e *Face* retomam o discurso que, segundo Podeh, caracterizou os livros didáticos nos anos 1950, transmitindo aos estudantes uma história simplista da vitória, ao invés de um balanço histórico sério. *50 Years* abre bastante espaço para os objetivos e ganhos do Plano Dalet de limpeza étnica, todos muito positivos para Israel. Em jargão militar, o livro elenca oito objetivos que "comprovam a mudança na doutrina de guerra: de defesa para a adoção de padrões regulares de batalha [...] contra um inimigo regular, um inimigo semirregular e um inimigo irregular, que agem de bases fora do Estado hebreu" (*50 Years*, p. 180). O "Problema dos

109 Gunther Kress, *Literacy in the New Media Age*, cit., p. 82.

110 Jean-François Lyotard, *The Differend: Phrases in Dispute* (Minneapolis, University of Minnesota Press, 1988), p. 151.

Refugiados" – discutido em três páginas e meia – é descrito como "fuga maciça dos árabes [...] que o quartel-general do Haganá e a liderança sionista não previram e cujas motivações eles tiveram dificuldade de compreender" (*50 Years*, p. 202). O texto não refuta a opinião geral da maioria dos livros de que o massacre de Deir Yassin incentivou essa fuga, afirmando que "é possível que os boatos sobre um massacre em Deir Yassin tenham incentivado os filistinos a abandonar suas casas" (idem). No entanto, o livro afirma que a "conquista de Deir Yassin não representou nenhuma política e não refletiu nenhuma estratégia dos Yishuv ou do quartel-general do Haganá" (idem).

O livro oferece, em uma espécie de exposição, "a versão filistina da fuga maciça", cujos promotores, ele sublinha, são em sua maioria historiadores não judeus, mas também judeus pós-sionistas. Com efeito, essa versão cita os fatos escritos por Benny Morris[111] e outros historiadores modernos, antes de afirmar que "essa interpretação não resiste à prova documental" (*50 Years*, p. 202). O livro repete o argumento usado nas primeiras gerações de livros escolares, quando os arquivos militares e do Estado ainda não eram acessíveis: "aqui e acolá, houve casos de acertos de contas de disputas passadas que se manifestaram no desejo de retirar os vizinhos indesejados, mas esses casos foram raros". Cita ainda como um fato a história de que o primeiro-ministro Ben-Gurion, em sua visita no dia 30 de abril ao povoado de Salama, perto de Tel-Aviv, encontrou uma idosa cega que fora deixada sozinha no vilarejo. Depois de indagar por que a senhorinha cega estava sozinha, "os representantes da Agência Judaica* o informaram da fuga". Ben-Gurion perguntou: "Para onde foram todos os árabes?". E anotou a resposta em seu caderno. Embora "um representante da Agência Judaica tenha dito que eles tinham ordem 'superior' de se retirar", esse argumento era "mal fundamentado e decorria da dificuldade de explicar o fenômeno". O livro torna a perguntar: "Quais foram os motivos da 'deserção' dos árabes?" e oferece possíveis razões: medo da anarquia, caos, depressão econômica e guerra. O texto ressalta os esforços de Israel nos últimos 55 anos para convencer o mundo de que o problema deve ser resolvido em países árabes e não em Israel, "que absorveu os refugiados judeus que foram expulsos dos Estados árabes". Por último, o texto afirma: "Os

[111] Benny Morris, *Israel's Border Wars, 1949-1956. Arab Infiltration, Israeli Retaliation, and the Countdown to the Suez War* (Oxford, Oxford University Press, 1993).

* No período anterior à fundação do Estado de Israel, a "Agência Judaica para a Terra de Israel" funcionava como uma autoridade para a comunidade judaica no território da Palestina. Também conhecida apenas como Sochnut, a agência serviu de interlocutora com os ingleses e, em um segundo momento, foi a instituição responsável por organizar a recepção dos imigrantes e absorver os judeus da diáspora. (N. T.)

líderes árabes alegam que as hostilidades não cessarão enquanto não for permitido que os refugiados retornem às suas casas, e isso apesar do que ocorreu na Europa" (*50 Years*, p. 202-4).

Face também dedica um espaço substancial ao problema dos refugiados palestinos. Especifica que os "árabes" que apoiavam Israel poderiam ter ficado, mas os outros seriam expulsos ou poderiam fugir (*Face*, p. 318). Em seguida, apresenta, ao menos estruturalmente ou visualmente, dois pontos de vista, o "judaico" e o "árabe", a respeito do Plano D (*Face*, p. 322-3). Do ponto de vista judaico, o plano foi um grande sucesso. Omitindo os massacres, o livro apresenta de maneira muito positiva os resultados do Plano D em *bullet points**:

- Fortaleceu o poderio militar da comunidade judaica.
- Criou uma sequência territorial [judaica], um "recurso estratégico".
- Surtiu efeitos positivos no nível diplomático, pois convenceu os estadunidenses e os russos de que a comunidade judaica é forte militarmente e pode defender a si mesma.

Bullet points são uma manifestação extrema de alta modalidade deôntica ou assertividade. Kress explica:

> *bullet points* são, como o nome indica, projétil de informação. Elas são "disparadas" contra nós de maneira abrupta e intimidadora, não para serem contínuas e coerentes, não para convidar à reflexão e à consideração, não se insinuando em nosso pensamento. Elas são duras e diretas, e para não serem debatidas.[112]

Sob o título "O ponto de vista árabe", encontramos um texto que reitera a interpretação israelense da derrota palestina e do problema dos refugiados. Esse "ponto de vista árabe" começa afirmando que "a expulsão foi o destino dos dois lados", porque os árabes, "quando conquistaram uma vizinhança ou uma cidade judaica, expulsaram os habitantes judeus, como em Gush Etzion e no bairro judeu de Jerusalém". Em seguida, o "ponto de vista árabe" afirma que "os árabes colheram o que plantaram, pois lutaram contra os judeus até a sua derrota" e se recusaram a aceitar o plano de repartição de dois Estados oferecido pela ONU. "A guerra terminou com a sua derrota e com centenas de milhares de refugiados que deixaram suas casas por conta da relutância do público árabe-filistino e de seus líderes de chegar a um acordo" (*Face*, p. 323).

---

* *Bullet points*, literalmente, "pontos-bala" ou "pontos de bala", são um recurso gráfico usado para estruturar em tópicos a apresentação de um argumento. (N. E.)

[112] Gunther Kress, *Literacy in the New Media Age*, cit., p. 16.

O perplexo leitor terá de ler o texto diversas vezes à procura de um "ponto de vista árabe", antes de se dar conta da artimanha retórica. O leitor despreocupado provavelmente vai aceitá-la como "o ponto de vista árabe".

No final do capítulo, o livro dedica outra página inteira ao tema da "criação do problema dos refugiados filistinos" (*Face*, p. 347). Aqui, ele elabora o relato anterior, especificando:

> no contexto do Plano D, alguns territórios foram conquistados sem ordem de expulsão dos árabes, mas parte deles fugiu. Algumas vezes houve ordem de conquistar e expulsar a população. A expulsão foi feita tanto direta quanto indiretamente, por difusão de boatos sobre atrocidades cometidas pelos judeus. Esses boatos causaram um êxodo em massa.

O livro sublinha repetidamente que os cidadãos israelenses eram unânimes em negar o direito de retorno aos refugiados. Quando a ONU decidiu que alguns refugiados deveriam retornar, "o tempo estava contra eles. Os povoados haviam sido arrasados, as casas que permaneceram de pé após o 'nivelamento' receberam o *status* jurídico de 'propriedade abandonada', e os imigrantes judeus haviam sido alojados nas áreas 'abandonadas'"[113].

Nesse ponto, devo acrescentar um comentário pessoal. A frase "o tempo estava contra eles" é marcada por uma conotação que talvez não seja preservada na tradução, mas eu me recordo bem, em meus tempos de escola nas décadas de 1950-1960, de uma conotação de alegria e triunfo. Nessa época, o argumento corrente era: "Eles desertaram das suas casas e das suas terras, então podemos ficar com elas. Achado não é roubado, quem perdeu foi relaxado". A relevância desse sentido implícito para a nossa análise é que ela pode explicar a alguém de fora a conotação dos verbos "abandonar" ou "desertar", que são constantemente usados nos livros escolares para descrever o êxodo palestino. Deserção, "fuga em pânico" e "abandono" transmitem uma avaliação negativa da tenacidade e da capacidade[114].

---

[113] Embora nenhum dos livros analisados aqui mencionem o fato, o "alojamento" de imigrantes judeus nas terras "abandonadas" pelos palestinos foi possibilitado pela "transferência retroativa" dos refugiados palestinos e pela lei de 1950 sobre as propriedades dos absentistas. A lei afirma que não é permitido que os refugiados retornem a suas casas, reivindiquem sua propriedade ou busquem compensação. Um órgão oficial intitulado "Custodiante" foi autorizado a vender a terra dos absentistas (definida na Cláusula 1[b] da Lei) à Agência de Incorporação, um órgão governamental criado especificamente para a aquisição dessas terras. Essa agência repassou as terras ao Fundo Nacional Judaico, que as "arrenda" somente a judeus e não judeus que não sejam árabes. Gabriel Piterberg, "Erasures", *New Left Review*, n. 10, jul.-ago. 2001.

[114] Jim R. Martin e Peter R. R. White, *The Language of Evaluation: Appraisal in English* (Basingstoke, Palgrave Macmillan, 2005).

De acordo com as normas israelenses, os palestinos não merecem suas terras de volta porque eles as abandonaram. Abandonar a terra também contraria a norma palestina do Sumud, adotada pelo movimento nacional palestino, que significa se agarrar a todo custo ao solo da pátria. Portanto, além do profundo insulto embutido nos verbos desertar e abandonar, a educação e o discurso público israelenses buscam convencer as novas gerações de palestinos de que seus pais e avós desertaram a terra e, portanto, perderam o direito de retornar.

O capítulo se encerra com a mesma declaração usada em *The 20th*: "Os líderes dos países árabes exploraram o problema dos refugiados filistinos por suas próprias necessidades políticas" (*The 20th*, p. 348). Essa semelhança mostra que, ideologicamente, a abordagem crítica progressista de *The 20th*, *MTII*, Naveh et al. e Domka et al. não está muito distante da abordagem nacionalista de direita de *50 Years* e *Face*.

O livro de educação moral e cívica *BCI*, que é usado em escolas árabe-israelenses, também culpa os países árabes pelo problema dos refugiados:

> Durante a guerra, 700 mil árabes que viviam na terra de Israel sob o Mandato Britânico fugiram ou foram expulsos. Eles se mudaram para países árabes e para a Judeia, Samaria e Gaza. Foi assim que se criou nos países árabes o problema dos refugiados palestinos, acrescentando uma faceta ao conflito israelense-árabe. (*BCI*, p. 289.)

Em suma, ao que parece os livros escolares israelenses de 1994-2009 nem sempre tentam negar a expulsão dos palestinos, mas sim diminuir suas proporções e legitimá-la. A maioria dos livros não apenas admite que houve expulsão, mas justifica, de maneira mais ou menos explícita, tal estratégia, enfatizando os resultados positivos que trouxe para Israel. Esses exemplos constatam que a mudança de atitude não deve repousar somente na admissão de que houve expulsão, mas também na forma que essa expulsão é vista e apresentada.

Nenhum dos livros analisados aqui, com a exceção do livro banido *WOC* (p. 162), fornece detalhes sobre o paradeiro dos palestinos refugiados após sua fuga ou expulsão, nem do sofrimento palestino em geral, durante ou após as guerras e os massacres. Embora use o verbo "abandonar" no que diz respeito à fuga e expulsão dos palestinos, *WOC* apresenta um mapa que indica as rotas de fuga dos palestinos com setas flamejantes e fornece o número preciso de pessoas que se estabeleceram nos Estados árabes vizinhos.

Os livros de geografia têm a mesma postura da primeira e da segunda gerações de livros do ensino israelense, segundo a definição de Podeh. Tanto *PIS* (1996) como *PAS* (2006) apresentam a Nakba palestina como a parte não resolvida do problema dos refugiados árabes e judeus, causado pela guerra israelense-árabe. Essa postura é também a da atual política de Israel, expressa, por exemplo, em uma matéria do *Haaretz* no dia 15 de setembro de 2008:

> O primeiro-ministro Ehud Olmert declarou segunda-feira que lamentava a situação de palestinos e judeus que se tornaram refugiados em decorrência do estabelecimento do Estado de Israel: "Eu me junto à expressão de pesar pelo que aconteceu com os palestinos e também pelo que aconteceu com os judeus que foram expulsos dos Estados árabes".[115]

PIS (p. 152-3) apresenta o problema dos refugiados palestinos sob o título: "Refugiados em decorrência do conflito árabe-israelense". No que diz respeito aos refugiados árabes, "conhecidos como 'refugiados palestinos'", o livro afirma que eles fugiram durante as duas guerras que os árabes empreenderam contra Israel, abandonando suas casas, mas deixando seus pertences. Usando a agregação, o livro nos informa que "alguns foram expulsos" em razão de "diversos fatores israelenses", "alguns se estabeleceram nos países para os quais fugiram, alguns retornaram a Israel e outros permaneceram em campos de refugiados e bairros pobres". Apresentado dessa forma, o destino dos palestinos parece aleatório e escolhido por eles. O livro justapõe esse problema à questão dos refugiados judeus que foram perseguidos na Síria, no Iraque, no Egito e em outros países árabes e tiveram de fugir sem nenhum pertence. Mas, "ao contrário dos refugiados árabes, que ainda vivem na pobreza e cujos problemas ainda não foram resolvidos, o problema dos refugiados judeus foi resolvido [...], o Estado de Israel [...] fez grandes esforços para absorver esses refugiados etc." (*PIS*, p. 154). O livro apresenta um gráfico de refugiados em todo o mundo, *dos quais* 1,2 milhão se encontram em áreas controladas por Israel, mas, em sua versão posterior (*PAS*, 2006), a barra relativa a Israel é omitida: o gráfico apresenta apenas uma barra para Ásia Central, Sul e Oeste e África do Norte, onde o número de refugiados é o mais alto do mundo, sem nenhuma especificação (*PAS*, p. 111). *PAS* especifica que o número de "refugiados árabes, conhecidos como 'refugiados palestinos', é controverso. [...] Os países árabes se recusaram a recebê-los como cidadãos com direitos iguais e, por isso, muitos vivem até hoje em campos de refugiados e habitações precárias".

A conclusão que podemos tirar desse breve panorama é a de que, ao contrário do que Podeh esperava, a quarta geração de livros didáticos de Israel (1998-2010) demonstra um retrocesso na apresentação do problema dos refugiados palestinos. Se

[115] Shahar Ilan, *Haaretz*, 15 set. 2008.

nos anos 1990 havia livros que abordavam parte da complexidade do problema, os livros do terceiro milênio analisados aqui tendem cada vez mais a simplificá-lo, criando uma narrativa de mocinhos e bandidos que justifica "nossas" atitudes. Um exemplo edificante é a diferença entre *MTII* e Naveh et al., ambos coescritos pelo professor Eyal Naveh. Em *MTII* lê-se:

> A fronteira com a Jordânia, que foi desenhada de maneira arbitrária e separava os aldeões árabes de suas terras, tornou-se uma verdadeira linha de mira. Isso [ocasionou infiltrações que eram em sua maioria] tentativas dos aldeões de retornar a suas casas [...] somente uns poucos eram *fedayin* – palestinos armados enviados para realizar atividade terrorista e de inteligência [...]. Mas Israel se recusou a reconhecer a diferença e foram duras as represálias. (*MTII*, p. 273.)

Em Naveh et al., os "aldeões" desaparecem e todos os infiltrados se tornam terroristas:

> A partir de 1952, houve na Jordânia muitos casos de infiltração, cuja finalidade era o roubo e a sabotagem, e até mesmo o assassinato [...] os atos terroristas dos infiltrados criaram grande ansiedade entre os cidadãos de Israel e o Estado foi obrigado a reagir. (Naveh et al., p. 202 e 204.)

Enquanto em *MTII*, publicado em 1999, Israel é descrito como um Estado obstinado, inflexível e insensível, que se recusa a reconhecer a diferença entre terroristas e agricultores desesperados que queriam tomar posse da colheita de seus campos, dos quais foram "arbitrariamente" separados, Naveh et al., publicado em 2009, legitima plenamente as ações de Israel, baseando-se nas normas da guerra ao terror e da proteção dos cidadãos. De maneira semelhante, *MTII* descreve Deir Yassin, cujos habitantes foram massacrados em 1948, como "um povoado amigável, cujos habitantes assinaram um acordo de não agressão com o Haganá e o cumpriram meticulosamente"; ao contrário, Naveh et al. (2009, p. 113) apresenta o vilarejo como "uma base para ataques agressivos contra Jerusalém". Essa mudança demonstra que até mesmo os autores mais progressistas tendem a representar os palestinos como nada além de terroristas. Esse tipo de representação contribui para legitimar tanto as expulsões quanto os assassinatos (discutidos no capítulo 4) da população nativa por normas e valores universais, como a "guerra ao terror" e a proteção dos cidadãos.

Como mostra essa visão geral, os livros escolares israelenses dos anos 2000 ainda insistem em negar a responsabilidade de Israel na Nakba, atribuindo aos países árabes a culpa pelo "problema dos refugiados".

Devemos ter em mente que as limpezas étnicas da Palestina em 1948 e em 1967 ainda não constituem história no discurso e na prática israelenses, e a recusa de assumir responsabilidade pelos refugiados palestinos influencia as políticas contemporâneas de Israel contra a população palestina no interior das fronteiras do Estado e nos territórios ocupados. Os eternos planos de transferência "retroativa", a expulsão dos aldeões drusos das Colinas de Golã, a expulsão dos palestinos de Jerusalém Oriental, dos beduínos da Cisjordânia e do Neguev fazem parte do mesmo processo contínuo de judaização[116]. Como mencionamos anteriormente, *Face*, publicado em 2006, cita diversas vezes a opinião unânime dos israelenses contra a acolhida de 65 mil ou 70 mil refugiados sugerida como compromisso pela ONU em 1948. Sem dúvida, essa ênfase deve ser situada no contexto dos debates atuais sobre o direito de retorno dos palestinos, ao qual se opõem sionistas de direita e de esquerda, como deixa claro a matéria do *Haaretz* mencionada anteriormente, que cita a seguinte declaração do primeiro-ministro Olmert: "Em absolutamente nenhuma circunstância haverá direito de retorno, mas estamos preparados para ser parte de um mecanismo internacional que trabalhará para resolver o problema"[117].

Conceder o direito de retorno aos refugiados palestinos significa reconhecer a versão palestina da Nakba e permitir que ela exista no discurso e na realidade de Israel. Tal reconhecimento, crucial para a paz e a reconciliação, ainda está longe de ser aceito pelos educadores israelenses, como afirmou o professor Ben-Amos, diretor do Departamento de História e Filosofia da Educação, na Escola de Educação de Tel-Aviv:

> Uma condição crucial para o progresso rumo à paz com os palestinos é o reconhecimento não apenas daquilo que ocorreu em 1948, mas também da Nakba como um ponto de vista legítimo. A política do ministro da Educação de Israel de negar esse ponto de vista coloca entraves às já vacilantes rodas de negociações. [Essa política] depende de uma forma arcaica e simplista de ensino da história. Se desejamos que nossos alunos sejam pensadores críticos, precisamos ensiná-los que o nosso ponto de vista não é o único, que há diversos pontos de vista – todos não menos legítimos do que o nosso.[118]

---

[116] O povoado de Nabi Samual, próximo a Jerusalém, está sendo destruído no momento em que escrevo (Tamar Goldschmidt e Aya Kaniuk, 6 jun. 2010; disponível em: <http://www.mahsanmilim.com//>). De modo semelhante, o povoado de el-Arakib, no Neguev, é repetidamente objeto de destruição por motivos imobiliários (pela décima quinta vez no dia 10 de fevereiro de 2011). Moradores de Jerusalém Oriental, Sheikh Jarrah, Silwan e Issawiya estão sofrendo despejos diariamente.

[117] Shahar Ilan, *Haaretz*, 15 set. 2008.

[118] *Haaretz*, 5 out. 2010.

Nacionalismo palestino

> Com o passar dos anos, o ódio, a alienação, o desejo de vingança e a esperança de poder retornar, todos exacerbados pela propaganda árabe, fundiram os refugiados em uma única nação e transformaram o problema dos refugiados em um problema internacional. (*The 20th*, p. 244.)

A educação israelense, que literalmente coloca entre parênteses os 2 mil anos de mundo-da-vida judaico na diáspora e prega sua negação, oculta os 1.300 anos de vida dos palestinos na terra da Palestina. Quando há alusão a esses anos, é sempre de maneira muito breve, em geral na forma de uma reivindicação dos próprios palestinos. Em *WOC*, o livro didático de história que foi destruído, esses 1.300 anos são resumidos em uma única frase: "No sétimo século, a terra passou para as mãos dos muçulmanos e isso moldou sua cultura e estilo de vida por mais de 1.300 anos" (*WOC*, p. 98).

Todos os livros dedicam um espaço considerável à OLP e ao seu desenvolvimento, e todos apresentam o nacionalismo palestino como um sério problema para Israel, e o desejo de retorno dos palestinos à Palestina, ou melhor, à "nossa" terra, como uma ameaça à própria existência de Israel.

A sombria descrição do surgimento do nacionalismo palestino citada acima é parte de um capítulo intitulado "Os palestinos – de refugiados a nação". Junto ao título há uma fotografia não de refugiados palestinos – como se poderia esperar –, mas de um soldado israelense carregando sua irmã ensanguentada, depois de resgatá-la de uma escola em Maalot cujos alunos foram feitos reféns por palestinos que exigiam a libertação de prisioneiros. No capítulo 3, discutiremos em detalhes essa fotografia e sua relação com o título e o texto principal; por ora, apenas a mencionamos para contextualizar o título e o texto que o segue. Um leitor objetivo poderá se indagar a respeito da escolha da fotografia, mas o leitor israelense (como meus alunos na universidade) não vê nada de anormal nela. A seus olhos, essa imagem, retratando as vítimas do terror, denota o conceito de "palestino" no discurso israelense.

Quanto ao texto principal desse capítulo, Podeh, que não menciona a fotografia, diz que é a exposição mais rigorosa do surgimento do nacionalismo palestino até o fim da década de 1990[119]. Entretanto, essa "análise abrangente e mais

---

[119] Elie Podeh, *The Arab-Israeli Conflict in Israeli History Textbooks, 1948-2000*, cit., p. 94-5.

tolerante", como a avalia Podeh, tem um tom de desdém e escárnio. Bar-Navi inicia sua explicação com a seguinte observação:

> Quando foi que apareceu a nação palestina, separada e consciente de si? Os palestinos alegam que suas raízes nesta terra são mais profundas do que as dos judeus. Não é de espantar: muitos povos se agarram a fontes antigas e constroem mitos que glorificam sua ancestralidade e seu passado antigo [...]. As nações são geralmente construídas a partir da hostilidade e da concorrência com outras nações. Após o êxodo maciço, na errância do exílio e nos lamentáveis campos de refugiados [...] moldou-se o mito do retorno à pátria perdida, com uma linguagem e um ardor que lembram os anseios dos judeus por Sião. E, de fato, surgiu uma espécie de "sionismo" palestino. O anseio e as condições sub-humanas de exílio deram à terra de Israel a imagem de um paraíso perdido.

Gérard Genette chama esse tipo de intertextualidade de *transposição*, "o tipo mais grave de transformação"[120], em que uma história é transplantada em outra esfera ideológica, em outro tempo, com outros protagonistas (por exemplo, o *Fausto* de Goethe, ou o *Ulisses* de Joyce). A transposição é característica da paródia. Aqui, a luta dos refugiados palestinos para retornar parece um simulacro de sionismo, embora o contexto palestino seja bastante diferente.

O texto "transplanta" o mito judaico dos 2 mil anos de errância e "exílio", o sonho de retorno à antiga pátria-mãe sustentado pelo mito de "uma ancestralidade gloriosa e de um passado antigo" e pelo mito judaico-cristão do "paraíso perdido", no contexto dos muçulmanos palestinos, que são apresentados ansiando pela (nossa) Israel e não pela (sua) Palestina. É evidente que essa explicação não reflete a visão dos palestinos sobre a sua história nacional. Ao contrário dos judeus errantes, os palestinos estão apenas algumas décadas e apenas alguns quilômetros longe de sua terra devastada, e eles não sonham com uma redenção messiânica do paraíso perdido, mas com um retorno efetivo a suas casas, a seus campos e pomares, que ainda existem. Entretanto, a "sionização" paródica da história palestina serve para ridicularizar o nacionalismo dos palestinos e apresentá-lo como um fingimento. O nacionalismo palestino é apresentado aqui como mais falso do que autêntico, mais fantástico do que genuíno, e mais artificial do que real.

Dez anos após Bar-Navi, Domka et al. tratam o nacionalismo palestino de maneira bastante semelhante, enumerando os fatores que o "deflagraram": a ocupação, as mudanças radicais no padrão de vida dos palestinos (graças a Israel) e o governo

---

[120] Gérard Genette, *Palimpseste: la littérature au second degré* (Paris, Seuil, 1982), p. 291.

militar, "que não era restringido pelos direitos humanos e dispunha de amplos meios para lidar com desobediência e protesto" (Domka et al., p. 182). Isso, explica o livro, fez com que "milhares de jovens, em especial das classes mais pobres e mais desesperançadas dos campos de refugiados da Jordânia, da Síria e do Líbano, caíssem nas mãos da organização rebelde que cresceu rapidamente".

Embora seu livro seja chamado *Nationality in Israel and the Nations*, Naveh et al. dedicam menos de meia página ao nacionalismo palestino. O parágrafo começa especificando o papel da OLP como "fonte de ataques suicidas em Israel e reduto de terrorismo mundial" (Naveh et al., p. 263). Diferentemente de Domka et al., esse livro vê o início do nacionalismo palestino não nas classes mais pobres, mas entre os ricos e instruídos, que incitaram os outros "a se rebelar, fazer greve, desobedecer, queimar pneus, atirar pedras, bloquear estradas etc.". Nenhum outro aspecto "nacional" é mencionado. Ele não diz praticamente nada sobre a história do povo palestino, suas raízes, cultura e vínculos com a terra da Palestina.

Embora os livros escolares que analisamos neste estudo apresentem os cidadãos palestinos de Israel como árabes e, portanto, pertencentes à nação árabe, quando essa conexão é expressa pelos próprios cidadãos palestino-israelenses, o texto a trata como um problema, uma ameaça que "agravou o conflito"[121]. Por exemplo:

> Outro fator que agravou o conflito foi que os árabes que permaneceram em Israel sempre se identificaram cultural, social e historicamente com a nação árabe e sempre se viram como parte do povo palestino, que possui afinidade com a Palestina (é assim que os palestinos denominam a terra de Israel). (*AHH*, p. 289.)

Em *50 Years*, Arafat não é mencionado em nenhum momento, mas a OLP é citada diversas vezes, aliás sempre como mais uma fonte de "problemas" com os árabes. Seu surgimento é descrito em um capítulo intitulado "Os motivos da Guerra dos Seis Dias":

> Em 1964 houve tensão na região quando os Estados árabes se opuseram à operação do Aqueduto Nacional de Israel*. Eles decidiram desviar as nascentes do rio Jordão e estabelecer uma base conjunta para monitorar a luta contra Israel; além disso a OLP foi criada. (*50 Years*, p. 260)
>
> * O Aqueduto Nacional leva água do rio Jordão e do Mar da Galileia para os assentamentos judeus no deserto do Neguev.

[121] O último exemplo foi a visita de importantes figuras palestino-israelenses à Líbia, em abril de 2010.

Antes disso, a OLP é mencionada brevemente como um fator que perturbou a Jordânia e o Líbano (*50 Years*, p. 229 e 235), onde "terroristas" palestinos criaram um Estado dentro de um Estado e provocaram um "turbilhão de conflitos: entre a OLP e Israel, entre a OLP e o Exército libanês e entre a OLP e as Falanges". O livro explica que esse "turbilhão" arrastou o Líbano a uma profunda crise, da qual ele ainda não se recuperou totalmente.

Face dedica um parágrafo inteiro à criação da OLP, que é descrita como uma das três "resoluções anti-Israel" tomadas pelos países árabes:

1) O desvio das nascentes do rio Jordão para inviabilizar o Aqueduto Nacional;

2) A criação de uma base árabe conjunta;

3) A criação da OLP. (*Face*, p. 408.)

Segundo esse livro, os objetivos da OLP eram "libertar a Palestina e fundar um Estado palestino em todas as áreas da Terra de Israel" (*Face*, p. 410). O reconhecimento mútuo da OLP e de Israel nunca é mencionado.

A Intifada

Como não há praticamente nada escrito a respeito dos princípios ou práticas da ocupação israelense, o levante dos palestinos parece um fenômeno insondável. Na maior parte dos livros escolares aqui estudados, a Intifada nem sequer é mencionada. Os livros que a mencionam a descrevem como um acontecimento inesperado, repentino e inexplicável, que contribuiu para a aceleração do processo de paz entre Israel e os palestinos (*MTII*, p. 289; *The 20th*, p. 255; Domka et al., p. 204). Todavia, eles não explicam qual foi a sua contribuição nem por que eclodiu.

Embora nenhum dos livros especifique os motivos da Intifada, eles discorrem sobre a grande surpresa que foi para as forças de defesa israelenses e o seu despreparo para combater as explosões de violência dos palestinos. Por exemplo, Domka et al. escrevem:

> As FDI controlavam a Judeia, a Samaria e Gaza desde a Guerra dos Seis Dias e várias vezes enfrentaram ações hostis contra a sua presença nessas áreas. Mas a extensão do levante de 1987 superou tudo que as FDI haviam visto e o alto-comando teve dificuldades para encontrar a solução apropriada. O levante palestino fez ataques contínuos contra civis e militares, em especial na Judeia, na Samaria e em Gaza. Os ataques eram feitos com pedradas e coquetéis molotov, bloqueios de estradas, facadas

> e atropelamento de judeus em estações centrais de ônibus. As tentativas das FDI para sufocar o levante palestino incluíram cercos, controle nas estradas, presença ostensiva nos povoados palestinos, prisões e punições aos agressores. As FDI não estavam preparadas nem militarmente nem psicologicamente para uma ação de guerra contra uma população civil. (Domka et al., p. 204.)

Os palestinos são retratados como terroristas e assassinos cruéis, enquanto as FDI são descritas como uma organização racional, civilizada e responsável, que age sempre dentro da lei. Elas nunca matam, ferem, torturam nem assediam ninguém. Ao contrário, tomam todas as medidas civilizadas para fazer acabar a "desordem": punem os agressores, barram a violência e tentam acalmar a situação. O livro não esclarece o significado prático dos cercos, das barreiras permanentes e da "punição" coletiva.

Esse tipo de descrição é compatível com as notícias da mídia, nas quais a resistência palestina é sempre descrita como explosões violentas, sem conexão com nada que as tenha precedido.

Naveh et al. dedicam uma página à Intifada com o mesmo tipo de raciocínio, especificando que os palestinos "provocaram" os soldados israelenses. As forças de defesa não souberam como reagir e o mundo, alimentado por fotografias de soldados espancando crianças, se voltou de novo contra nós. No entanto, Naveh et al. dão os seguintes fatores para o surgimento da Intifada:

1) o desespero pessoal e social causado pela pobreza, pela privação e pela humilhação no confronto com os israelenses;
2) o entendimento de que o tempo estava contra o povo palestino e os fatos estavam se consolidando;
3) o desejo dos palestinos que viviam sob domínio israelense de pressionar a OLP a negociar seriamente.

O que significa exatamente "privação" e "humilhação" no "confronto com os israelenses" permanece completamente vago.

Repare que o conflito é descrito como um confronto entre os palestinos e o Exército, e não entre os palestinos e o governo israelense. O domínio militar nunca é discutido. Os livros parecem pressupor o entendimento e a concordância dos leitores no que diz respeito a esse assunto. Todas as medidas e "soluções" que eles elencam são militares, destinadas a suprimir a revolta; a ocupação nunca é contestada ou descrita em detalhes que possam jogar luz sobre a situação real dos palestinos sob o jugo militar de Israel.

Em suma, os livros que mencionam o nacionalismo palestino concentram-se nos aspectos ameaçadores para Israel. Essa representação negativa confirma algumas características dos livros escolares israelenses como reprodutores de memória coletiva:

1) Eles tendem a apresentar os acontecimentos "a partir de uma única perspectiva; [e são] impacientes com as ambiguidades"[122]; sua perspectiva geralmente é militar.

2) Eles mudaram muito pouco sua visão acerca do nacionalismo palestino – se é que mudaram alguma coisa.

3) Na narrativa judaico-israelense, como é reproduzida nos livros escolares, tudo que é palestino só pode existir enquanto obstáculo a ser superado ou eliminado.

Como mostra esta breve análise, os livros escolares mais recentes (2009) não cumprem as esperanças de Podeh no "surgimento de uma nova narrativa nos livros didáticos de história [...] que poderá, a longo prazo, facilitar o processo de reconciliação entre israelenses e árabes"[123].

Conclusão

A representação dos palestinos nos livros didáticos de história deu uma volta completa: foi da representação tendenciosa, preconceituosa e antagônica dos anos 1950 à representação tendenciosa, preconceituosa e antagônica dos anos 2000. Entre esses dois pontos, houve poucas tentativas de reconhecer os palestinos como uma entidade nacional distinta e de levá-los em consideração, embora de maneira hesitante e cautelosa[124]. O fato de os ministérios da Educação tanto da direita como do Partido Trabalhista terem continuado a produzir e recomendar livros em que os palestinos praticamente inexistem, exceto como terroristas e ameaça demográfica, pode apontar para um consenso nacional quanto à necessidade de se inculcar ignorância e hostilidade contra vizinhos subjugados e concidadãos discriminados.

---

[122] Peter Novick, *The holocaust in American Life* (Boston, Houghton Mifflin, 1999), p. 3-4.

[123] Elie Podeh, *The Arab-Israeli Conflict in Israeli History Textbooks, 1948-2000*, cit., p. 29.

[124] Idem.

A quarta geração de livros didáticos que Podeh aguardava para 2002 demonstra a mesma postura ideológica e se vale dos mesmos dispositivos retóricos que caracterizam a primeira geração de livros escolares israelenses. Podeh exime os autores dos primeiros livros, dizendo o seguinte:

> Como muitos autores de livros didáticos vieram da Europa Oriental ou da Alemanha [...] eles não conheciam os costumes do Oriente Médio e não tinham familiaridade com as tradições e a língua da região. Consequentemente, e de maneira muito natural, associavam a violência dos árabes aos *pogroms* da Europa Oriental e os consideravam uma versão local do gói antissemita.[125]

Infelizmente, essa desculpa não se sustenta para livros escritos em 2004 e 2009. A quarta geração de livros didáticos indica um retrocesso factual e ideológico quando renuncia à verdade histórica de maneira muito mais flagrante do que os livros das gerações precedentes, que não possuíam o amplo acervo de evidências hoje disponíveis. O que determina o conteúdo factual desses livros não é informação arquivística, mas a voz ideológica para a qual têm de servir de ventríloquos e a narrativa "conscientemente fraudulenta"[126] que têm de transmitir. Ainda que, como argumenta Podeh, nos livros mais progressistas do fim da década de 1990 e do início da década de 2000 "tenha havido uma tentativa de compreender o ponto de vista árabe, em especial em discussões de temas sensíveis na história do conflito", os textos se baseiam primordialmente na narrativa sionista-israelense, com sua perspectiva militar e suas convicções a respeito dos direitos históricos dos judeus sobre a terra e da necessidade de uma supremacia judaica.

---

[125] Idem, "History and Memory in the Israeli Educational System", cit., p. 9.

[126] Gabriel Piterberg, "Erasures", cit., p 38.

2
A geografia da hostilidade e da exclusão: uma análise multimodal

Os livros didáticos de geografia são o que Theo van Leeuwen define como gênero multimodal[1]. Sua estrutura genérica se realiza de maneira multimodal, por imagens, gráficos, mapas, diagramas, *layout*, cor e blocos de texto verbal.

Este capítulo examina as maneiras multimodais por meio das quais se recriam ideologias nos livros didáticos de geografia em Israel.

Seis livros escolares publicados entre 1995 e 2006, após os acordos de paz de Oslo entre Israel e a Autoridade Palestina, e comumente utilizados nas escolas regulares de Israel[2] foram analisados aqui segundo o uso que fazem de recursos visuais como fotografias, mapas, gráficos, ícones e cor para recontextualizar os discursos políticos e disciplinar no âmbito da educação. A análise semiótica desses livros será sustentada por observações de geógrafos sociais e políticos.

O argumento deste capítulo é o de que nos livros didáticos israelenses de geografia as convenções científicas e os princípios de representação visual e verbal são comprometidos pelas mensagens políticas e pelo compromisso desses livros de promover uma identidade judaica nacional e territorial baseada em larga medida na negação da identidade palestina. A "judaização" da geografia, que implica a distorção de fatos geopolíticos e a omissão de qualquer vida signifi-

---

1 Theo van Leeuwen, "Multimodality, Genre and Design", em Sigrid Norris e Rodney H. Jones, *Discourse in Action: Introducing Mediated Discourse Analysis* (Londres, Routledge, 2005), p. 80.

2 Não foram incluídos livros didáticos de correntes ortodoxas independentes ou ligadas à religião de Estado.

cativa além da judaica, é algo que pode promover a hostilidade e reproduzir o "racismo de elite"[3].

A primeira seção deste capítulo discute o fundamento ideológico sionista do currículo de geografia em Israel e o recrutamento da geografia para a perpetuação da identidade territorial. A segunda seção aborda as representações verbais e visuais dos palestinos nos livros didáticos de geografia. A terceira seção se debruça sobre a cartografia da exclusão, mais especificamente as maneiras pelas quais os mapas distorcem a realidade geopolítica da região e excluem a população autóctone. Em seguida, o capítulo discute a impessoalização dos palestinos por meio de representações estereotipadas, como desenhos racistas, ícones racistas e fotografias degradantes. A seção final descreve imagens de classificação utilizadas na metanarrativa de "desenvolvimento" de Israel, em que o progresso significa a vitória da "judaicidade" sobre a "arabidade" ou a conquista do Oriente Médio pelo Ocidente. Essa seção também discorre sobre a cor enquanto recurso semiótico de significação.

A questão geral que este capítulo pretende responder foi mais bem formulada por Theo van Leeuwen:

> Como práticas sociais são transformadas em discursos sobre práticas sociais [...] tanto no sentido dos meios de que dispomos para fazê-lo quanto no sentido de como o fazemos em contextos institucionais específicos, que possuem relações específicas com as práticas sociais das quais produzem representações?[4]

Derivam dessa questão geral as seguintes questões formuladas por Van Leeuwen:

> 1) De que forma são utilizados os recursos semióticos para construir representações do que ocorre no mundo?
> 2) Como as pessoas utilizam os recursos semióticos para expressar suas identidades e valores?[5]

Os contextos e as práticas institucionais abordados neste capítulo são o ensino escolar e de geografia nos livros didáticos israelenses. Os livros transmitem suas mensagens de maneira multimodal. Suas relações específicas com as práticas sociais das

---

[3] Martin Reisigl e Ruth Wodak, *Discourse and Discrimination: Rhetorics of Racism and Anti-Semitism* (Londres, Routledge, 2001), p. 28.

[4] Theo van Leeuwen, "The Representation of Social Actors", em Carmen Rosa Caldas-Coulthard e Malcolm Coulthard (orgs.), *Texts and Practices: Readings in Critical Discourse Analysis* (Londres, Routledge, 1996), p. 35.

[5] Theo van Leeuwen, *Introducing Social Semiotics* (Nova York, Routledge, 2005), p. 90.

quais produzem representações são as da *hipertextualidade*, no sentido usado por Genette[6], como explicamos no capítulo 1.

Como dissemos no capítulo 1, os livros didáticos são *hipertextos* tanto do *hipotexto* sociopolítico dominante quanto de seus respectivos *hipotextos* disciplinares; eles são a transformação, ou melhor, a recontextualização desses hipotextos para a educação[7]. Portanto, os discursos dos livros didáticos nunca são idênticos a seus discursos disciplinares.

Metodologia e embasamento teórico do estudo

Os livros didáticos de geografia são textos multimodais. Eles se valem de um leque de modos verbais e visuais para transmitir valores e significados. Kress explica

> que significados são compostos como signos de maneiras distintas em modos específicos [...] O que é representado como signo ou complexos de signos realiza os interesses, perspectivas, valores e posições de quem produz o signo [...]. A representação é sempre "engajada". Ela nunca é neutra.[8]

Esse ponto de vista rejeita a ideia de arbitrariedade, sustentando que as "relações entre significante e significado são sempre motivadas, isto é, o formato do significado, sua 'forma', considerada material ou abstratamente, é escolhida por sua capacidade de expressar aquilo que se pretende conotar"[9]. Por isso, "temos de encontrar formas de compreender e descrever em todos coerentes, em textos, a interação desses significados através dos modos"[10].

A base ideológica sionista dos livros didáticos de geografia

Conforme mencionamos acima, "desde o início o sionismo reconheceu a importância de ensinar a identidade territorial"[11]. Portanto, o intuito da base curricular

---

[6] Gérard Genette, *Palimpseste: la littérature au second degré* (Paris, Seuil, 1982), p. 12-4.

[7] Basil Bernstein, *Pedagogy, Symbolic Control and Identity: Theory, Research, Critique* (Londres, Taylor & Francis Publishers, 1996).

[8] Gunther Kress, *Literacy in the New Media Age* (Londres, Routledge, 2003), p. 44.

[9] Ibidem, p. 42.

[10] Ibidem, p. 37.

[11] Yoram Bar-Gal, "Boundaries as a Topic in Geographic Education: The Case of Israel", *Political Geography*, v. 12, n. 5, 1993, p. 421.

da disciplina de geografia em Israel é, em primeiro lugar, inculcar, como define o currículo nacional, "o amor e o conhecimento da nossa pátria-mãe". Esse objetivo, que marcou a base curricular na primeira metade do século XX, quando a disciplina de geografia foi rebatizada de "estudos pátrios", apesar de boa parte dos cidadãos judeus não ser nascida em Israel, continua a se manifestar nos livros de geografia de hoje, ainda que sejam muito mais científicos[12].

A base ideológica do ensino de geografia em Israel consiste na mensagem sionista da redenção e do restabelecimento da pátria-mãe pelos filhos de Israel, que, sendo detentores exclusivos dos direitos históricos à terra, voltaram para casa após 2 mil anos de exílio.

Yiftachel explica que em Israel "se desenvolveu uma forma exclusiva de etnonacionalismo territorial a fim de 'nativizar' rapidamente os judeus imigrantes e ocultar, trivializar ou marginalizar a existência de um povo palestino na região antes da chegada dos judeus sionistas"[13].

O trabalho de solidariedade ideológica e poder está na base dos dois níveis da etnicidade em Israel (conforme definidos por Yiftachel)[14]: no nível da etnonacionalidade, a etnonação judaica é consolidada pelo esmaecimento das diferenças entre as etnicidades judaicas, enquanto os não judeus são segregados e marginalizados; no nível da etnoclasse, os membros da etnoclasse judaica são privilegiados, enquanto as etnoclasses não judaicas são subprivilegiadas[15].

A exclusão social dos palestinos é não apenas um fato histórico, mas principalmente um fato geográfico. No livro *Social Exclusion*, Byrne assinala que "a exclusão ocorre no tempo, em um momento da história; ela determina a vida de indivíduos e coletivos que são excluídos *e* a vida de indivíduos e coletivos que não o são"[16]. Assim como outros regimes etnocráticos, Israel

> constrói narrativas históricas acerca da etnonação dominante em que é proprietário legítimo do território. Tais narrativas rebaixam todos os outros candidatos, apresen-

---

[12] Idem, "Geographic Politics and Geographic Education: A Talk" (artigo apresentando na Conferência da Sociedade Geográfica, Bar-Illan University, Tel-Aviv, 2003).

[13] Oren Yiftachel, *Ethnocracy: Land and Identity Politics in Israel/Palestine* (Philadelphia, University of Pennsylvania Press, 2006), p. 61.

[14] Ibidem, p. 18.

[15] Ver, por exemplo, Or Kashti (*Haaretz*, 12 ago. 2009): Israel auxilia mais os estudantes judeus necessitados do que seus equivalentes árabes. A média do que se gasta por aluno nas escolas árabes de ensino médio corresponde a apenas 20% da média gasta por aluno nas escolas judaicas de ensino médio.

[16] David Byrne, *Social Exclusion* (Londres, McGraw Hill, 2005), p. 2.

tando-os como cultural ou historicamente indignos de controlar a terra ou possuir igualdade política.[17]

Os livros de geografia analisados aqui oferecem pouquíssimas informações sobre a região ou a vida árabe-palestina, seja na agricultura, nos ambientes sociais, nas mudanças rurais ou urbanas, durante os 2 mil anos de "ausência" judaica, mas não deixam de mencionar o anseio judaico pela pátria perdida. Por exemplo, em *TMC*, ao lado de um mapa dos países mediterrâneos, lê-se:

> Se este mapa tivesse sido desenhado cem anos atrás, não haveria uma cor especial para os judeus, pois a maior parte dos judeus vivia em outros países (os judeus viveram 2 mil anos em exílio). A terra de Israel é a terra dos judeus. Durante muitos anos, os judeus viveram longe de seu país [...] eles ansiavam por voltar e se restabelecer nele [...]. Em seus corações, repetiam: "Se eu me esquecer de ti, ó Jerusalém, que eu me esqueça da minha destra" (Salmos 137, 5). Quando o povo judeu retornou e fundou o Estado de Israel, nossa capital Jerusalém se tornou novamente o centro mais importante do povo judeu. (*TMC*, p. 54.)

Nesse parágrafo, 2 mil anos de civilização são reduzidos a oito palavras entre parênteses, ao passo que a história do anseio pela pátria-mãe mitificada ocupa mais de oito linhas de texto científico.

No empenho de ensinar a "conhecer e amar a nossa pátria", os livros didáticos de geografia louvam as conquistas sionistas no campo da agricultura (domar o deserto, canalizar rios, secar pântanos), da engenharia florestal (restaurar a glória das florestas bíblicas e, ao mesmo tempo, apagar os vestígios das aldeias árabes e de sua agricultura) e na construção. Consequentemente, o discurso dos livros de geografia parte em geral de discursos políticos, históricos e científicos, reforçados por versículos bíblicos, canções patrióticas e poesia heroica. Visualmente, essa mistura comporta mapas que têm muito pouco a ver com a realidade, gráficos e imagens compostos ideologicamente. Esses diversos componentes verbais e visuais têm a finalidade de imortalizar a dominância judaica, apresentando-a como legítima desde tempos imemoriais. Essa legitimação deriva sua autoridade principalmente da Bíblia e da promessa divina de conceder aos filhos de Abraão toda a região, desde "o rio, o Eufrates, até o mar ocidental" (Deuteronômio 11, 24). Como afirma o geógrafo político Oren Yiftachel, a religião serve à educação secular em Israel para compor uma narrativa coletiva que "ajuda a romper as fronteiras e legitimar o ensino sobre a terra divina"[18].

---

[17] Oren Yiftachel, *Ethnocracy*, cit., p. 19.

[18] Ibidem, p. 121.

É possível encontrar um exemplo edificante em *TMC*, um livro de geografia para o 5º ano (*TMC*, p. 60). No capítulo "Um mar de muitos nomes", encontramos ao lado do mapa de "Israel", que abrange os territórios palestinos ocupados (Figura 3), não os diferentes nomes do mar Mediterrâneo dados nas diferentes nações de sua costa, como era de se esperar pelo título, mas os versículos que dão os diversos nomes bíblicos do Mediterrâneo e, ao mesmo tempo, reiteram a promessa divina. Esses versículos são a resposta à pergunta que abre o capítulo: "O mar Mediterrâneo já é mencionado na Bíblia. O Livro dos Livros também o denomina Mediterrâneo?".

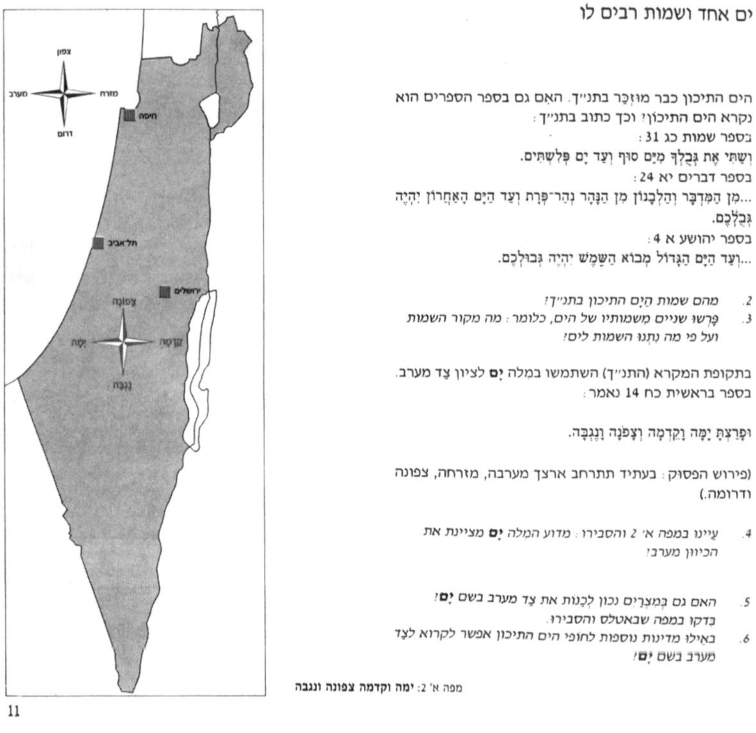

Figura 3: Um mar de muitos nomes (*TMC*, p. 11). Cortesia de Maalot Publishers e do Ministério da Educação, Jerusalém.

A rosa dos ventos desenhada na terra (em contraposição à rosa dos ventos desenhada no mar) apresenta os termos bíblicos para Norte, Sul, Leste e Oeste: *Yama*, *Kedma*, *Tzafona*, *Negba*, outra indicação de que o país sempre foi hebreu. Esses nomes, que também são o título do mapa, fazem parte do versículo: "estender-te-ás para o ocidente, para o oriente, para o norte e para o sul" (Gênesis 28,14).

O próprio versículo aparece ao lado do mapa, em uma coluna com diversas citações bíblicas, todas reiterando a promessa divina:

> Êxodo 23, 31: "E fixarei as tuas fronteiras desde o Mar dos Juncos [o Mar Vermelho] até o mar dos filisteus [a costa sul do Mediterrâneo], e desde o deserto até o rio".
> Deuteronômio 11, 24: "Todo lugar que pisar a planta dos vossos pés será vosso; [...] do rio, o Eufrates [Síria e Iraque], até o mar ocidental".
> Josué 1, 4: "Desde o deserto e o Líbano [...] até o grande mar, no poente do Sol, será o vosso território".

No entanto, apenas o versículo referente ao "estender-te-ás" é interpretado, entre parênteses, em hebraico moderno: "(Interpretação do verso: No futuro, seu país vai se expandir para o oeste e o leste, para o norte e o sul)".

A coluna de versículos bíblicos é o elemento "dado" da página, considerando-se a direcionalidade do hebraico (da direita para a esquerda), que pode sugerir relações cronológicas entre os versículos e o mapa: a promessa divina veio antes, o mapa veio em seguida. Os versículos estão ligados ao mapa por vetores horizontais retos, que indicam uma forte conexão que pode ser de uma narrativa ou de causa e efeito[19]. O mapa, situando-se no lado "novo" da página (à esquerda), é apresentado como a realização das promessas divinas – o cumprimento moderno das profecias antigas. A inserção de versículos bíblicos no texto científico confere ao texto a santidade e a verdade divina da Bíblia e atribui uma validade científica à Bíblia e às promessas divinas.

Na medida em que os gêneros podem ser definidos conforme sua função[20], podemos definir toda essa página, em termos de gênero, como "legitimação", pois ela legitima a ocupação das terras palestinas apoiando-se na mais alta autoridade para os judeus: a Bíblia. A resposta à pergunta hipotética "Por que o mapa não mostra as fronteiras internacionalmente reconhecidas de Israel?" é: "Porque é isso que diz a Bíblia".

A representação dos palestinos pelo discurso visual e verbal racista

O geógrafo social e cultural John Morgan observa que, na medida em que as "imagens são meios de persuasão para sustentar certas crenças e valores", as perguntas

[19] Gunther Kress e Theo van Leeuwen, *Reading Images: The Grammar of Visual Design* (Londres, Routledge, 1996).

[20] Theo van Leeuwen, "Multimodality, Genre and Design", cit.

cruciais da geografia são: "Quem as consome? Que sentido essas pessoas dão a elas?"[21]. Essas questões estão ligadas às questões que Van Leeuwen formula a respeito das apresentações visuais:

> 1) Quais tipos de pessoas e coisas são retratados na imagem e como os reconhecemos enquanto tais?
> 2) A que ideias e valores associamos essas pessoas, lugares ou coisas que são retratados, e o que nos permite fazer essa associação?[22]

Essas questões, que podem ser feitas sobre qualquer signo visual, são cruciais para o ensino, pois "boa parte da mensagem do texto multimodal é transmitida antes que seja lida uma única palavra"[23]. Como veremos, nos livros de geografia israelenses, a exclusão dos palestinos e sua representação como elementos impessoalizados, "problemas" e "ameaças" já é evidente antes mesmo que se leia uma palavra do texto.

Como dissemos acima, em geral os palestinos não são nem sequer retratados. Nas raras ocasiões em que isso ocorre, eles não são retratados como seres humanos individuais, modernos, produtivos, mas sim como estereótipos dos "problemas" e das "ameaças" que eles constituem para os israelenses. A estereotipização, como garantem os estudiosos do discurso racista, conduz facilmente ao discurso racista[24].

Os livros escolares de geografia se valem de estratégias de representação visual racista (detalhadas no capítulo 1) para retratar os cidadãos palestinos de Israel:

> 1) retratam os cidadãos palestinos como primitivos, parasitas, vis;
> 2) retratam os cidadãos palestinos como criminosos, na medida em que suas casas são consideradas construções ilegais;
> 3) retratam os palestinos como ladrões: "A luta pela água: A Autoridade Palestina rouba água de Israel em Ramala" (*GLI*, p. 100);

---

[21] John Morgan, "Investigating Images", em Alisdair Rogers e Heather A. Viles (orgs.), *The Student's Companion to Geography* (2. ed., Malden, Blackwell, 2003), p. 254-5.

[22] Theo van Leeuwen, "Visual Racism", em Martin Reisigl e Ruth Wodak (orgs.), *The Semiotics of Racism* (Viena, Passagen, 2000), p. 92.

[23] Idem, "The Schoolbook as a Multimodal Text", *International Schulbuch Forschung*, v. 14, n. 1, 1992, p. 36.

[24] Gordon W. Allport, *The Nature of Prejudice* (Nova York, Doubleday Anchor, 1958); Philomena Essed, *Understanding Everyday Racism: An Interdisciplinary Theory* (Londres, Sage, 1991), v. 2 (série da editora Sage sobre relações étnicas e de raça).

4) retratam os cidadãos palestinos como o inimigo interno (*GLI*, p. 240): "A criação dos Mitzpim* tem como finalidade preservar a terra nacional e protegê-la de invasões ilegais da população não judaica, adquirir terras para o desenvolvimento a fim de prevenir a expansão territorial de assentamentos não judaicos, por receio de que um crescimento árabe provoque a separação da Galileia do Estado de Israel"[25].

* Mitzpim são assentamentos comunitários construídos no topo das montanhas da Galileia, em locais propícios para monitorar as aldeias árabes na Galileia.

Esse parágrafo reitera a posição oficial de Israel. Como observa Yiftachel:

> Desde setembro de 1997, o governo israelense anunciou em diversas ocasiões a introdução de novas estratégias para barrar a "invasão árabe" em terras estatais [...], garantir o controle judeu sobre a terra estatal e prevenir a expansão e a construção ilegal dos árabes.[26]

O projeto de judaização da Galileia se iniciou na década de 1970, movido pelo temor de deixar o norte do país nas mãos dos árabes. Como revela Yiftachel:

> Documentos com as diretrizes políticas da época pedem que o governo continue a assentar a fronteira por motivos "nacionais" judeus, como deixa claro um plano de 1978 da Agência Judaica, que afirma: "Precisamos continuar a trazer judeus para a Galileia e o deserto do Neguev. O rápido aumento no número de árabes nessas regiões e suas amplas práticas de apropriação ilegal da terra estatal nos coloca diante de duas alternativas: deixar a situação evoluir naturalmente até perdermos essas regiões, ou reavivar a tradição dos assentamentos judeus e salvá-las das mãos dos árabes...[27]

---

[25] Essa segregação foi legalizada por uma lei que permite ao Fundo Nacional Judaico se recusar a arrendar terra para cidadãos árabes e pela Lei das Comissões de Triagem, aprovada em 23 de março de 2011. Essas leis foram uma resposta a duas resoluções da Suprema Corte: à de 2004, favorável ao cidadão árabe Adel Kaadan, que em 1995 quis comprar um lote no assentamento avançado de Katzir e sua proposta foi recusada com o argumento de que o terreno estava reservado para os veteranos do Exército (Arquivo 8060/03 da Suprema Corte); e à de 2007, favorável à família Zvidat, de Sakhin, que foi rejeitada pela Comissão de Triagem de Rakefet (assentamento construído em terras confiscadas de Sakhin) – eles queriam arrendar um terreno em um assentamento vizinho, depois que lhes foi negada autorização para construir em sua própria terra (Jaki Juri, *Haaretz*, 14 fev. 2007). Agora a lei permite que os assentamentos rejeitem pessoas consideradas inaptas pelas comissões de triagem e nenhum terreno pode ser arrendado sem a permissão dos comitês de triagem (Ynet News, 17 jun. 2008; disponível em: <http://www.haaretz.co.il/hasite/spages/1195587.html>).

[26] Oren Yiftachel, *Ethnocracy*, cit., p. 78.

[27] Ibidem, p. 125.

Dicotomias e impessoalização

"O discurso racista sempre opera por dicotomias."[28]

Os livros didáticos de geografia, enquanto discursos políticos, sociais e educacionais israelenses, empregam diversos tipos de dicotomias para distinguir judeus de não judeus. Conforme mencionamos anteriormente, uma dessas dicotomias é a nítida divisão da terra e de todos os aspectos da vida em Israel entre judeu e não judeu. Por exemplo, em *SIS* (p. 55), há um mapa intitulado "Moradia rural em Israel – azul: aldeias judaicas; vermelho: aldeias não judaicas". Verbalmente, definir pessoas como uma não entidade (isto é, "não judeus") serve para os impessoalizar, segregar e excluir. Visualmente, podemos argumentar que indicar de azul os assentamentos judeus e de vermelho os assentamentos não judeus também é ideológico, na medida em que azul é a cor da bandeira israelense e vermelho é a cor do perigo.

Essa divisão, que pode parecer irrelevante na medida em que não diz nada a respeito da agricultura ou da vida rural, só pode ser compreendida se levarmos em conta o objetivo primordial do sionismo: a "judaização" da terra, o que implica sua "desarabização"[29]. Desse ponto de vista, a mensagem do mapa é: "Veja quanto conquistamos e quanto ainda temos para conquistar".

Como afirma Yiftachel, "A territorialidade [em Israel] é expressa pela divisão entre o 'nosso' espaço e o espaço 'deles' e pela dinâmica de expansão e contração. O assentamento étnico tem sido a característica principal (constitutiva, na verdade) da etnocracia israelense"[30]. Ele explica ainda que o projeto de "judaização" criou um padrão de pertencimento ao grupo formado por três elementos entrelaçados: afiliação étnica, espacialidade do grupo (localização, vínculo local e controle espacial) e nível de desenvolvimento econômico[31]. A afiliação étnica, apregoada no discurso israelense e assinalada nos documentos de identidade, está entrelaçada nos outros dois componentes, portanto a ênfase sobre a natureza étnica dos assentamentos também aponta para o nível econômico e os direitos fundiários destes últimos.

Como dissemos antes, os não judeus autóctones, independentemente de sua origem ou fé, são denominados pelo hiperônimo genérico de "árabes". No entanto, imigrantes não judeus que são aceitos como cidadãos israelenses (principalmente

[28] Martin Reisigl e Ruth Wodak, *Discourse and Discrimination*, cit., p. 22.

[29] Oren Yiftachel, *Ethnocracy*, cit.

[30] Ibidem, p. 42.

[31] Ibidem, p. 127.

provenientes da ex-URSS) são classificados, tanto pelo registro populacional do Estado quanto pelos livros de geografia, como "outros". Esse *status* privilegiado é explicitado em *GLI*: uma pirâmide populacional divide a população israelense entre "judeus e outros" e "árabes" (*GLI*, p. 149). Essa diferenciação não é apenas entre "eles" e "nós", mas entre "eles" e "nós e todos os outros não eles". O livro não explica quem seriam esses "outros", mas dá a impressão de que alguns "outros" merecem ser incluídos no grupo judeu, contanto que não sejam árabes.

O diagrama retrata os "árabes" com ícones racistas estereotípicos: um homem de bigode, vestindo uma jelaba e um *keffiyeh*, ao lado de um camelo; uma mulher com um vestido tradicional, agachada[32]. Em contraposição, o mesmo diagrama retrata "judeus e outros" como pessoas "normais", ainda que de maneira caricatural: um casal ocidental, sem nenhum objeto-signo "judeu" ou "outro" (Figura 4).

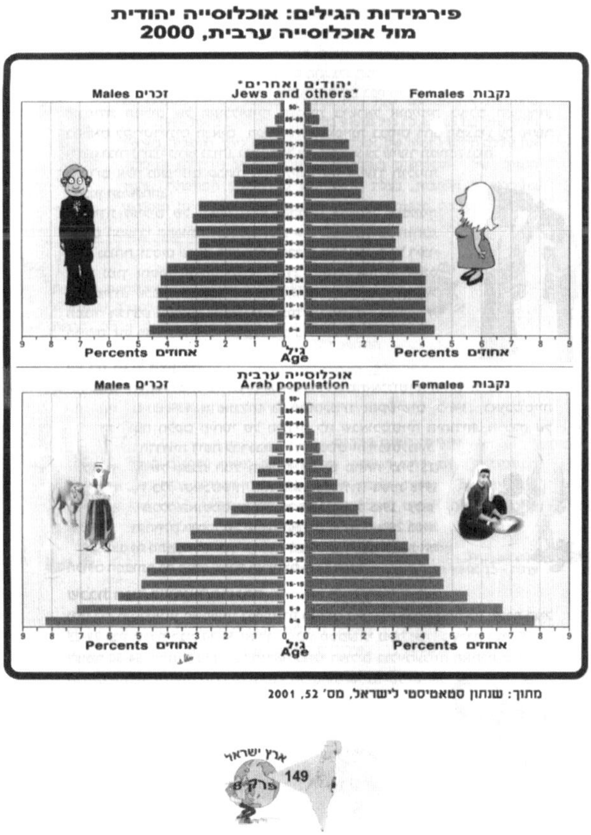

Figura 4: Pirâmide etária: população judaica *versus* população árabe, 2000 (*GLI*, p. 149).

[32] Theo van Leeuwen, "Visual Racism", cit.

Tradição *versus* modernidade

Seguindo o mapa da vida rural em Israel mencionado acima, *SIS* oferece uma série de estudos de caso de diferentes formas de assentamentos rurais (três judeus e um árabe); os assentamentos judeus são classificados tanto por suas tendências religiosas ("religiosos" *versus* "seculares") quanto por seu modo de vida específico (vilarejo, *moshav*, *kibutz* etc.) (*SIS*, p. 59-61). Ao contrário, o vilarejo de Yama é definido etnicamente, apenas como "uma aldeia árabe", não como um espécime dos vilarejos do mesmo tipo[33]. O título do estudo de caso de Yama é: "Da tradição à modernidade", uma dicotomia que não é aplicada à aldeia de Bnei Reem, elogiada por conseguir conciliar tecnologia moderna e tradição religiosa judaica, uma combinação que foi possível, conforme já mencionamos, graças a uma "família árabe que vivia na região" e "serviu de 'gói do Sabat'", apenas para ser substituída em um segundo momento por um "relógio do Sabat" (*SIS*, p. 63).

Participação ativa *versus* participação passiva na vida

Além da impessoalização, da funcionalização e da genericização, Van Leeuwen elenca também a "passivação" como uma das formas pelas quais o discurso racista descreve os atores sociais.

No capítulo supracitado, os estudos de caso dos assentamentos judeus oferecem descrições ricas de sua vida, com citações e depoimentos da "boca dos pioneiros" e dos habitantes atuais. Já o "estudo de caso" de Yama não cita falas humanas, com exceção de uma citação indireta de "anciãos" que agradecem a Israel pela "revolução moderna" que ele introduziu na vida deles e, como símbolo de sua gratidão, prometem atuar como "uma ponte para a paz" (*SIS*, p. 59).

Nos assentamentos judeus, "reformas" e "inovações", "desenvolvimento" e "cultivo" são apresentados por verbos ativos, o que realça o papel ativo das pessoas nesses processos (*SIS*, p. 60 e 62). Já os processos de "modernização" em Yama são descritos por orações nominais não humanas, que enfatizam a passividade ou inação dos aldeões no que diz respeito à melhoria de suas próprias vidas; desse

---

[33] Há ao menos sete diferentes tipos de aldeias árabes em Israel, cada uma caracterizada por suas condições topográficas, tipo do terreno e cultivo. Ver David Grossman e Yossi Katz, "Patterns of Rural Settlements in the Land of Israel", em Ilan Salomon e Ruth Kark (orgs.), *Studies in the Geography of Israel* (Jerusalém, Israel Exploration Society, Department of Geography, The Hebrew University of Jerusalem), v. 14.

modo, a responsabilidade de Israel pelo "atraso" dos vilarejos árabes é encoberta e, ao mesmo tempo, o conflito palestino é apresentado como um processo autogerado. Por exemplo, nas aldeias árabes, "as infraestruturas melhoram lentamente" e "terras estão diminuindo" (*SIS*, p. 58). "Em Yama, assim como em outros assentamentos rurais [árabes], há poucos serviços e ônibus apenas três vezes ao dia" (*SIS*, p. 56). Esses fatos são apresentados como se fossem fenômenos naturais ou autogerados, mas na verdade fazem parte de uma política bastante clara de discriminação e confisco de terras.

A objeção dos cidadãos palestinos a esse regime de exclusão e segregação é qualificada como relutância contra qualquer coisa que seja para o bem geral, e isso se explica pelo caráter clânico da sociedade árabe.

Dupla conotação

Um tipo interessante de dicotomia ocorre quando um mesmo termo é usado para transmitir duas noções opostas. Um exemplo é a expressão "chalés isolados", ou "casas cercadas de terra". Em *SIS* lê-se a seguinte descrição dos assentamentos avançados (Mitzpim):

> Muitas pessoas almejam viver em um assentamento comunitário como Rakefet, pois seus habitantes têm a vantagem de um alto padrão de vida expresso em uma atmosfera rústica e serena, ar limpo, chalés isolados e uma variedade de atividades comunitárias. (*SIS*, p. 66.)

No entanto, em *GLI*, lê-se: "Os árabes se recusam a viver em prédios altos e insistem em morar em casas de um andar, cercadas de terra" (*GLI*, p. 303).

Esses exemplos mostram que as palavras não possuem significado por si sós, mas adquirem significado conforme o contexto[34], e "não existe significado independente das formas e dos processos semióticos e discursivos"[35]. Enquanto os árabes "relutam a ceder o que quer que seja pelo bem comum" – mais especificamente, recusam-se a abrir mão de suas terras – e enquanto todas as suas tentativas de construir casas para os seus filhos em suas próprias terras são consideradas ilegais, os judeus de Rakefet e outros assentamentos avançados têm permissão para "construir para as próximas gerações" em "terras do Estado" ou em antigas terras

[34] Gunther Kress, *Literacy in the New Media Age*, cit.

[35] Gunther Kress e Robert Hodge, *Language as Ideology* (Londres, Routledge, 1993), p. 158.

públicas (confiscadas de Sakhnin, cidade palestina vizinha) que foram "disponibilizadas" para essa finalidade (*SIS*, p. 64).

Marginalização e segregação

A única informação que se dá ao leitor a respeito dos "árabes" que vivem "às margens da nação" (*GLI*, p. 146) é negativa. A tendência geral a apresentar os "árabes de Israel" como um "setor" atrasado e excluí-los de qualquer descrição da vida social, cultural ou econômica é clara em *PIS* (p. 76): um gráfico que apresenta como índice de desenvolvimento a idade média de matrimônio das mulheres consegue a façanha de colocar Israel como a última barra da série de "Países Desenvolvidos", graças a uma minúscula nota de rodapé que afirma: "O gráfico se refere apenas à população judaica" (Figura 5).

Figura 5: Idade média de matrimônio de mulheres em uma série de países, 1990 (*PIS*, p. 76).

* Nota: Os dados de Israel se referem apenas à população judaica. Cortesia: The Centre for Educational Technology.

O poder dos mapas

Orford, Dorling e Harris mencionam os principais elementos que um mapa precisa conter:

1) um título que explique o tema principal do mapeamento, região e data;
2) uma legenda com uma explicação clara do que cada símbolo representa, com o texto à direita de cada símbolo;
3) a fonte dos dados: onde foram obtidos, quando foram coletados e por quem;
4) rótulos que indiquem elementos de interesse.[36]

Os exemplos a seguir mostram como os livros didáticos israelenses manipulam a cartografia com a finalidade de excluir os palestinos, enfatizar a ameaça árabe, apagar as fronteiras internacionais do Estado e legitimar a ocupação da Palestina.

Mapas mentais: centro e periferia

"Os mapas mentais são uma variável crucial – e às vezes o fator decisivo – na formulação de políticas públicas."[37]

"Mapas mentais" são construções ideológicas que podem ter muito pouco a ver com a evidência geográfica. Eles refletem a percepção ou reflexão individual ou societal acerca do mundo. Por exemplo, nos mapas europeus, a Europa é o centro do mundo. O desenho dos mapas é altamente influenciado por mapas mentais ou ideologias políticas que o Estado tem interesse em difundir. O poder dos mapas mentais, especialmente em um lugar pequeno como Israel, pode ser fatal para os cidadãos desfavorecidos, pois, como explica Henrikson, a "própria sensação de ser periferia não pode, é claro, ser alterada por um simples deslocamento ou redução da moldura gráfica do mapa"[38].

A marginalização dos árabes é enfatizada em todos os livros didáticos de geografia: cidades e aldeias árabes no interior de Israel estão ausentes dos mapas e o mundo-da-vida palestino não aparece nos textos. Muitas dessas aldeias são legalmente denominadas "aldeias não reconhecidas", e seus habitantes são legalmente

---

[36] Scott Orford, Danny Dorling e Richard Harris, "Cartography and visualization", em Alisdair Rogers e Heather A. Viles (orgs.), *The Student's Companion to Geography* (2. ed., Malden, Blackwell, 2003), p. 154.

[37] Alan K. Henrikson, "The Power and Politics of Maps", em George J. Demko e William B. Wood (orgs.), *Reordering the World: Geopolitical Perspectives on the 21st Century* (São Francisco, Westview, 1994), p. 50.

[38] Ibidem, p. 56.

definidos como "absentistas presentes", ou seja, pessoas que permaneceram em Israel depois que foram expulsas de suas aldeias e vivem em outras terras. As "aldeias não reconhecidas" não têm direito a serviços municipais ou governamentais. Isso significa que cerca de 100 mil cidadãos estão sujeitos, por lei, a um "estado de exceção" permanente, que é "justamente essa zona topológica de indistinção, que deveria permanecer invisível aos olhos da justiça"[39]. Em Israel esse estado de exceção é legalizado[40]. É por isso que uma frase como: "No fim dos anos 1960, a aldeia [árabe] de Yama, na região do Sharon [no coração de Israel], estava conectada ao sistema central de abastecimento de água e no fim dos anos 1970 à rede nacional de eletricidade" pode ser escrita sem mais explicações (*SIS*, p. 58).

Assim, apesar da pequena moldura de Israel, os cidadãos árabes são empurrados para as margens da consciência e da realidade social, como fica claro na seguinte afirmação de *GLI*:

> Fatores que inibem o desenvolvimento da aldeia árabe:
>
> [...] As aldeias árabes são distantes do centro e as estradas que levam a elas são difíceis; elas permaneceram fora do processo de transformação e desenvolvimento e praticamente não são expostas à vida moderna, e há dificuldades de conectá-las às redes de abastecimento de água e energia elétrica. (*GLI*, p. 197.)

Nenhuma dessas aldeias "distantes" aparece em nenhum mapa, apesar de todas estarem situadas no interior da "estreita faixa de Israel", cuja parte mais extensa chega a 50 km de largura (equivalente a uma viagem de 30 minutos de carro) e cuja parte mais estreita equivale à distância entre Manhattan e o aeroporto JFK (15 km, 9 minutos de carro), como enfatizam os mapas dos Ministério de Relações Exteriores[41]. No entanto, Mitzpim (assentamentos avançados)[42] como

---

39 Giorgio Agamben, *Homo Sacer: Sovereign Power and Bare Life* (Meridian, Crossing Aesthetics, 1998), p. 37 [ed. bras.: *Homo sacer: o poder soberano e a vida nua*, trad. Henrique Burigo, Belo Horizonte, Editora da UFMG, 2004].

40 Um exemplo é a destruição da aldeia beduína de El-Arakib, no deserto do Neguev, com o propósito de plantar uma floresta ali. Ver, por exemplo, "Police Destroy Dozens of Buildings in Unrecognized Bedouin Village in Negev", *Haaretz*, 28 jul. 2008; disponível em: <http://www.haaretz.com/print-edition/news/police-destroy-dozens-of-buildings-in-unrecognized-bedouin-village-in-negev-1.304443>.

41 Ver: Facts about Israel: History – Israel Ministry of Foreign Affairs; disponível em: <https://mfa.gov.il/mfa/aboutisrael/history/pages/facts%20about%20israel-%20history.aspx>.

42 Os assentamentos avançados, ou "Mitzpim", são pequenos assentamentos exurbanos criados no fim da década de 1970 e início da de 1980, na Galileia, com número variável de residências (de trinta a mil), espalhados entre as aldeias árabes. Ver Oren Yiftachel, *Ethnocracy*, cit., p. 33.

Rakefet, erguidos no alto de colinas com vista para as aldeias "distantes" ou não existentes, e colônias como Ariel, Alon Shvut e Bet El, situadas além das fronteiras oficiais de Israel, são apresentados em todos os livros escolares como exemplos de alto padrão de vida, e não como assentamentos distantes, marginais e carentes.

Os árabes são marginalizados nos livros escolares israelenses da mesma maneira que são excluídos do discurso e da vida social israelenses.[43] Por exemplo, em um livro de história para o 8º e o 9º anos aprendemos que: "Entre 1881 e 1882, milhares de pessoas desembarcaram no porto de Jafa, vindos da Rússia, da Romênia, dos Bálcãs e até mesmo do distante Iêmen" (*From Conservatism to Progress*, p. 269). É desnecessário dizer que o Iêmen é mais perto do porto de Jafa do que a Rússia, mas no "mapa mental" dos autores do livro e dos diversos membros e conselheiros do comitê que o autorizou, o centro ainda é a Europa Oriental, centro espiritual do sionismo e origem do grupo social dominante em Israel. Como assinala Henrikson: "Uma das consequências infelizes do colonialismo e da condição que ele engendrou [...] é o sentimento de que o centro está em outro lugar"[44].

A respeito da influência dos mapas mentais, Bar-Gal observa: "Os cidadãos israelenses de hoje adquiriram crenças políticas no passado e cada um construiu seu 'mapa mental' a partir delas; esses mapas influenciarão suas decisões nas urnas no que diz respeito às futuras fronteiras do Estado"[45].

Deslocando o centro

"É através das lentes de um mapa [...] que enxergamos, conhecemos e até mesmo criamos o mundo em geral."[46]

Os mapas possuem tanto uma qualidade sinóptica (mostrar o que está ocorrendo em determinada região) quanto uma qualidade hipnótica, um efeito sugestivo. A "carto-hipnose" (termo cunhado por Samuel Whittemore Boggs)[47] descreve o

---

[43] Oren Yiftachel, *Ethnocracy*, cit.; Yossi Yona, *In Virtue of Difference: The Multicultural Project in Israel* (Israel, The Van-Leer Institute in Jerusalem/Ha-kibbutz Ha-Meuhad Publishers, 2005).

[44] Alan K. Henrikson, "The Power and Politics of Maps", cit., p. 55-6.

[45] Yoram Bar-Gal, "Boundaries as a Topic in Geographic Education: The Case of Israel", cit., p. 421.

[46] Alan K. Henrikson, "The Power and Politics of Maps", cit., p. 52.

[47] Samuel Whittemore Boggs, "Cartohypnosis", *Scientific Monthly*, v. 64, 1947, p. 469-76.

sutil poder de persuasão dos mapas que "faz com que as pessoas aceitem de maneira inconsciente e acrítica as ideias que lhes são sugeridas pelos mapas"[48].

Kress e Van Leeuwen argumentam que "o centro nem sempre se identifica com o foco do mapa. [...] Para ser apresentado como centro, é preciso ser apresentado como o núcleo da informação ao qual todos os outros elementos são subservientes"[49]. O deslocamento da atenção para o foco não central ocorre graças ao uso da cor, do tamanho e da perspectiva.

Em *TMC*, um mapa intitulado "Expanda seus conhecimentos: judeus, cristãos e muçulmanos do Mediterrâneo" (Figura 6) tem, logo acima dele, duas linhas de orientação: "Muitas nações vivem em torno do Mediterrâneo: judeus, árabes, italianos, gregos, espanhóis e outros" (*TMC*, p. 53). Os "outros" são os tunisianos, os marroquinos, os argelinos e os turcos, todos incluídos no rótulo geral de "árabes" e representados no mapa por dois enormes blocos de "muçulmanos" pintados de rosa-escuro cercando a pequena Israel "judaica". Há também um bloco rosa-claro, igualmente sem nome no mapa, representando os "cristãos". Mas o tom forte da minúscula Israel "judaica" (roxo-escuro) e o fato de que nenhum bloco seja nomeado tornam Israel o ponto mais saliente e o foco do mapa, o primeiro elemento a atrair a atenção. Rudolf Arnheim afirma que o estudo dos mapas pode fazer com que o leitor sinta "as forças espaciais subjacentes à estrutura do mapa como 'atração e repulsa' em seu sistema nervoso"[50], pois nos mapas forma e cor possuem um efeito excitante. O primeiro aspecto que chama nossa atenção quando lemos um mapa são suas qualidades expressivas, transmitidas por estímulos tais como a cor.

Mark Monmonier observa em seu livro *How to Lie with Maps* [Como mentir com mapas] que a "cor é uma enrascada cartográfica" e que "o contraste fará com que a cor mais clara pareça mais clara ainda e a cor mais escura pareça mais escura ainda"[51].

A legenda do mapa de *TMC* indica que as cores retratam a "maioria" em cada bloco e o texto logo abaixo especifica: "No mapa, no lado oriental do Mediterrâneo, há um ponto principal de cor que representa os judeus que vivem em nosso Estado, o Estado de Israel". No entanto, na área denominada Israel, o roxo-escuro

---

[48] Alan K. Henrikson, "The Power and Politics of Maps", cit., p. 50.

[49] Gunther Kress e Theo van Leeuwen, *Reading Images*, cit., p. 30 e 90.

[50] Citado em Alan K. Henrikson, "The Power and Politics of Maps", cit., p. 58.

[51] Mark Monmonier, *How to Lie with Maps* (Chicago, University of Chicago Press, 1996), p. 163 e 172.

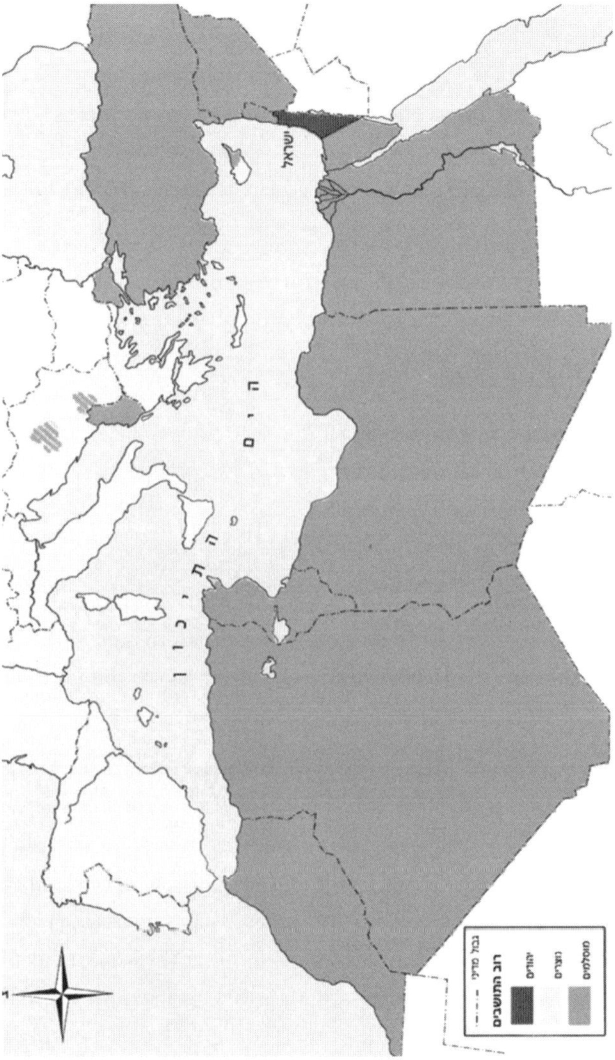

Figura 6: Judeus, muçulmanos e cristãos do Mediterrâneo. Legenda: Maiorias – Preto: judeus; Cinza-escuro: muçulmanos; Cinza-claro: cristãos (*TMC*, p. 53). Cortesia de Maalot Publishers e Ministério da Educação, Jerusalém.

cobre todos os territórios palestinos ocupados, inclusive a Faixa de Gaza, de modo que a maioria judaica é representada pela população conjunta de cerca de 5,5 milhões de judeus e 5,5 milhões de palestinos. Nos blocos muçulmanos, não aparecem nem judeus nem cristãos, assim como não aparecem judeus no bloco cristão. Mas, no Chipre, um terço do país é pintado com a cor referente a "muçulmanos" e, nos Bálcãs, há faixas de "muçulmanos" de diversos tamanhos que não têm correspondência na legenda. Nem as legendas nem esse terço do Chipre representam maiorias, mas ambos reforçam o efeito da intrusão muçulmana. Van Leeuwen observa que, na medida em que os mapas são analíticos, as relações que eles mostram não são dinâmicas, mas estáticas[52]. Pelo uso da cor, o mapa transmite relações estáticas de poder ou ameaça no Oriente Médio[53].

O mapa contém elementos adicionais não contabilizados na legenda.

A cartografia da exclusão

"O território não precede o mapa nem sobrevive a ele. O mapa que precede o território [...] é o que engendra o território."[54]

Henrikson afirma que, "assim como a política, a cartografia é um 'discurso teleológico' que reifica o poder, reforça o *status quo* e congela a interação social entre linhas preestabelecidas". Por isso "o mapa sempre foi a representação perfeita do Estado"[55]. Os mapas, mais do que qualquer outro dispositivo, são capazes de naturalizar a exclusão. Nos livros didáticos israelenses, os mapas tornam real e visível a "indistinção" entre não cidadãos e cidadãos palestinos.

Bar-Gal observa que os idealizadores da base curricular israelense não se resignaram às fronteiras traçadas pelos homens nem abriram mão de ensinar a Grande Terra Prometida de Israel, que vai muito além das fronteiras oficiais do Estado e é apresentada nos livros de geografia como "*toda uma entidade geográfica*". Essa "entidade geográfica" aparece em todos os "mapas físicos", municipais e comerciais que adornam os corredores de escolas, ministérios e bancos. Ela abarca Israel, partes do Líbano, Palestina, boa parte da Jordânia (denominada Terra Oriental de Israel) e partes da Síria e do Egito, sugerindo que o recém-formado Estado-nação de Israel possui fronteiras "naturais". Os mapas israelenses apresentam, portanto,

---

52 Theo van Leeuwen, "The Schoolbook as a Multimodal Text", cit., p. 51.

53 Mark Monmonier apresenta um mapa semelhante, publicado em 1973 pelo Fundo Nacional Judaico no Canadá, quando Israel tinha o dobro de seu tamanho atual, já que ainda ocupava a península do Sinai. Nesse mapa, Israel aparece como um pingo branco espremido entre dois blocos escuros representando os "muçulmanos". O título declara: "Prova visual das mentiras dos árabes sobre a 'agressão' de Israel". Ver Mark Monmonier, *How to Lie with Maps*, cit., p. 95.

54 Jean Baudrillard, *Simulations* (Nova York, Semiotext(e), 1983), p. 2.

55 Ibidem, p. 58-60.

não "o 'Estado de Israel' que adquiriu legitimação internacional [mas sim] a 'Terra de Israel' dotada de legitimação divina"[56]. Como afirma Bar-Gal:

> O sistema educacional continua a apresentar o mapa como um modelo em miniatura da realidade, e assinala cada vez menos que o mapa não passa de um modelo distorcido, que às vezes pode "mentir" e conter elementos que não têm nada a ver com a realidade.[57]

Nenhum dos livros se chama *A geografia do **Estado** de Israel*. Os títulos são geralmente ***Israel*** ou *A **Terra** de Israel*, o que implica a inclusão, em todos os mapas, de territórios que se situam além das fronteiras oficiais do Estado, inclusive as regiões ocupadas, que foram tomadas durante as guerras, mas cujo *status* legal não faz delas propriamente parte do Estado.

Entre todos os livros considerados aqui, *IMS* é o único que declara de partida que ensinará sobre o Estado de Israel. No entanto, seus mapas incluem como parte integrante do Estado os territórios palestinos que se situam além das fronteiras oficiais de Israel e omitem cidades árabes que se localizam no interior de Israel (tais como Nazaré, Acre e Um El-Fahem). No primeiro mapa, "Israel e seus vizinhos, 2002" (*IMS*, p. 7), as áreas controladas pelas autoridades palestinas (áreas A) são delimitadas por uma linha tracejada muito fina, que geralmente exprime temporariedade (Figura 7). Áreas palestinas que estão sob ocupação militar e nunca foram anexadas a Israel (áreas B e C) não são nem sequer assinaladas e parecem ser parte do Estado. De modo semelhante, um mapa das universidades israelenses (*IMS*, p. 23) indica os *campi* mais minúsculos instalados nos assentamentos ilegais de Ariel, Alon Shvut ou Elkana, mas ignora todas as principais universidades palestinas nas mesmas áreas, como as universidades de Belém, Bir Zeit e Al-Quds, embora sejam muito maiores e mais conhecidas no mundo todo.

Dois outros mapas apresentam os territórios palestinos como aquilo que Henrikson denomina silêncios geográficos ou toponímicos, isto é, como áreas sem cor no interior do Estado de Israel. Silêncios geográficos são criados em geral por:

> remoção ou alteração dos nomes dos lugares – a renomeação dos locais onde vivem os povos conquistados ou grupos minoritários – [que] criam "silêncios toponímicos",

---

[56] Yoram Bar-Gal, "Boundaries as a Topic in Geographic Education: The Case of Israel", cit., p. 430.

[57] Idem, "Ideological Propaganda in Maps and Geographical Education", em J. van der Schee e H. Trimp, *Innovation in Geographical Education: Netherlands Geographical Studies* (Haia, IGU, Commission on Geographical Education, 1996), p. 69.

> ou seja, "espaços em branco", silêncios de uniformidade, estandardização ou exclusão deliberada, ignorância proposital ou até mesmo efetiva repressão.[58]

No mapa sobre a distribuição da "população árabe em Israel, 2000" (*IMS*, p. 16), as regiões palestinas não têm cor e são definidas como "áreas sobre as quais não há dados", ou seja, áreas no interior do Estado de Israel onde não há "população" (Figura 8). No mapa sobre a distribuição de empregos (*IMS*, p. 33), há um gráfico colorido que representa os israelenses que trabalham nos territórios palestinos ocupados, mas não há dados a respeito dos empregados palestinos. Estes são rotulados no texto verbal como "estrangeiros" ou "trabalhadores estrangeiros". A única informação que os livros escolares fornecem sobre o tipo de trabalho que os palestinos realizam é a de que eles estão empregados em "ocupações não profissionais". De mais a mais, tratar os palestinos como estrangeiros indica uma estranha percepção geográfica: os territórios palestinos (com a exceção da área A) são apresentados como parte de Israel e, no entanto, os habitantes desses territórios são estrangeiros. Mas os leitores podem não estar cientes dessa peculiaridade, porque os territórios ocupados não são assinalados como áreas palestinas. Como explica Henrikson:

> Os mapas são poderosos e persuasivos, às vezes explicitamente e quase sempre implicitamente. Todo mapa é uma maneira de fazer você ver o mundo da maneira como ele o vê. Eles fazem isso dando a entender que não têm esse propósito. São convincentes, porque os interesses a que servem são mascarados.[59]

Os "silêncios toponímicos" das áreas palestinas são a expressão visual do lema sionista: "Uma terra sem pessoas para um povo sem terra", que sempre serviu para justificar a política israelense de ocupação e colonização. Isso é muito claro no mapa de Jerusalém, "a capital histórica do povo judeu" (*IMS*, p. 174-5), intitulado "Jerusalém como capital – governo, cultura, administração e sítios históricos nacionais", no qual não aparece nenhum sítio histórico-cultural palestino ou edifício administrativo palestino. Esse mapa convence o leitor de que Jerusalém Oriental é um lugar vazio, onde os únicos sítios históricos importantes são o Monte do Templo e o Muro das Lamentações, carimbados como "sítios históricos nacionais".

---

[58] Alan K. Henrikson, "The Power and Politics of Maps", cit., p. 59.

[59] Ibidem, p. 58-9.

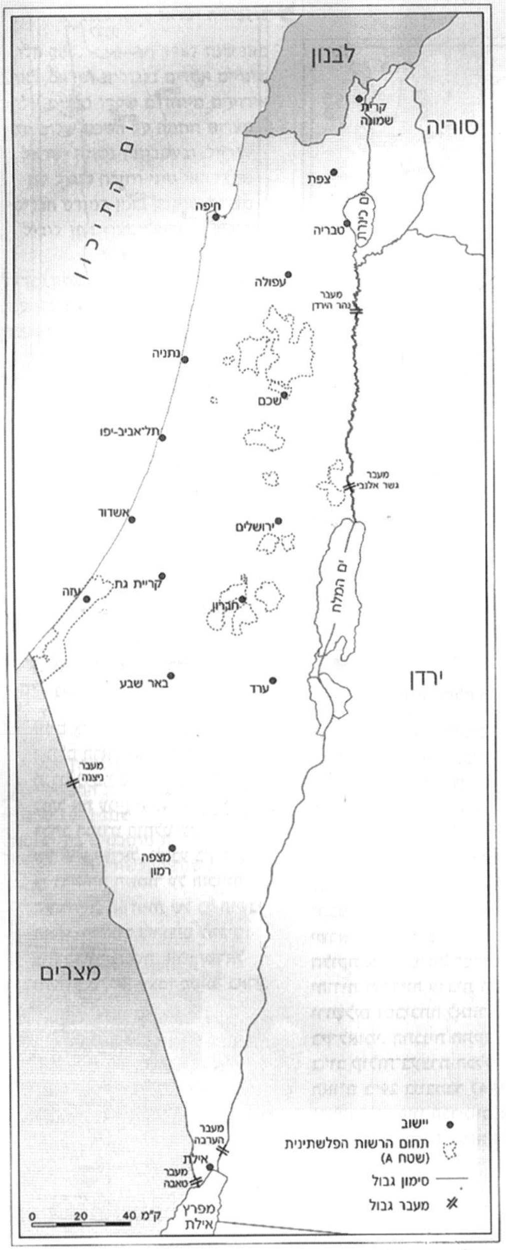

ישראל ושכנותיה, 2002

Figura 7: Israel e seus vizinhos, 2002 (*IMS*, p. 7). Cortesia: The Centre for Educational Technology, Tel-Aviv.

Figura 8: A população árabe em Israel, 2000 (*IMS*, p. 16).
Cortesia: The Centre for Educational Technology, Tel-Aviv.

Má prática cartográfica

GLI é o mais flagrante, tanto nas representações verbais quanto nas visuais. Nesse livro didático, conforme demonstra de maneira bastante vívida o mapa "Israel após os acordos de Oslo" (Figura 9), as leis e decisões internacionais são apresentadas como inaplicáveis a Israel. Na Cisjordânia, há retângulos brancos com a legenda de que Samaria e Judeia (nomes hebraicos da Cisjordânia) estão em "processo de transformações dinâmicas" (retângulo da direita), mas "a Faixa de Gaza permanecerá sob controle de Israel" (retângulo da esquerda). O retângulo inferior, no lado direito da página, explica que "as áreas concedidas às autoridades palestinas não foram assinaladas nos mapas porque ainda não possuem *status* de fronteira internacional". No entanto, as colônias judaicas na Cisjordânia e nas Colinas de Golã, cuja anexação também não possui *status* internacional, não deixaram de ser marcadas como parte do Estado, e a figura dos dois soldados que despontam do limite superior do mapa, com fuzis apontados na direção da Síria e do Líbano, reforça a ideia de que Israel não aceitou e não vai se submeter às fronteiras traçadas pelos homens. Esse tipo de mapa é o que Orford, Dorling, e Harris definem como "má prática cartográfica": "É má prática carregar o mapa com informações desnecessárias ou 'tabelas-trambolho', isto é, ornamentos que podem desviar a atenção das informações importantes"[60].

As informações importantes, nesse caso, deveriam ser, como promete o título, as fronteiras internacionalmente acordadas e as áreas devolvidas à autoridade palestina após os acordos de Oslo, mas, com exceção do título (que também é enganador), nenhum dos elementos necessários aparece no mapa. Não há nenhuma referência de fonte e o mapa contém claramente elementos desnecessários, que dificilmente apareceriam em um atlas. A conclusão é inevitavelmente que esse mapa não foi elaborado com a finalidade de ensinar cartografia ou as fronteiras internacionais, mas de transmitir uma mensagem bastante clara a respeito da inaplicabilidade das decisões internacionais a Israel. Como explica Bar-Gal: "As fronteiras de Israel, como são apresentadas no mapa, representam a percepção ideológica de direita que se recusa a ver a Cisjordânia e Gaza como um território sob uma soberania diferente"[61].

Em suma, em todos os mapas apresentados neste capítulo, a "persuasão fica em primeiro plano e a instrução e a exposição ficam em segundo plano"[62].

---

[60] Scott Orford, Danny Dorling e Richard Harris, "Cartography and visualization", cit., p. 145.

[61] Yoram Bar-Gal, *Moledet and Geography in a Hundred Years of Zionist Education* (Tel-Aviv, Am Oved, 1993), p. 125.

[62] Gunther Kress e Theo van Leeuwen, *Reading Images*, cit., p. 90.

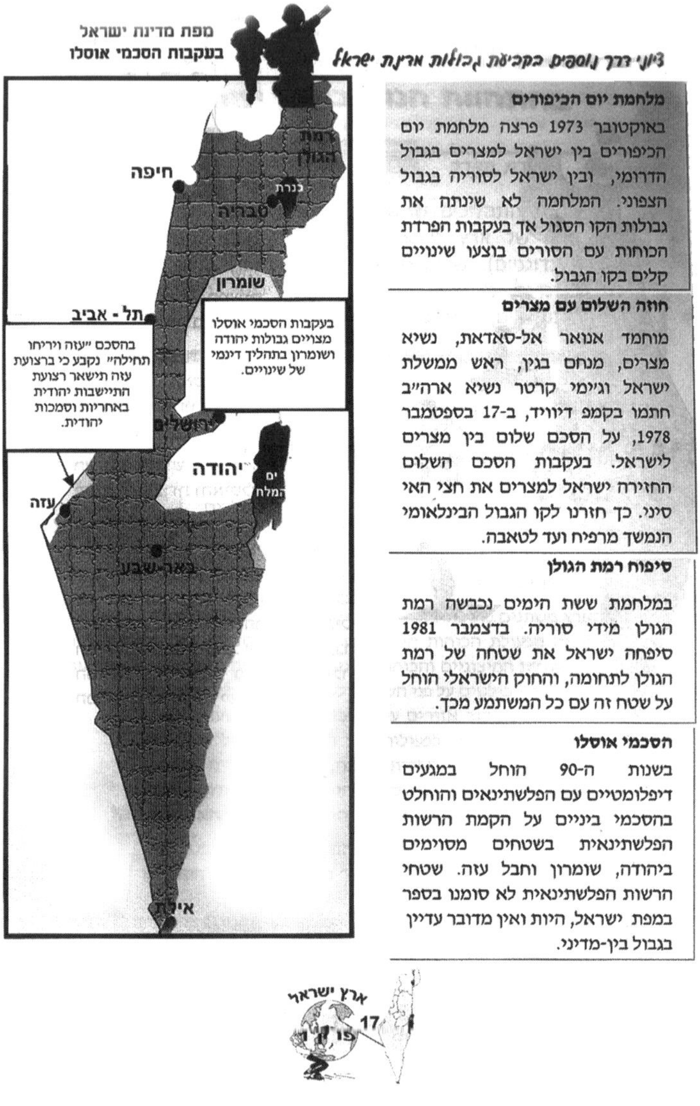

Figura 9: Israel após os acordos de Oslo (*GLI*, p. 17).

Imagens ideológicas

Fotografias

Fotografias, mesmo documentais, podem ter um significado simbólico e ser analisadas não apenas semioticamente, mas também iconograficamente e iconologicamente. Tal análise procuraria identificar o que a fotografia representa em situação ou contexto cultural e relacionar isso com "temas, conceitos ou significados convencionais"[63], a fim de esclarecer os motivos por trás das representações analisadas[64]. A análise revelaria "as atitudes básicas de uma nação, de um período, de uma classe, de uma linha religiosa e filosófica – [...] condensadas em uma obra"[65].

Uma das representações que gostaríamos de analisar dessa maneira encontra-se em *PIS*, no subcapítulo intitulado: "Estudo de caso 4: Muitos refugiados no mundo estão fugindo por sua sobrevivência" (*PIS*, p. 150). Esse capítulo é estruturado analiticamente: mostra diversas subespécies daquilo que é classificado como "refugiado". Um mapa mostra concentrações de refugiados em 1992, um milhão dos quais, afirma-se, encontram-se na região de Israel. Há sete fotografias ao todo: três "planos próximos" de refugiados judeus de 1945 e 1956, um "plano médio" de médicos de combate israelenses socorrendo um bebê ruandês, uma fotografia aérea de refugiados somalis, um "plano aberto" de haitianos e um "plano muito aberto" de um conjunto de construções vazias, muito precárias, definido como "Campo de refugiados de Jabalia na região de Gaza"[66].

Com exceção dos refugiados palestinos, todos os refugiados são apresentados como seres humanos "fugindo por sua sobrevivência", embora todos, com exceção dos refugiados judeus, sejam retratados de longe, mais como "fenômenos" do que propriamente como indivíduos. No entanto, suas adversidades são detalhadas no texto e suas rotas de fuga aparecem nos mapas, nos quais o leitor encontra todos os fatos necessários para compreender as circunstâncias: o tamanho do país, a composição da população etc. Os únicos refugiados que não são retratados "em fuga por sua sobrevivência" são os 1 milhão de refugiados da região israelense, cujas vicissitudes não são descritas no texto nem retratadas em nenhum mapa[67]. A única representação desses refugiados é a fotografia aérea do campo de refugiados de Jabalia. Van Leeuwen escreve o seguinte sobre fotografias aéreas:

---

63 Ross Woodrow, "Erwin Panofsky's Iconology", 1999. Disponível em: <http://iconictheory.blogspot.com/2010/05/iconology.html>.

64 Theo van Leeuwen, "Semiotics and Iconography", em Theo van Leeuwen e Carey Jewitt (orgs.), *The Handbook of Visual Analysis* (Londres, Sage, 2001), p. 116.

65 Erwin Panofsky, citado em Ross Woodrow, "Erwin Panofsky's Iconology", cit.

66 Esses termos são extraídos de Van Leeuwen, que usou a terminologia da televisão e do cinema. Ver Theo van Leeuwen, "The Schoolbook as a Multimodal Text", cit., p. 45.

67 Um milhão de refugiados palestinos não é um número preciso, mas o número fornecido pelo livro. Israel admite que há 3 milhões, a UNRWA diz que são 3,5 milhões e os palestinos afirmam que são 5 milhões de refugiados, 1,5 milhão só na faixa de Gaza.

> É o ângulo do observador onipotente, situado muito acima da multidão desvairada, ou, para usarmos uma imagem ainda mais forte: o ângulo do piloto que voa alto demais para enxergar as pessoas sobre as quais ele despeja as suas bombas [...] é o tipo de conhecimento que a educação está fundamentalmente interessada em reproduzir.[68]

A legenda da fotografia aérea de Jabalia diz: "Um dos grandes campos de refugiados, cujos habitantes vivem em situação de superlotação e pobreza" (*PIS*, p. 153). Essa é a única legenda que não especifica quem são os habitantes do campo e como vieram a se tornar refugiados. A pobreza e a superlotação são apresentados em termos de *existencialização*, isto é, como condições já dadas, ou como circunstâncias atemporais que "simplesmente existem"[69], uma situação na qual calhou os habitantes estarem ou nascerem, sem nenhuma relação com qualquer causa ou agência humana. O texto acima da fotografia de Jabalia explica: "A população dos campos de refugiados está crescendo rapidamente e as condições de vida são muito duras, o desemprego é alto, as casas são pequenas e pobres e os serviços de saúde, educação e limpeza são de baixa qualidade".

Essa descrição é dada sem nenhuma especificação. A frase: "a população está crescendo rapidamente" lembra relatos sobre epidemias, como o aumento de mosquitos ou ratos onde *o padrão de higiene* é baixo.

No verso da página, como "contraparte" ou "negativo" da fotografia do campo de Jabalia, há uma fotografia de "Refugiados judeus a caminho de Israel" na década de 1950, que mostra judeus curdos espremidos em um avião (*PIS*, p. 154). Kress e Van Leeuwen sustentam que as "conexões são feitas como vetores [...] em páginas duplas, em ambos os lados de uma mesma página ou através das páginas"[70]. O texto acima da fotografia confirma a conexão entre os dois lados da página:

> Ao contrário dos refugiados árabes, dos quais muitos ainda vivem em campos de refugiados e cujo problema ainda não foi resolvido [pelos países árabes], o problema dos refugiados judeus dos países islâmicos foi resolvido há muito tempo. [...] O Estado de Israel dedicou muito esforço na absorção desses refugiados.[71]

---

[68] Theo van Leeuwen, "The Schoolbook as a Multimodal Text", cit., p. 49.

[69] Idem, *Discourse and Practice: New Tools for Discourse Analysis* (Oxford, Oxford University Press, 2008), p. 67.

[70] Gunther Kress e Theo van Leeuwen, "Critical Layout Analysis", *International Schulbuch Forschung*, v. 17, 1995, p. 34.

[71] Essa afirmação contraria o que dizem os livros didáticos de história (i.e., *The 20th*, p. 214). Segundo eles, os refugiados judeus dos países árabes foram enganados e maltratados pelo Estado de Israel, e seus problemas estão longe de uma solução. No entanto, ela serve à alegação de Israel de que o Estado

Desenhos racistas

Em *GLI*, os palestinos são representados unicamente por ícones e desenhos racistas, como o clássico árabe de bigode, usando um *keffiyeh*, acompanhado de um camelo ou montado nele (Figura 10).

Essa imagem do árabe, repetida no livro com algumas variações (com ou sem uma mulher agachada, com ou sem um bando de crianças, montado em um camelo ou puxando um camelo) sempre que se fala de "árabes", nunca está dentro do quadro. Em um mapa que retrata "a distribuição geográfica de aldeias e cidades árabes em Israel" (*GLI*, p. 145), há duas figuras de "árabes" fora do perímetro de Israel, do outro lado do rio Jordão, claramente separados de sua área de residência, como se tivessem sido transpostos para o outro lado da fronteira, no reino da Jordânia, para onde Israel sempre quis mandá-los (Figura 11). A fronteira natural (o rio), assim como a moldura oval da Figura 1, segrega e coloca essas pessoas em um domínio completamente diferente.

Essas fronteiras ou molduras limitam simbolicamente a interação entre as figuras e o lugar, criam barreiras que "podem ser removidas somente por quem tem a chave"[72].

Figura 10: Uma sociedade tradicional (*GLI*, p. 195).

deve ser eximido de qualquer responsabilidade pelos refugiados palestinos, pois já teve de absorver os refugiados judeus vindos dos países árabes.

[72] Theo van Leeuwen, *Introducing Social Semiotics*, cit., p. 16.

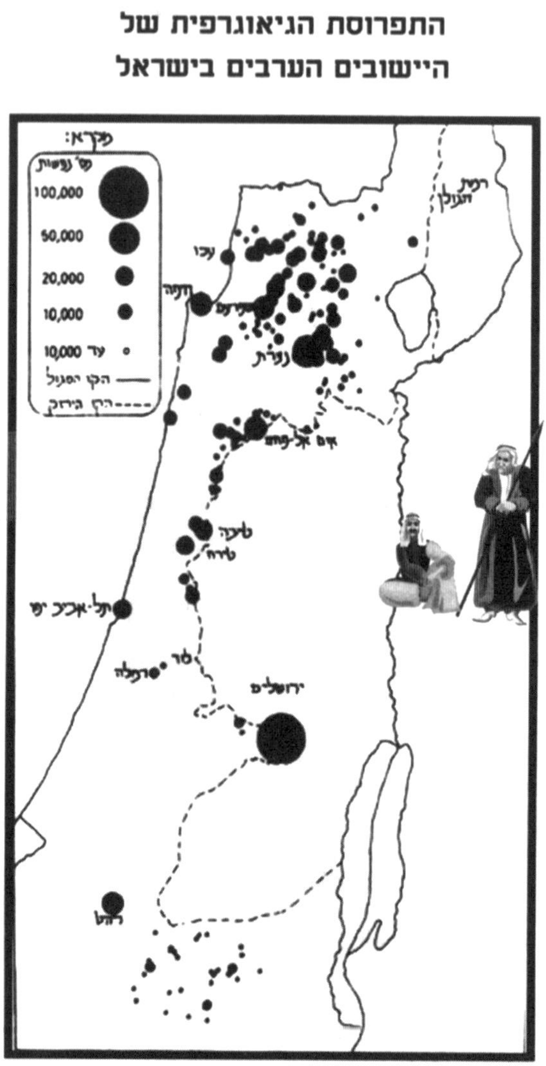

Figura 11: Distribuição geográfica da população árabe em Israel (*GLI*, p. 135).

Ao contrário do mapa da população árabe, que exclui os árabes, o mapa da imigração judaica apresenta figuras claramente situadas dentro da moldura (Figura 12). Nesse mapa – que está no lado do Novo-Ideal (canto superior esquerdo) da página intitulada "Imigração para Israel como fator demográfico importante" –, o avião que está trazendo os imigrantes judeus oculta parte da Síria, a bandeira de Israel se estende sobre todo o território e encobre a Palestina (Faixa de Gaza e Cisjordânia) e os imigrantes judeus marcham em linha reta para os territórios

Figura 12: Imigrantes judeus chegando a Israel (*GLI*, p. 136).

palestinos ocupados. Na parte inferior da página, vemos o contrato de cidadania que os judeus recém-chegados assinam ao desembarcar. Esses dois mapas mostram visualmente que, enquanto a população autóctone é afastada, judeus de outros países são trazidos para tomar seu lugar e povoar suas terras.

O ícone do "árabe" acompanha todos os mapas, gráficos e textos verbais que falam dos "árabes" em *GLI*. Eles parecem cumprir a função de "ilustração" ou "elaboração"[73], porque especificam visualmente as características dos "árabes", mostrando qual é a aparência dos "árabes". Mas como nenhum mapa, gráfico ou "pirâmide" mostra árabes médicos, advogados, empresários, professores, artistas ou industriais, essa ilustração – conotando todos os árabes – restringe a imagem do "árabe" à de nômades e agricultores rudimentares, caricaturas que dificilmente representariam qualquer árabe hoje em dia, nem em Israel nem na Palestina.

A metanarrativa do "desenvolvimento" e o poder da cor como recurso semiótico de significado

Esta seção discute as "imagens de classificação" [74] que são usadas para transmitir desenvolvimento e subdesenvolvimento. A classificação é um instrumento de ordenamento do mundo e controle[75]. Uma classificação que congela as relações de poder em Israel é a de "judeus *versus* não judeus", e outra, ligada a essa, é a de "sociedades desenvolvidas *versus* sociedades subdesenvolvidas". Tais "categorizações monopólicas, indiferenciadas, binárias e rígidas", para usar os termos de Allport[76], são geralmente irreversíveis.

Os livros didáticos de geografia de Israel ensinam que "um acontecimento histórico, a ressurreição da nação judaica, teve impacto sobre a paisagem"[77]. Esse "impacto" é geralmente denominado "desenvolvimento" ou "progresso" e manifesta-se nas conquistas sionistas, como a domesticação do deserto, o reflorestamento, as construções em massa e a transposição dos rios. Embora esses projetos estejam inseridos, como observa Yiftachel, "em um discurso de desenvolvimento, modernidade e democracia, a realidade material é inequívoca, acarretando espoliação e exclusão de minorias"[78]. Os cidadãos palestinos (e drusos e beduínos) estão nessa metanarrativa de desenvolvimento como setores subdesenvolvidos, não ocidentalizados, que Israel está "modernizando" e cultivando, assim como faz com a paisagem[79].

---

[73] Ibidem, p. 230.

[74] Idem, "The Schoolbook as a Multimodal Text", cit., p. 54; John Morgan, "Investigating Images", cit., p. 253-60.

[75] Gunther Kress e Robert Hodge, *Language as Ideology*, cit., p. 63.

[76] Gordon W. Allport, *The Nature of Prejudice*, cit., p. 171.

[77] Yoram Bar-Gal, *Moledet and Geography in a Hundred Years of Zionist Education*, cit., p. 60.

[78] Oren Yiftachel, *Ethnocracy*, cit., p. 38.

[79] Bar-Gal, *Moledet and Geography in a Hundred Years of Zionist Education*, cit., p. 231.

Os livros didáticos israelenses atribuem o "subdesenvolvimento" ao modo de vida "árabe" em geral, que é "tradicional" e de natureza "clânica", mas não mencionam os projetos de desenvolvimento israelenses que os excluem e empobrecem.

A distinção nítida entre sociedades desenvolvidas e não desenvolvidas vai na contramão do pensamento comum da geografia do desenvolvimento:

> Metanarrativas, tais como a de "desenvolvimento", devem ser vistas com desconfiança [e] "desenvolvimento" deve ser questionado. O mundo, com todas as suas variedades, não pode ser compreendido com um pequeno número de conceitos; as pessoas que têm o poder de eleger esses conceitos tendem a vir de regiões ricas e elas descrevem o mundo como consideram que ele deve ser e chamam esses conceitos de "universais".[80]

Ben Page sustenta: "Se formos regular o desenvolvimento, ele precisa ser escrutinado" e sugere "analisar as táticas discursivas utilizadas pelos partidários do desenvolvimento":

> o trabalho geográfico atual vai no sentido de perturbar a simplicidade da propaganda desenvolvimentista a fim de aprofundar nosso conhecimento de diferentes lugares [...]. A geografia do desenvolvimento descartou a visão de que se pode justificar qualquer coisa, contanto que seja considerada "progressista".[81]

Uma das representações mais comuns do subdesenvolvimento é a "imagem de Oxfam"[82] do agricultor rudimentar com seu arado rudimentar, que não conota nada além de "atraso"[83]. Em *PIS* há um quadro com quatro fotografias intitulado "Da vida tradicional à vida moderna na população não judaica" (*PIS*, p. 110) (Figura 13). Do lado direito (o lado do "dado", reservado ao passado, ao sabido e inconteste)[84], vemos a "agricultura tradicional na Galileia" e uma aldeia

---

80 Ben Page, "Critical Geography and the Study of Development. Showers of Blessings?", em Alisdair Rogers e Heather A. Viles (orgs.), *The Student's Companion to Geography* (2. ed., Malden, Blackwell, 2003), p. 98.

81 Ibidem, p. 101.

82 David Hicks, "Images of the World: An Introduction to Bias in Teaching Materials", *Accidental Paper*, n. 2, 1980, p. 13.

83 Theo van Leeuwen, "The Schoolbook as a Multimodal Text", cit., p. 56.

84 Gunther Kress e Theo van Leeuwen explicam que a polarização entre esquerda e direita, em cima e embaixo, possui significado ideológico. No inglês, o lado esquerdo significa o dado ou previamente acordado, ao passo que o lado direito fornece informações novas; no hebraico, o dado, a informação sabida e inconteste está no lado direito, e o novo está no lado esquerdo. No entanto, em todas as representações, a parte inferior da página é reservada para a informação real ou mais pé no chão, enquanto a parte superior é reservada ao que é apresentado como ideal ou abstrato. Ver Gunther Kress e Theo van Leeuwen, *Reading Images*, cit.; "Critical Layout Analysis", cit., p. 25-43.

"tradicional". Do lado esquerdo (reservado à informação nova) vemos a contraparte: "Construções modernas nos subúrbios da cidade árabe de Um El-Fahem" e um campo mecanizado (no lugar reservado ao Novo-Ideal). A figura borrada do agricultor no campo "tradicional" é vista a distância e de perfil, isto é, "de maneira impessoal como um tipo e não como um indivíduo"[85]. Ele não apresenta nenhum objeto-signo étnico, tal como um *keffiyeh* ou roupas "árabes", mas usa uma camisa cáqui, calças cáqui folgadas e um gorro de lã também cáqui, que são os artigos usualmente cedidos por Israel aos vizinhos pobres. Desvantagem e dependência da boa vontade dos judeus se tornaram, segundo essa representação, aquilo que Ogbu definiu como "características culturais secundárias"[86]. Ogbu explica que "características culturais secundárias são [...] características culturais distintas que passam a existir depois que duas populações entram em contato, em especial em contatos envolvendo subordinação de um grupo a outro". No contexto israelense, pobreza e atraso significam "arabidade", ou melhor, "não judaicidade". O agricultor se movimenta da esquerda para a direita, afastando-se e virando de costas para o campo "moderno" à sua esquerda, que aparece no lado Novo-Ideal (canto superior esquerdo) do quadro; a legenda diz: "Agricultura moderna em Taybeh, aldeia árabe na planície costeira". Assim, o atraso, que reside na Galileia povoada de árabes, dá lugar à modernidade, à medida que nos aproximamos do centro judaico.

As casas da "tradicional aldeia árabe na Galileia", reproduzidas no canto inferior direito (Real-Dado) possuem telhados planos para coletar água de chuva. As paredes são da cor da terra em torno delas. As casas são ligadas umas às outras e convergem para um centro comum. Em contraste, as "construções modernas nos subúrbios da cidade árabe de Um El-Fahem", reproduzidas no lado do Novo-Real (canto inferior esquerdo) consiste em casas isoladas, de aparência ocidental, com telhado de telhas vermelhas e inclinado (projetado para a neve) em uma encosta não cultivada de uma colina rochosa, sem ruas ligando as casas. O progresso significa, portanto, a transição da vida comunitária para a moradia individual, e a passagem da cor, da forma e da construção funcional do Oriente Médio para as ocidentais.

---

[85] Theo van Leeuwen e Staffan Selander, "Picturing our 'Heritage' in the Pedagogic Text: Layout and Illustrations in an Australian and a Swedish History Textbook", *Journal of Curriculum Studies*, v. 27, n. 5, 1995, p. 46.

[86] John Ogbu e Maria Eugenia Matute-Bianchi, "Understanding Sociocultural Factors: Knowledge, Identity, and School Adjustment", em Bilingual Education Office (org.), *Beyond Language: Social and Cultural Factors in Schooling Language Minority Students* (Sacramento, California State Department of Education, 1986), p. 96-7, citado em Courtney Cazden, *Classroom Discourse: The Language of Teaching and Learning* (Portsmouth, Heineman, 2001), p. 163.

Figura 13: Da vida tradicional à vida moderna na população não judaica (*PIS*, p. 110).
Em cima, à direita: Agricultura tradicional na Galileia.
Embaixo, à direita: Construção tradicional na aldeia árabe de Deir Hanna, na Baixa Galileia.
Em cima, à esquerda: Agricultura moderna em Taybeh, aldeia árabe na planície costeira.
Cortesia de Dr. Zvi Ron.
Embaixo, à esquerda: Construções modernas nos subúrbios da cidade árabe de Um El-Fahem.

O poder da cor como recurso semiótico de significação

> A cor é um recurso semiótico como qualquer outro: regular, com sinais cuja constituição é motivada pelos interesses de quem os produz, sem nada de anárquico ou arbitrário.[87]

A cor possui três dimensões: tom, valor (que se refere a claridade ou escuridão da cor) e saturação, ou croma (que se refere à intensidade ou ao brilho da cor)[88]. Van Leeuwen e Selander observam que "maior nitidez e saturação da cor fazem o objeto representado parecer mais real"[89].

Fotografias aéreas são bons exemplos do uso manipulador da distância e da cor. Embora em geral tanto as aldeias judaicas quanto as árabes sejam representadas

[87] Gunther Kress e Theo van Leeuwen, "Colour as a Semiotic Mode: Notes for a Grammar of Colour", *Visual Communication*, v. 1, n. 3, p. 33-68, p. 345.

[88] Mark Monmonier, *How to Lie with Maps*, cit., p. 164.

[89] Theo van Leeuwen e Staffan Selander, "Picturing our 'Heritage' in the Pedagogic Text", cit., p. 506.

de cima, as fotografias aéreas dos assentamentos judeus conseguem uma aparência de cartão-postal, com paisagens, campos e casas isoladas que temos a impressão de quase poder tocar[90]; já os assentamentos árabes são representados em fotografias muito mais de longe, como plantas baixas (por exemplo, *SIS*, p. 62-5). Os assentamentos israelenses, até mesmo os do deserto do Neguev, como o de Bnei-Reem mencionado acima, são sempre retratados com cores saturadas, à maneira ocidental: casas brancas de telhados vermelhos inclinados, vegetação em verde intenso e flores cultivadas. Isso, segundo a ideologia sionista-israelense, conota o "impacto" do retorno dos judeus, que "fez o deserto florescer".

Assim como a linguagem verbal, as cores podem ter significados ideacionais, interpessoais e textuais. *Ideacionalmente*, "a cor pode denotar pessoas, lugares e coisas específicas, bem como classes de pessoas, lugares, coisas e ideias mais gerais"[91]. Nos livros de geografia israelenses, as cores "judaicas" conotam progresso, alto padrão de vida ou cultura ocidental importada, enquanto as cores naturais "árabes" conotam o subdesenvolvimento do Oriente Médio[92] e, portanto, a não judaicidade.

Interpessoalmente, "o uso da cor influencia e manipula as pessoas. A cor determina um *status* e certo clima"[93]. Monmonier afirma que, "[...] por conta das emoções incorporadas ou das atitudes culturalmente condicionadas, algumas cores possuem um significado adicional sutil, que pode afetar nossa interpretação [...] ou nossos sentimentos em relação aos elementos retratados no mapa"[94]. Essa observação pode ser aplicada às fotografias. As cores das aldeias árabes – amarelo apagado, marrom, cinza e verde-oliva – significam ameaça e alienação na consciência dos israelenses[95]. Como observa Monmonier, para os ocidentais, "uma gama de verdes e azuis é geralmente preferível a uma gama de amarelos e verdes-amarelos"[96].

Textualmente, ou em termos de "modo", "a cor e a coordenação de cores podem criar coesão"[97]. Em termos de coesão, o contraste entre os dois esquemas de cor –

90 Theo van Leeuwen, "The Schoolbook as a Multimodal Text", cit.

91 Gunther Kress e Theo van Leeuwen, "Colour as a Semiotic Mode", cit., p. 347.

92 Yoram Bar-Gal, "Values and Ideologies in Place Descriptions: The Israeli Case", *Erdkunde: Archive for Scientific Geography*, v. 54, 2000, p. 168-76.

93 Gunther Kress e Theo van Leeuwen, *Reading Images*, cit., p. 349.

94 Mark Monmonier, *How to Lie with Maps*, cit., p. 170.

95 Yoram Bar-Gal, "Values and Ideologies in Place Descriptions: The Israeli Case", cit., p. 168-76.

96 Mark Monmonier, *How to Lie with Maps*, cit., p. 170.

97 Gunther Kress e Theo van Leeuwen, *Reading Images*, cit., p. 349.

as cores "árabes" naturais *versus* as cores "judaicas" manufaturadas ou importadas – pode representar as relações de poder entre as duas culturas. A dominação judaico-ocidental sobre a paisagem árabe-oriental é o que a educação israelense apresenta como desenvolvimento. Como sustenta Bar-Gal, a apresentação de lugares nos livros didáticos de geografia é feita conforme as perspectivas dos autores[98].

Conclusão

Tanto geógrafos quanto especialistas em semiótica social concordam que nenhum signo é criado isolada ou desinteressadamente, e que nenhum signo pode ser considerado "neutro" ou independente da Ideologia. Os livros escolares israelenses utilizam recursos visuais científicos, apresentados como imparciais, para inculcar nos alunos ideologia política e ideias discriminatórias. Os mapas mentirosos e as imagens degradantes incorporadas no discurso etnocrático determinam a percepção que os alunos têm de seu país e de seus vizinhos.

Os livros não apresentam a natureza crítica do discurso científico, mas usam a geografia para enaltecer o etnonacionalismo israelense e o "etnorregionalismo" que "denota tanto uma realidade geográfica quanto um processo político"[99]. Nesse processo, a presença dos palestinos é apagada da paisagem e do mundo-da-vida [*Lebenswelt*/*lifeworld*] do país, que consiste nessas "esferas de sociabilidade [que] fornecem um repositório de significados e compreensões compartilhados [...], o pano de fundo no interior do qual ocorre a ação comunicativa"[100].

Os livros didáticos de geografia ensinam os alunos judeus israelenses a ver a si mesmos como donos da terra de Israel/Palestina, a controlar sua população, sua paisagem e seu espaço, e a fazer o que for necessário para aumentar a dominação judaica e seu "desenvolvimento", ou seja, sua expansão.

---

[98] Yoram Bar-Gal, "Values and Ideologies in Place Descriptions: The Israeli Case", cit., p. 172.

[99] Oren Yiftachel, *Ethnocracy*, cit., p. 166.

[100] James Gordon Finlayson, *Habermas: A Very Short Introduction* (Oxford, Oxford University Press, 2005), p. 52.

3

O *layout* como portador de significado: mensagens explícitas e implícitas transmitidas pelo *layout*

Introdução

Esta seção examina a função do *layout* na representação do conflito árabe-israelense em três livros didáticos de história. A metodologia é derivada das obras de Gunther Kress e Theo van Leeuwen[1]. A análise sugere que compreender o *layout* pode ajudar a responder questões mais amplas a respeito da "transformação das práticas sociais em discursos sobre práticas sociais em contextos institucionais específicos"[2].

Este capítulo elabora dois conceitos: "*layout* ideológico" e "pontuação da semiose". Sustenta que o *layout* pode "pontuar a semiose" ou a produção de sentido em dois sentidos diferentes: em primeiro lugar, no sentido de "levar a semiose

---

[1] Gunther Kress, "Text as the Punctuation of Semiosis", em Ulrike Hanna Meinhof e Jonathan Smith (orgs.), *Intertextuality and the Media* (Manchester, Manchester University Press, 2000); Theo van Leeuwen, *Introducing Social Semiotics* (Nova York, Routledge, 2005); "The Schoolbook as a Multimodal Text", *International Schulbuch Forschung*, v. 14, n. 1, 1992; "The Representation of Social Actors", em Carmen Rosa Caldas-Coulthard e Malcolm Coulthard (orgs.), *Texts and Practices: Readings in Critical Discourse Analysis* (Londres, Routledge, 1996); "Semiotics and Iconography", em Theo van Leeuwen e Carey Jewitt (orgs.), *The Handbook of Visual Analysis* (Londres, Sage, 2001); "Multimodality, Genre and Design", em Sigrid Norris e Rodney H. Jones, *Discourse in Action: Introducing Mediated Discourse Analysis* (Londres, Routledge, 2005); Theo van Leeuwen e Staffan Selander, "Picturing our 'Heritage' in the Pedagogic Text: Layout and Illustrations in an Australian and a Swedish History Textbook", *Journal of Curriculum Studies*, v. 27, n. 5, 1995; Gunther Kress e Theo van Leeuwen, "Critical Layout Analysis", *International Schulbuch Forschung*, v. 17, 1995, p. 25-43; Gunther Kress e Theo van Leeuwen, *Reading Images: The Grammar of Visual Design* (Londres, Routledge, 1996).

[2] Theo van Leeuwen, "The Representation of Social Actors", cit., p. 35.

(convencional-oficial) a uma paralisação temporária em forma textual"[3]; em segundo lugar, no sentido de puncionar ou abrir um buraco no significado convencional ou oficial para criticá-lo. Em ambos os casos, o *layout* cria signos novos e complexos que ou reforçam ou contradizem os textos verbais e visuais que ele apresenta.

Kress e Van Leeuwen explicam que "*layout*" significa composição espacial ou posicionamento das coisas no espaço para que se tenha uma impressão de "harmonia"[4]. Nosso senso do *layout* deriva do nosso senso de equilíbrio, e a função do equilíbrio somente pode ser demonstrada quando identificamos o significado que ele ajuda a tornar "visível"[5].

O *layout* dispõe os diversos elementos significativos no todo e fornece ordenamento, coesão e coerência entre eles. Desempenha, portanto, um papel indispensável na transmissão da mensagem[6].

Hoje boa parte dos textos, em especial os livros didáticos, é multimodal, por isso o *layout* desempenha um papel crucial na transmissão de significados, interpretações e ideologias. Como podemos ver neste capítulo, e nos capítulos anteriores e seguintes, o *layout* pode transmitir significados que nem sempre são explícitos nos textos verbais e visuais.

Caminhos de leitura como forma de acesso ao conhecimento no texto multimodal

Os textos multimodais são compostos de discursos verbais e visuais, e a multimodalidade abre a questão da direcionalidade e dos "pontos"[7]: que elementos devem ser lidos em conjunto? Como mencionamos na seção sobre a metodologia deste livro, Kress explica que, enquanto na leitura dos textos verbais (o mundo como é contado) há um "caminho de leitura" distinto e estrito que devemos seguir para compreender o que está escrito (de cima para baixo e da esquerda para a direita ou, no caso do hebraico e do árabe, da direita para a esquerda), os textos multimodais (o mundo como é retratado) permitem que os leitores desenhem sua leitura e sigam

3 Gunther Kress, "Text as the Punctuation of Semiosis", cit., p. 141.

4 Gunther Kress e Theo van Leeuwen, "Critical Layout Analysis", cit., p. 33.

5 Rudolf A. Arnheim, *Art and Visual Perception: A Psychology of the Creative Eye* (Berkeley, University of California Press, 1974), p. 27.

6 Theo van Leeuwen, *Introducing Social Semiotics*, cit., p. 181.

7 Gunther Kress, *Literacy in the New Media Age* (Londres, Routledge, 2003), p. 157.

um caminho de leitura a ser construído, que depende de certas qualidades do texto, como será especificado adiante, e daquilo que Norman Fairclough denomina "recursos de integrante", isto é, a bagagem cultural, as tradições, as preferências e os significados que todo leitor traz consigo no ato de leitura e produção de sentido. Assim, o leitor é muito mais ativo na construção do caminho de leitura do texto multimodal, que só é de fato estabelecido segundo os princípios de relevância do leitor.

Kress e Van Leeuwen insistem que

> leitores diferentes muito provavelmente seguirão caminhos de leitura diferentes e os caminhos escolhidos dependerão da posição sociocultural dos leitores, pois fatores culturais desempenham um papel importante na percepção do destaque e diferentes agrupamentos culturais provavelmente terão hierarquias diferentes de destaque.[8]

É mais difícil ler imagens, dado o caminho de leitura preestabelecido da página escrita. Kress deixa claro que, para ler o texto multimodal, é preciso conhecer os elementos constituintes da imagem, assim como conhecemos os elementos constituintes das frases. A importância dos elementos depende de sua posição no *layout* da página ou página dupla, que é um espaço emoldurado. Forma, tamanho e cor podem determinar o que será lido primeiro e o que será lido depois, o que pode ser diferente para diferentes leitores. Esses princípios são totalmente diferentes dos da leitura convencional. Como explica Van Leeuwen, o texto multimodal nem sempre é um processo conscientemente articulado, orientado para os fins. Ele precisa ser analisado como uma espécie de mapa, uma estrutura espacial que permite uma série de trajetórias; ou como a arquitetura de uma construção, uma estrutura espacial projetada para facilitar um leque de atividades específicas[9].

A lógica da disposição nos estimula a ver, por exemplo, margens e centros, mas não nos obriga, como faz a escrita.

Os elementos que nos ajudam a constituir um caminho de leitura são destaque, cor, textura, configurações espaciais de diversos tipos e o significado de tipos específicos de elementos, sejam naturais ou artificiais; tudo isso nos permite construir um caminho de leitura, estabelecendo a trilha da narrativa através de todos os diferentes elementos, verbais, visuais etc.

---

8 Gunther Kress e Theo van Leeuwen, "Critical Layout Analysis", cit., p. 35.

9 Theo van Leeuwen, "Multimodality, Genre and Design", cit., p. 85.

Metodologia

A análise do *layout* neste capítulo e no próximo tenta encontrar os significados tanto do "léxico" do *layout* (isto é, os significados de cada parte) quanto da sua "sintaxe" (os significados criados pelo ordenamento e pelas relações entre as partes). A análise leva em consideração as relações intertextuais que o *layout* como um todo e cada uma de suas partes possuem com textos sociais e políticos passados e atuais.

Estrutura, função e possibilidades do layout

Van Leeuwen e Kress consideram o *layout* um texto, ou melhor, um intertexto e, mais especificamente, uma entidade semiótica. Sendo uma "disposição espacial" de "blocos" visuais e verbais, o *layout* "pode servir com mais facilidade à representação dos elementos e de suas relações uns com os outros". Ao reunir diferentes textos e recursos visuais em uma mesma página, página dupla, capítulo ou livro, o *layout* conduz "o processo da semiose [...] que é sempre multimodal [...] a uma paralização temporária na forma textual"[10]. Estruturalmente, elementos do *layout* podem ser "desconectados, distintos uns dos outros, ou conectados, ligados uns aos outros"[11]. O que pode parecer colagem ou bricolagem é, na verdade, a transformação de signos ideologicamente motivados em novas totalidades dotadas de sentido, ou novos "signos complexos". Essa transformação se faz por meio dos três sistemas de significação envolvidos no *layout*: valor informacional, enquadramento e destaque, "todos eles servindo para estruturar o texto, no sentido de unir os diversos elementos multimodais do texto multimodal em uma totalidade coerente e dotada de sentido"[12].

Valor informacional

A disposição dos elementos em um *layout* dota esses elementos de valores informacionais específicos que estão relacionados com as diversas zonas do espaço visual[13]. Um determinado elemento não possui o mesmo valor e significado quando é colocado do lado direito ou do lado esquerdo da página, na parte superior ou inferior, no centro ou nas margens. Cada uma dessas zonas confere valores específicos ao

---

[10] Gunther Kress, "Text as the Punctuation of Semiosis", cit., p. 152.

[11] Gunther Kress e Theo van Leeuwen, "Critical Layout Analysis", cit., p. 33.

[12] Ibidem, p. 26.

[13] Idem.

elemento que é posto nelas. Quando um *layout* polariza esquerda e direita, situando um tipo de elemento à esquerda e outro tipo, possivelmente contrastante, à direita, os elementos à esquerda são apresentados como "dados" (no hebraico, os elementos à direita é que são apresentados como dados, já que a escrita é da direita para a esquerda). Quando se diz que algo é "dado", isso significa que esse algo é apresentado como um elemento que o leitor já conhece, como um ponto de partida familiar e acordado da mensagem. Quando se diz que algo é "novo" (à direita em inglês, à esquerda em hebraico), isso significa que esse algo é apresentado como um elemento ainda não conhecido do leitor e, portanto, torna-se "o ponto crucial da mensagem, o assunto ao qual o leitor deve prestar especial atenção. O 'novo', portanto, é em princípio problemático, contestável, é a informação em questão, enquanto o 'dado' é apresentado como senso comum e evidente"[14]. Van Leeuwen e Kress explicam que "tais estruturas são ideológicas, no sentido de que podem não corresponder ao que é o caso, tanto para o produtor quanto para o consumidor do *layout*"[15]. A informação é apresentada como se tivesse esse *status* ou valor para os leitores, que são obrigados a lê-la dentro dessa estrutura, ainda que essa avaliação possa ser rejeitada depois por um leitor em particular.

Quando um *layout* polariza em cima e embaixo, situando elementos diferentes, possivelmente contrastantes, na parte superior ou na parte inferior da página, os elementos que são postos em cima são apresentados como o "ideal" e os que são postos embaixo como o "real". Quando se diz que algo é "ideal", isso significa que esse algo é apresentado como a essência idealizada ou generalizada da informação e, portanto, como sua parte mais proeminente. O real é o oposto disso, no sentido de que apresenta uma informação de natureza mais específica (por exemplo, detalhes) e/ou uma "informação [mais] pé no chão" (por exemplo, dados reais), e/ou informações mais práticas (por exemplo, consequências práticas, diretrizes para ações etc.)[16].

A oposição entre ideal e real também pode estruturar as relações entre texto e imagem.

> Se a parte superior de uma página é ocupada por texto e a parte inferior é ocupada por uma ou mais imagens (ou mapas, ou tabelas, ou diagramas), o texto vai desempenhar o papel ideológico principal, e as imagens vão desempenhar o papel subserviente, que, no entanto, não deixa de ser importante enquanto especificação, exemplificação,

[14] Ibidem, p. 27.

[15] Idem.

[16] Ibidem, p. 28.

> evidência, consequência prática etc. Se os papéis forem invertidos, de forma que uma ou duas imagens fiquem na parte superior, então a parte "ideal" da mensagem, ideologicamente em primeiro plano, é comunicada visualmente e o texto vai servir de comentário ou elaboração.[17]

As partes da mensagem que podem vir ideologicamente em primeiro plano podem ser cartazes ou mapas, como veremos adiante.

A composição visual pode ser estruturada a partir da dimensão de centro e margens. "Quão marginais exatamente são as margens dependerá do tamanho e, mais em geral, do destaque do centro"[18]. Na série de livros didáticos *Living Together in Israel: A Textbook in Homeland Studies, Society and Civics*, de 2º a 4º anos, publicada em 2006 pelo Centro de Tecnologias Educacionais, crianças palestinas, judias etíopes, beduínas e drusas que vivem em Israel são completamente excluídas dos principais textos verbais e visuais sobre a "vida israelense" e são confinadas em "quadros" com molduras grossas, nos quais são retratadas em cores diferentes, como espécimes descontextualizados e marcados como "minorias" ou "etnicidades" israelenses que estão ali para serem observadas, mas sem nenhuma conexão com o restante da população e sem nenhuma parte no mundo-da-vida representado no livro. Na capa de cada livrinho, um desenho colorido de pessoas de todas as idades representa a população israelense. Nenhuma dessas pessoas é árabe, negra ou mesmo marrom, como são os israelenses "orientais", que constituem a maioria da população. Em cada um dos livrinhos há um "bando" de crianças que atua como guia e conduz o leitor numa viagem por Israel para conhecer as pessoas e se familiarizar com os lugares, e dá as boas-vindas aos judeus recém-chegados. Nesse bando, com exceção de uma criança loira chamada Sasha – aceno para a bem-sucedida absorção dos judeus russos –, todas as outras são nascidas em Israel. As crianças árabes, drusas e etíopes mencionadas nos "quadros" não são parte do bando, elas são representadas como "outros" tipos de seres humanos. Dessa forma, os livrinhos ensinam aos muito jovens leitores, tanto verbal quanto visualmente, que essas crianças, hermeticamente fechadas em "quadros" especiais, são tipos marginais, excluídos ou marcados em nossa sociedade, nunca incluídos no "nosso" grupo. Um capítulo do livrinho destinado ao 2º ano, intitulado "Às vezes é difícil ser diferente", relata o encontro de um menino israelense (judeu, branco) e um menino francês, dando a entender que se sentir "diferente" quer dizer viajar para outro país. Imediatamente depois desse

---

[17] Ibidem, p. 29.

[18] Ibidem, p. 30.

capítulo há um "quadro" colorido intitulado "Um encontro com..." e a história de vida de Sundus, uma menina da aldeia árabe de Tuba, no Vale de Hula. Sundus fala de sua aldeia e de sua família sem mencionar qualquer conexão entre elas e as aldeias judaicas e os *kibutzim* da região, como se essa aldeia ou essa família fossem uma ilha em um espaço descontextualizado. O mesmo acontece no caso de Muhamad, o menino beduíno, e Gila, a menina etíope que, diferentemente da menina russa, teve de trocar seu nome por um nome hebraico, mas ainda não faz parte da sociedade israelense. Dessa maneira, desde os sete anos de idade, os judeus israelenses aprendem a marginalizar palestinos, drusos, beduínos e negros, a vê-los excluídos da vida regular do Estado de Israel. Quando as "crianças das minorias" de Israel (árabes palestinos, drusos, beduínos e judeus etíopes) são apresentadas nas margens dos livros, elas são retratadas não apenas em menor número, mas socialmente e culturalmente marginais. As crianças que leem esses livros aprendem que sua sociedade é composta de pessoas (ou crianças) centrais e pessoas (ou crianças) marginais. No entanto, como esse exemplo revela e como veremos adiante, os quadros "marginais" podem ter muito mais destaque do que o texto central, graças à moldura e às cores fortes.

No que diz respeito ao centro de uma página ou página dupla, Van Leeuwen e Kress sublinham, seguindo Arnheim[19], que, "até mesmo quando está vazio, o centro continuará a existir *in absentia*, como o eixo invisível (ou negado) em torno do qual orbita todo o resto"[20]. O centro, como veremos adiante, pode separar duas partes do texto ou servir de mediador, fazendo a ponte entre dois extremos.

Destaque

"*Layout* também implica atribuir graus de destaque aos elementos da página."[21] Independentemente de onde se localizem, o destaque pode criar uma hierarquia entre os elementos, selecionando os mais importantes, os mais dignos de atenção (imediata). Os elementos do *layout* são feitos para atrair a atenção do leitor em diferentes graus, por meio de uma ampla variedade de artifícios: primeiro ou segundo plano, tamanho relativo, contraste entre tons ou cores, graus diferentes de nitidez etc. Daí o Dado poder sobressair mais do que o Novo, ou o Novo poder sobressair mais do que o Dado, ou ambos sobressaírem igualmente.

---

[19] Rudolf A. Arnheim, *The Power of the Centre: A Study of Composition in the Visual Arts* (Berkeley, University of California Press, 1988).

[20] Gunther Kress e Theo van Leeuwen, "Critical Layout Analysis", cit., p. 30.

[21] Ibidem, p. 33.

O destaque é definido a partir de indicativos visuais. Os leitores são capazes de avaliar intuitivamente o "peso" dos diversos elementos do *layout* e, quanto maior for o peso de um elemento, maior será o seu destaque. O destaque não é objetivamente mensurável, mas resulta de uma interação complexa, de uma relação de troca complexa entre vários fatores: tamanho, nitidez, ou, de modo mais geral, quantidade de detalhes e texturas; contraste de tons (bordas entre preto e branco têm alto grau de destaque); contraste de cores, conforme explicamos no capítulo 2 (entre cores altamente saturadas e cores mais "suaves" ou atenuadas, entre vermelho e azul, ou diferentes tons de verde), disposição no campo visual, perspectiva (elementos em primeiro plano se destacam mais do que elementos em segundo plano, e elementos por cima de outros se destacam mais do que elementos por baixo de outros); e fatores culturais específicos, como uma figura humana ou um símbolo cultural forte. Portanto, o "destaque não possui somente uma função estética; ele também desempenha um papel vital na estruturação da mensagem"[22].

Molduras

A função semiótica de toda moldura é conectar ou desconectar até certo grau[23]. Textos verbais são emoldurados pela pontuação:

> A maior parte das molduras culturais e sociais são intangíveis, mas na escrita a pontuação cria molduras concretas, materiais. A pontuação é resultado de planejamento e estruturação implícitos ou explícitos. A pontuação indica como o escritor desejava dividir o texto.[24]

Kress explica:

> a semiose é incessante; sem "fixar" e sem emoldurar nós nunca teríamos nada tangível e apreensível [...]. Sem molduras, não há elementos e, sem elementos, não há estrutura e, sem estrutura, não há significado. A moldura exclui certas coisas, mas também decide o que será incluído.[25]

As molduras podem ser "diegéticas", isto é, ser parte do mundo representado – como a moldura de um espelho ou a fronteira de um mapa –, ou "não diegéticas",

---

[22] Ibidem, p. 34.

[23] Theo van Leeuwen, *Introducing Social Semiotics*, cit.

[24] Gunther Kress, *Literacy in the New Media Age*, cit., p. 124-5.

[25] Ibidem, p. 122-3.

isto é, sobrepostas à representação, como os "quadros" dos relatos nos livros escolares mencionados anteriormente[26].

Dispositivos de emolduramento visual (bordas ou espaços entre elementos) podem desconectar os elementos de um *layout*, "significando que eles devem ser lidos como informações separadas e independentes, ou até mesmo contrastantes"[27]. Como veremos, "quadros" fortemente emoldurados podem transmitir uma mensagem que contradiz ou critica o texto principal.

As molduras podem segregar ou colocar pessoas e lugares em territórios completamente diferentes, como se pertencessem a duas ordens diferentes. Como vimos no capítulo 2, em *GLI*, sempre que os árabes são representados em desenhos ou mapas, eles aparecem fora da fronteira israelense ou fora do quadro, e essa disposição cria barreiras simbólicas e limita simbolicamente a interação entre as figuras e o lugar.

Contraste

Imagens em uma mesma página podem diferir, por exemplo, em termos de qualidade – como mencionamos anteriormente – quando assentamentos árabes e judeus são apresentados em fotografias aéreas: as fotografias "judaicas" parecem cartões-postais, enquanto as árabes parecem plantas baixas, com cores sem vida e formas borradas.

Registro no *layout*

Van Leeuwen explica que também se pode falar de registro em relação ao *layout*: assim como na linguagem, o léxico e a sintaxe são escolhidos segundo o contexto (o que se diz a quem e em que tipo de relação), portanto no *layout* também se fazem escolhas semióticas segundo os diferentes contextos: que tipo de informação é incluído no *layout*, com que forma, tamanho e cor, e em que ordem[28]. Nos livros escolares, essas escolhas são determinadas pelas regras de recontextualização e distribuição, porque têm de transmitir ideologia e mensagens educativas conforme a faixa etária dos alunos.

---

26 Theo van Leeuwen, *Introducing Social Semiotics*, cit., p. 11.

27 Idem.

28 Idem.

Dispositivos conectivos

As conexões entre os elementos do *layout* são expressas por vetores, ou repetições de formas e cores, indicando que os elementos conectados devem ser lidos como pertencentes a um mesmo conjunto, como contínuos ou complementares. Os vetores podem ser oblíquos e podem conectar elementos em uma única página, em uma página dupla ou nos dois lados de uma página[29], como vimos no capítulo 2 em relação à fotografia aérea do campo de refugiados vazio de Jabalia, que contrastava com a fotografia em *close* dos refugiados judeus do outro lado da página.

Caminho de leitura

Valores informacionais, destaque e molduras, vetores, repetição de formas e cores determinam o "caminho de leitura" da página. O caminho de leitura é "a trajetória seguida pelo leitor ao ler ou varrer o texto com os olhos"[30]. Van Leeuwen e Kress explicam:

> no texto densamente impresso a leitura é linear e estritamente codificada. Esses textos têm de ser lidos como são concebidos para serem lidos – da esquerda para a direita (ou da direita para a esquerda, conforme a língua) e de cima para baixo, linha a linha. Qualquer outra forma de leitura é trapaça e pode causar uma leve sensação de culpa no leitor.[31]

Hoje, porém, os "textos não lineares são cada vez mais comuns, [...] a leitura linear está perdendo espaço em muitas esferas, talvez na maioria"[32].

Livros didáticos não são pensados para serem lidos de maneira linear ou de capa a capa, porque são "usados" e interrogados, mais do que lidos por prazer. Muitos comportam capítulos que têm de ser lidos para o vestibular e outros que são para instrução geral, por isso podem ser lidos de mais de uma maneira. O caminho de leitura dos livros didáticos é menos estritamente codificado e menos integralmente prescrito. Os professores podem ler cada capítulo e cada página individual em ordens diferentes, começando pelas questões, imagens ou texto principal. Além disso, o *layout* das páginas indica caminhos particulares de leitura, hierarquias e sequências particulares para o leitor hipotético em e entre diferentes elementos.

---

29 Gunther Kress e Theo van Leeuwen, "Critical Layout Analysis", cit., p. 25-43.

30 Ibidem, p. 26.

31 Ibidem, p. 35.

32 Idem.

Tais caminhos de leitura começam pelo elemento mais em destaque, passam para o segundo elemento mais em destaque e assim por diante. Geralmente o leitor nota as imagens antes do texto e pode discernir a mensagem da página ou do livro inteiro somente pela leitura das imagens[33].

No que diz respeito aos livros didáticos aqui analisados, todos são multimodais, com exceção de *50 Years* e *Face*, e, portanto, oferecem diversos caminhos de leitura. *50 Years* e *Face* são textos densamente impressos, que carecem de cor, fotografias e mapas, e, portanto, oferecem um caminho obrigatório de leitura. Isso é compatível com as narrativas simplistas que propõem e com o ponto de vista único com que se comprometem, como veremos adiante, no que diz respeito aos principais acontecimentos da história judaico-israelense e do conflito palestino-israelense. Sob esse aspecto, eles se assemelham ao que Podeh denominou a primeira geração de livros didáticos israelenses (1950-1969)[34]. Podemos presumir que o retrocesso para um livro composto somente de texto escrito, com um único caminho de leitura e uma única perspectiva, ancora-se na atual política do Ministério da Educação de retornar aos bons e velhos tempos e ao bom e velho ensino, omitindo temas e versões problemáticas e não arriscando caminhos diferentes de leitura que possam estimular uma leitura crítica e distrair os alunos da interpretação prescrita pelo livro. Todos os outros livros oferecem textos multimodais em todas as páginas.

O novo "todo dotado de sentido" criado pelo *layout* constitui "uma espécie de pontuação intertextual"[35], realizada pela "costura" de modos e gêneros, ideologias sociais e fatos. Cada parte do intertexto possui significado em si mesmo e como parte do novo signo complexo que é criado pelo *layout*. Por isso, a leitura de textos multimodais envolve a compreensão das relações entre as partes do *layout* e entre cada parte – e o *layout* como um todo – e outros textos. Como sustenta Kress, a intertextualidade "pode ser vista como uma categoria com fortes efeitos ideológicos, sociais e políticos"[36].

Os exemplos a seguir mostram que a narrativa oficial sionista-israelense é geralmente transmitida pelo texto verbal e pelas imagens, ao passo que a voz crítica do historiador se insere pelo *layout*.

---

33 Theo van Leeuwen, "The Schoolbook as a Multimodal Text", cit.

34 Elie Podeh, *The Arab-Israeli Conflict in Israeli History Textbooks, 1948-2000* (Westport, Bergin and Garvey [Greenwood], 2002).

35 Gunther Kress, "Text as the Punctuation of Semiosis", cit, p. 142.

36 Ibidem, p. 143.

Exemplo 1: *Layout* como reprodução da narrativa oficial (*The 20th*, p. 78-9)[37]

Nesta página dupla há dois eixos. O eixo fotográfico é analítico, pois representa as duas partes principais do ideal do "novo judeu" perpetuado pelo sionismo socialista: um agricultor judeu e um guarda judeu na Terra de Israel. Esses "novos judeus" foram renaturalizados: trocaram a aparência da diáspora para se parecer com os nativos da Terra (bronzeados, saudáveis e musculosos), usam o *keffiyeh* árabe, montam um cavalo árabe e dominam a arte de cultivar a Terra[38]. Os agricultores olham para o futuro (ou para a parte do Novo-Ideal da página dupla), ao passo que o guarda olha indignado para o passado (ou para o canto inferior esquerdo da página, a parte do Real-Dado). Esses imigrantes naturalizados são

Figura 14: Tipos da Terra de Israel: Em cima, à direita: lavradores. Embaixo, à esquerda: um guarda judeu do grupo Hashomer. Cortesia de Illan Rot Archives, Hertzlia, e Mapa Publishers, Tel-Aviv, Israel.

---

[37] Todos os grifos são nossos, exceto quando indicado o contrário.

[38] Os judeus, como explicam os livros escolares israelenses, nunca foram autorizados a possuir terras na maioria dos países em que estiveram em seus 2 mil anos de "exílio" e tiveram de recorrer a profissões "desprezadas", como empréstimo de dinheiro, agiotagem e comércio ambulante. Aaron David Gordon, o "profeta" do sionismo socialista, pregava o abandono desse modo de vida "parasitário" e a "*vida plena e realizada do trabalho com as nossas próprias mãos*" que, segundo ele, seria "*o único caminho para a nossa ressurreição*" (*The Age of Horror and Hope*, p. 43).

apresentados na legenda localizada no canto superior direito como "Tipos da Terra de Israel", isto é, como nativos e não como europeus do Leste recém-chegados naquela época (ambas as fotografias foram tiradas em 1905).

Ruth Firer, que analisou o significado de cada fotografia, sem levar em conta o *layout* como um signo complexo ou unidade semiótica, escreve o seguinte sobre os "Tipos da Terra de Israel":

> Eles têm um semblante franco, otimista, são musculosos e bronzeados, assim como o jovem guarda montado num cavalo preto imponente, vestindo roupas modernas e usando o *keffiyeh* e o agal árabes na cabeça. Ele também é muito atlético, bronzeado, saudável e otimista.[39]

Firer ignora em sua descrição as conotações colonialistas dessas fotografias, em especial as do "europeu otimista", bronzeado, armado com uma espingarda, montando em um cavalo árabe e usando roupas "modernas" e um *keffiyeh* árabe à maneira de um Lawrence da Arábia.

As duas fotografias estão fortemente conectadas uma à outra por um vetor diagonal e constituem a parte mais destacada dessa composição em forma de cruz. São elas que transmitem a mensagem principal: a conquista (que é denominada "redenção") da antiga pátria pelos seus filhos que retornaram.

O eixo "árabe" da página dupla, completamente ignorado por Firer, é composto de dois "quadros" com "fontes" a respeito da população autóctone ou, como é chamada, "A questão árabe". Esse eixo é menos saliente, pois não há seres humanos nos "quadros". O quadro verde na parte do Real-Dado (canto inferior direito), intitulado "Uma questão ausente", cita um discurso cujo título é justamente "Uma questão ausente", proferido em 1907 por Yizhak Epstein, um líder sionista nascido na Palestina que, como linguista e educador, estudou e conhecia muito bem as diferentes tribos que povoavam a região. Epstein advertiu o Congresso Sionista de que, se a população árabe, a quem ele denominava "os verdadeiros senhores da Terra", continuasse a ser ignorada, o sionismo teria vida curta. A outra ponta do eixo é o quadro do Novo-Ideal – uma planilha mostrando o crescimento da população judaica e árabe entre 1800 e 1931. A legenda, situada no extremo da parte do "novo" e do "ideal" (canto superior esquerdo), é uma

[39] Ruth Firer, "The Presentation of the Israeli-Palestinian Conflict in Israeli History and Civics Textbooks", em Ruth Firer e Sami Adwan, *The Israeli-Palestinian Conflict in Israeli History and Civics Textbooks of Both Nations* (Hannover, Georg-Eckert-Institue fur Internationale Schulbuchforschung, Hahnsche Buchhandlung, 2004), p. 74.

descrição "proléptica"[40], que evoca acontecimentos que ocorreriam mais de quarenta anos após os acontecimentos citados nessa página dupla. Ela afirma que até 1948 a terra já estaria "livre de boa parte dos árabes". A relação entre os dois "quadros" pode ser interpretada como uma pergunta/resposta: a resposta à "questão ausente" é que dali a quarenta anos a questão Real-Dada estaria "resolvida", porque a Terra estaria praticamente "livre dos árabes". A intertextualização inescapável dessa página dupla, com a ocupação das terras palestinas, a expulsão dos habitantes palestinos e os esforços constantes de Israel para "judaizar" e "desarabizar" Israel/Palestina, leva a mensagem desse *layout* para muito além de seu objetivo inicial.

Exemplo 2: *Layout* como reforço da narrativa oficial versus *layout* como crítica[41] (Figura 15, *MTII*, p. 238-9)

Esta seção analisa dois pares de páginas duplas que retratam refugiados judeus e palestinos. A recusa de Israel de reintegrar os refugiados palestinos é apresentada em todos os livros como uma necessidade nacional: os palestinos ou, como são denominados, "os refugiados árabes" não foram trazidos de volta porque os refugiados judeus, em especial os dos países árabes, vieram para Israel na miséria e em massa. Tanto os livros didáticos de história quanto os de geografia elogiam o governo de Israel por cuidar de seus refugiados (judeus), que foram assentados em aldeias e cidades palestinas "abandonadas", e acusam os países árabes de não cuidar dos seus.

A parte mais destacada da página dupla é o canto superior esquerdo, isto é, o canto do Novo-Ideal, que mostra um casal olhando diretamente nos olhos do leitor. É uma jovem família de judeus recém-chegados, que na iconografia sionista serve de símbolo da realização tanto dos ideais sionistas quanto das profecias bíblicas: o ajuntamento dos filhos de Israel em Sião. O casal, cujos olhos se encontram com os do leitor naquilo que Kress e Van Leeuwen chamam "demanda"[42], está sentado sobre malas de viagem improvisadas, no meio de uma rua vazia e sem nome na "aldeia abandonada de Yahud". Na realidade israelense, a "demanda" do casal é interpretada como uma solicitação para que aqueles que os trouxeram a Sião cumpram sua promessa e lhes deem casa e meios de subsistência.

---

[40] Segundo Genette, uma "prolepse" consiste na inserção, em uma obra literária, de acontecimentos posteriores aos que são tratados no texto. Ver Gérard Genette, *Palimpseste: la littérature au second degré* (Paris, Seuil, 1982), p. 106-7.

[41] Todos os grifos são nossos, exceto quando indicado o contrário.

[42] Gunther Kress e Theo van Leeuwen, *Reading Images*, cit.

Figura 15: A criação do "problema palestino". Cortesia da Assessoria de Imprensa do Governo de Israel e Mapa Publishers, Israel.

A legenda sob a fotografia sublinha essa promessa e a usa como explicação para o fato de Israel não reintegrar os palestinos expulsos:

> Em seus primeiros anos de existência, o Estado absorveu centenas de milhares de olim [judeus recém-chegados] que chegaram na miséria. Muitos foram alojados nas aldeias árabes abandonadas, como o vilarejo abandonado de Yahud, onde esta fotografia foi tirada em 1948.

Um vetor diagonal vai da família de recém-chegados – o ideal sionista e sua realização "nova" ou recente – à parte do Real-Dado, geralmente reservada ao passado e ao inconteste, onde vemos uma fotografia menor de uma rua alagada com duas figuras irreconhecíveis ao longe. A figura mais próxima carrega uma caixa sobre a cabeça. Mostrar essas pessoas a distância as impessoaliza e as transforma em ícones de "refugiados", símbolos de um "problema" universal.

A rua alagada pode representar qualquer bairro pobre em qualquer lugar do mundo, quando a chuva pega as autoridades de surpresa e desaloja famílias inteiras de casas miseráveis, lembrando-as de sua "sina". Mas a legenda define o que vemos como "o problema palestino": "O 'problema palestino' evoluiu na pobreza, na inação e na frustração que foram o destino dos refugiados levados para campos miseráveis".

O estilo metafórico da legenda compara o infortúnio dessas pessoas – causado por outras pessoas – com um processo infeccioso e atribui essa situação adversa ao destino. A localização da fotografia (o lado do Real-Dado) e a legenda, e especialmente as aspas emoldurando "o problema palestino", indicam que o "problema" é conhecido, incontestado e evidente. Van Leeuwen aponta como uma das características do discurso racista a referência a pessoas por meio de substantivos que não incluem o traço semântico "+ humano", ou a "representação de atores sociais por meio de uma qualidade atribuída a eles, por exemplo a qualidade de constituir um problema"[43].

Podeh, que estudou os livros didáticos de história de Israel até o fim dos anos 1990, comenta essa fotografia e elogia o autor por "não tentar ocultar as condições miseráveis dos campos de refugiados palestinos" e por mostrar "uma fotografia realista"[44]. Ele ainda sugere que o fato de a foto aparecer depois da fotografia de refugiados judeus prestes a serem assentados na aldeia "abandonada" de Yahud "pode insinuar um paralelo entre os palestinos e os imigrantes judeus"[45]. Podeh não consegue ver que as fotografias estão não em sequência, mas em cantos opostos: a família judaica na parte do Novo-Ideal (canto superior esquerdo) e o "problema palestino", isto é, a rua alagada e sem figuras humanas, na parte do Real-Dado (canto inferior direito), que, como explicamos, é reservada a coisas passadas ou fatos concretos. Como explicam Kress e Van Leeuwen, o vetor diagonal sugere uma narrativa ou ligações causais[46]: os palestinos (ausentes) que povoavam a terra no passado tornaram-se refugiados para que os judeus refugiados pudessem repovoar as aldeias "abandonadas" pelos palestinos.

Além disso, Podeh não levou em conta o fato de que, enquanto os refugiados judeus são representados por uma família que olha diretamente nos olhos do leitor, os refugiados palestinos são representados por meio de uma ameaça ambiental, como um "problema" ecológico. Não levando em consideração o *layout* inteiro, como uma única unidade semiótica, Podeh não captou o tom racista da legenda, que define seres humanos como "um problema" e apresenta as condições terríveis dos refugiados palestinos como se independessem da ação e da responsabilidade humana. Nesse aspecto, ele seguiu a lógica da legenda, segundo a

---

[43] Theo van Leeuwen, "The Representation of Social Actors", cit., p. 60.

[44] Elie Podeh, *The Arab-Israeli Conflict in Israeli History Textbooks, 1948-2000*, cit.

[45] Ibidem, p. 195.

[46] Gunther Kress e Theo van Leeuwen, *Reading Images*, cit., p. 58.

qual o "problema palestino" "evoluiu" por conta própria, quase como uma praga ou uma malignidade sem causa atribuível. Podeh também não leva em conta o fato de que, diferentemente da fotografia "judaica", o autor não dá nome, data ou localização à rua alagada, que poderia ser qualquer rua alagada em qualquer bairro pobre, em Tel-Aviv ou New Orleans, equiparando assim uma catástrofe causada por seres humanos a um desastre ambiental em lugar nenhum, ou melhor, em qualquer lugar.

A observação de Podeh sobre a disposição das duas fotografias, que "pode insinuar um paralelo entre os palestinos e os imigrantes judeus", é mais adequada para o *layout* do capítulo intitulado "Israel – um novo Estado", do livro didático banido *A World of Changes* (Figura 16). Esse *layout* é um exemplo daquilo que Van Leeuwen e Kress definem como "conectividade", em que "um elemento é visualmente ligado a outro por similaridades de cor e forma"[47]. As duas fotografias – a do casal de refugiados judeus do exemplo anterior e a de uma aldeia palestina sendo reconstruída por pedreiros judeus – são em preto e branco, de tamanho idêntico e qualidade idêntica, e ocupam ambas o centro de suas respectivas páginas. Essa composição sugere mais claramente um paralelo entre os dois destinos: os autores de *WOC* talvez tivessem em mente o paralelo presumido por Podeh.

Figura 16: Israel – um novo Estado (*WOC*). Legenda da esquerda: novos olim (judeus recém-chegados); legenda da direita: obras na aldeia abandonada de Ein H'ud, cujo nome foi mudado para Ein Hod (1949). Cortesia da Assessoria de Imprensa do Governo de Israel e Maalot Publishers, Israel.

[47] Gunther Kress e Theo van Leeuwen, "Critical Layout Analysis", cit., p. 38.

Entre as duas páginas apresentadas em *WOC* há uma divisória. Arnheim explica que os centros podem ao mesmo tempo dividir e estabelecer uma ponte[48]. A ponte também cria simetria, em que o "dado" e o "novo" se apoiam e se condicionam mutuamente. O centro divisor-conector pode ser um mediador ou uma situação que distancia as duas margens, ou pode conduzir de um a outro, como nesse exemplo: um grupo está ausente porque o outro está presente.

A não representação dos palestinos na aldeia arrasada cria um "ponto cego"[49]: as pessoas são excluídas, mas sua existência é assumida e "comprovada" pelo antigo nome da aldeia, mencionado na legenda. O ponto cego faz eco ao exemplo de Lacan: falta um livro na prateleira, mas o espaço não ocupado entre os outros livros comprova sua existência.

A semelhança que se cria entre os dois grupos de refugiados é historicamente justificável. Ambos os grupos – os judeus presentes e os palestinos ausentes – são vítimas do mesmo destino. Ambos foram expulsos de suas casas, e os que os expulsaram confiscaram e se apropriaram de suas casas, em circunstâncias políticas similares – o sionismo e o estabelecimento do Estado de Israel. Portanto, podemos ver as duas fotografias não apenas como "conectadas", mas como duas partes de uma "taxonomia disfarçada":

> Uma taxonomia em que o superordenado é somente indicado [...] ou inferido a partir das similaridades que o leitor puder identificar entre os elementos subordinados. [...] A equivalência proposta entre os subordinados é visualmente realizada por meio de uma composição simétrica. Os subordinados se situam a igual distância uns dos outros, possuem o mesmo tamanho e a mesma orientação em relação aos eixos horizontal e vertical [...]. Elementos agrupados em um sintagma que estabelece uma classificação significa que eles foram considerados de uma mesma classe e devem ser lidos como tal. Assim como na linguagem, a naturalização não é natural.[50]

O condutor nessa taxonomia disfarçada é "uma ausência, um condutor que não está lá, mas é insinuado"[51]. Esse condutor pode ser a exclusão social dos dois grupos de refugiados, que de fato seriam socialmente excluídos nas gerações seguintes.

---

48 Rudolf A. Arnheim, *The Power of the Centre*, cit., p. 137.

49 Roland Barthes, *La chambre claire* (Paris, Gallimard/Seuil, 1980), p. 855 [ed. bras.: *A câmara clara*, trad. Júlio Castañon Guimarães, Rio de Janeiro, Nova Fronteira, 2006].

50 Gunther Kress e Theo van Leeuwen, "Critical Layout Analysis", cit., p. 81.

51 Idem.

As duas fotografias constituem, portanto, duas metades de um todo, um todo histórico e um todo trágico. Assim como as duas metades dos versos alexandrinos nas tragédias clássicas francesas[52], cada metade é uma afirmação parcial e não transmite o significado inteiro da tragédia ou da história até que seja completada com a outra metade. Aqui, a presença de um grupo determina e é determinada pela ausência do outro.

Essa dupla tragédia é mencionada no texto verbal que envolve a fotografia dos judeus "recém-chegados", como eles são chamados:

> Em seus primeiros anos de existência, Israel teve de absorver uma grande onda de recém-chegados, numa dimensão sem precedentes em comparação com outros países de imigração. [...] O problema da moradia foi tratado de duas maneiras principais: 1) o governo rejeitou a demanda das famílias de refugiados palestinos de retornar a suas casas e decidiu se apropriar de todas as casas abandonadas nas aldeias e cidades para assentar ali muitos dos judeus recém-chegados da Europa Oriental e dos países árabes; 2) o governo deu início à criação de acampamentos temporários de tendas e barracos de zinco. (*WOC*, p. 177.)

As relações taxonômicas entre as duas fotografias são reforçadas pela legenda à direita da aldeia arrasada, que faz com que o condutor invisível – a exclusão social – fique evidente: "Obras na aldeia abandonada de Ein H'ud, cujo nome foi mudado para Ein Hod, 1949".

Embora a ideia da deserção dos palestinos seja expressa nos termos "aldeia abandonada" e "casas abandonadas", ela é problematizada pela fotografia que mostra casas arrasadas sendo reconstruídas. Pessoas que abandonam suas casas e fogem aterrorizadas não põem abaixo a aldeia antes de deixá-la.

Essa legenda também revela – pela intertextualização com textos históricos e sociais israelenses aos quais apenas alude – qual das alternativas mencionadas no texto principal, a respeito dos dois grupos de refugiados, foi finalmente escolhida: as terras palestinas de Ein H'ud foram confiscadas e os aldeões remanescentes vivem até hoje em uma pequena parte de sua terra original como "ausentes presentes", privados de todos os direitos e serviços, naquilo que é juridicamente denominado uma "aldeia não reconhecida"[53].

---

[52] Roland Barthes, *Sur Racine* (Paris, Seuil, 1969).

[53] No dia 31 de julho de 2007, uma casa em Ein H'ud foi ligada à rede de energia elétrica. Há mais de cem aldeias "não reconhecidas" em Israel.

No que diz respeito aos refugiados judeus, é amplamente sabido em Israel que a aldeia judaica de Ein Hod, que foi reconstruída sobre boa parte das terras de Ein H'ud, é uma colônia exclusiva de artistas conhecidos e um local turístico, já que é uma aldeia que abriga exposições de arte. A reconstrução nunca foi concebida para ser uma solução para os judeus recém-chegados dos países árabes, como aqueles mostrados na fotografia. Os judeus que imigraram em massa para Israel nos anos 1950 ficaram anos alojados em acampamentos "temporários" de refugiados (os chamados Maabarot), em barracos de zinco ou tendas, e como descobrimos mais explicitamente em outro livro de história analisado aqui:

> Os recém-chegados não escolheram onde iam morar e ninguém perguntou sua opinião, e em muitos casos a distribuição foi feita de maneira enganosa e contra sua vontade. Mais de uma vez famílias inteiras se recusaram a descer dos caminhões quando descobriram para onde haviam sido levadas. (*The 20th*, p. 214-6.)

Assim, ambos os grupos foram duplamente excluídos: primeiro de sua terra natal e depois do novo Estado de Israel, onde finalmente foram parar. Para resumir, esse *layout* capta o processo de produção de um sentido alternativo, não oficial, que equipara os dois grupos de refugiados, judeus e palestinos[54], produzindo assim – pela criação de uma taxonomia disfarçada e por diversos níveis de intertextualização – um novo signo, tanto semiótica quanto socialmente.

Esse *layout* é diferente do anterior, que "materializava" a semiose oficial e apresentava um grupo de refugiados como seres humanos "demandadores" (e merecedores) no lado do "novo" e do "ideal", e o outro grupo como um "problema" impessoalizado, tóxico e desumanizado.

Exemplo 3: Problematizando o significado simbólico

Esta seção analisa o *layout* enquanto processo de problematização em que o título é problematizado pela fotografia e o significado simbólico ou iconológico da fotografia é problematizado pela legenda.

A fotografia aparece em um capítulo intitulado: "Os palestinos – de refugiados a nação", que reproduz a versão israelense da transformação dos palestinos em nação (citada no capítulo 1). As primeiras linhas do capítulo explicam que, ao se

[54] Via de regra, esse livro – que foi destruído – trata os palestinos e os judeus como duas partes iguais que habitam e disputam a mesma terra. Por exemplo, ele chama a guerra de 1948 de guerra civil e não de "Guerra de Independência", como geralmente se faz em Israel.

declarar uma nação, os palestinos transformaram o problema dos refugiados em um problema internacional (*The 20th*, p. 244). Em outras palavras, o "problema palestino" pode ter mudado de rótulo, mas não mudou sua essência. De qualquer forma que sejam rotulados, seja como "refugiados", seja como "nação", os palestinos continuam um problema para Israel. A introdução do capítulo afirma:

> Este capítulo explora o desenvolvimento do problema palestino, que desde o início do empreendimento sionista permanece no centro do conflito no Oriente Médio, e as atitudes do público israelense no que diz respeito ao problema e ao caráter de sua solução. (*The 20th*, p. 244.)

Defronte a esse texto, na parte superior central da página 245, acima da seção intitulada "Os palestinos travam uma guerra terrorista contra Israel", há uma fotografia de um soldado israelense carregando uma menina que está chorando. A legenda diz: "Galil Mairmon resgata sua irmã ferida" (Figura 17).

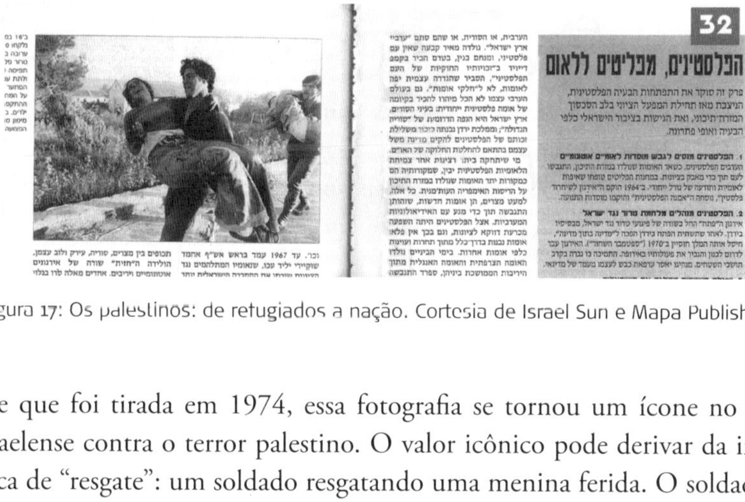

Figura 17: Os palestinos: de refugiados a nação. Cortesia de Israel Sun e Mapa Publishers.

Desde que foi tirada em 1974, essa fotografia se tornou um ícone no discurso israelense contra o terror palestino. O valor icônico pode derivar da imagem clássica de "resgate": um soldado resgatando uma menina ferida. O soldado foge de um perigo invisível, o que permite diversas interpretações. Por exemplo, um público não israelense a interpreta em geral como palestinos fugindo de um ataque israelense, o que parece compatível com o título. Mas os israelenses nunca a interpretam senão como "a verdadeira imagem ou face dos palestinos", que é a face do terror, sejam eles ou não uma nação, isto é, como israelenses fugindo de um ataque terrorista palestino.

A fotografia ocupa o centro superior do lado do Novo-Ideal da página dupla. É grande, está em primeiro plano e, portanto, é o elemento mais destacado e o primeiro a ser lido, ou seja, é o item que afeta a leitura tanto do título quanto do texto verbal.

Tanto a fotografia quanto o parágrafo de abertura transmitem uma mensagem anti-Palestina muito forte. O fato de não aparecer nenhum palestino nesse capítulo que supostamente deveria contar sua história, mas apenas as consequências de suas ações criminosas, mancha a sua passagem "de refugiados a nação" com o sangue de crianças inocentes.

Ruth Firer observa que essa é "a única fotografia em todos os livros didáticos que mostra sangue"[55]. No entanto, "apesar da dor e do choque, a fotografia retrata um irmão resgatando a irmã, o que é um lado positivo da história"[56]. Preocupada com a exposição dos alunos judeus israelenses a uma fotografia horrível como essa às vésperas do serviço militar, Firer ignora a mensagem anti-Palestina que a imagem transmite.

Mas essa mensagem anti-Palestina transmitida pela fotografia e pelo texto verbal é seriamente problematizada pela legenda à esquerda (o polo do "novo" e do "ideal") da fotografia:

> No dia 16 de maio de 1974, noventa alunos de uma escola foram feitos reféns durante um ataque terrorista palestino. Seguindo o conceito de que não deve haver nenhuma negociação com terroristas, um grupo das FDI atacou os terroristas. Durante o ataque, dezesseis crianças foram mortas. Na fotografia, Galil Maimon resgata sua irmã ferida.

A legenda não apenas relata o evento retratado na fotografia, como também destrói seu significado iconológico ao lhe atribuir um aspecto completamente diferente. O termo "conceito" é empregado não apenas para encobrir a ação e a responsabilidade humanas, mas também para ressuscitar um debate recorrente: deve-se ou não negociar com terroristas. A política oficial de Israel – nunca negociar com terroristas – sempre foi apresentada como um princípio irrevogável no discurso público israelense, mas é apresentada aqui como "um conceito", mais um em uma miríade de conceitos, sugerindo que talvez não seja o único possível e talvez nem o mais correto. A legenda sugere que a culpa pelas mortes no ataque reside nesse conceito que manda soldados israelenses matar crianças e ferir suas

---

[55] Ruth Firer, "The Presentation of the Israeli-Palestinian Conflict in Israeli History and Civics Textbooks", cit., p. 80.

[56] Ibidem, p. 81.

próprias irmãs, que talvez tivessem sido poupadas por uma negociação. Embora mantenha seu valor como imagem de resgate e coragem, a fotografia adquire um significado diferente diante da legenda: o soldado que pode ter matado crianças num ataque desnecessário, sustentado por uma política questionável, esse emissário de um princípio inflexível e possivelmente falso, conseguiu resgatar sua irmã, que talvez ele próprio tenha ferido[57]. A legenda transforma Galil Maimon de símbolo do heroísmo israelense a emblema da popular frase da esquerda israelense: "Atirar e chorar" – um soldado que pode ter atingido a própria irmã e depois chorou, tentando salvá-la.

Parece haver aqui uma cadeia semiótica: primeiro a fotografia problematiza o título, depois a legenda, apresentada como mais "nova" (perspectiva) e mais "ideal" (forma de escrever a história), problematiza a fotografia e, portanto, o texto inteiro.

A motivação por trás da escolha dessa fotografia pode ter sido simplesmente: pegar um símbolo, uma fotografia icônica, e mostrá-la sob um aspecto que pode ter escapado aos leitores. Se o autor quisesse transmitir a narrativa canônica, ele teria escolhido uma fotografia muito mais recente e inequívoca de um ataque terrorista: um ônibus após um ataque a bomba, corpos espalhados no chão ou soldados mortos enquanto procuram pedaços de corpos de seus camaradas, fotografias que são abundantes tanto na imprensa israelense quanto nas publicações educativas. Ao contrário, o autor (ou o editor) escolheu apresentar a mensagem oficial ao lado dessa fotografia icônica, que parece complementá-la, e em seguida problematizar a mensagem por meio da legenda.

Essa problematização, que questiona a semiose convencional, é a essência do novo signo complexo criado pelo *layout*.

Para reformular a questão de Barthes a respeito do discurso histórico[58], devemos perguntar: o que essa página dupla diz através daquilo que diz? Pois, como comenta Jenkins, as "histórias que atribuímos a coisas e pessoas são literaturas compostas, criadas, constituídas, construídas e sempre situadas [...] elas carregam a filosofia ou 'perspectiva' do autor sobre o mundo presente, passado e futuro"[59].

---

[57] De fato, Galil Maimon não participou do ataque, mas chegou depois para resgatar as crianças. A omissão desse fato pode ser outro artifício retórico para ressaltar a crítica que se quer passar pela legenda.

[58] Roland Barthes, "Le discours de l'histoire", em *Le bruissement de la langue* (Paris, Seuil, 1967) [ed. bras.: *O rumor da língua*, trad. Mário Laranjeira, Rio de Janeiro, Brasiliense, 1988].

[59] Keith Jenkins, *Re-thinking History* (Londres, Routledge, 1991), p. 86.

A resposta poderia ser: ela diz que ser historiador significa ser aquele que escolhe problematizar a história simplificada, a memória coletiva estabelecida. Ademais, considerando-se o comentário de Kress de que a representação de um estado de coisas é afetada tanto pelos interesses do produtor do signo quanto por seu interesse *vis-à-vis* o público pressuposto[60], uma versão mais precisa da questão barthesiana poderia ser a seguinte: o que esse *layout* diz a seu público particular, alunos de ensino médio prestes a entrar para o Exército israelense?

O que Barthes diz sobre fotografias individuais pode ser pertinente também para esse *layout*: ele é subversivo não porque provoca espanto ou revolta, mas porque faz pensar[61].

Como a política de Israel em relação aos palestinos não mudou, esse novo signo pode servir aos estudantes como um "dispositivo de pensar"[62] a situação política atual e sua participação no futuro próximo.

Exemplo 4: Rompendo a cronologia: as relações entre o "dado" e o "novo" como argumento e crítica: Israel e seus vizinhos árabes

Van Leeuwen e Kress defendem que a polarização entre o "dado" e o "novo" é ideológica e nem sempre reflete aquilo que é "dado" ou "novo" cronologicamente. As páginas 234 e 235 de *The 20th* apresentam, num subcapítulo intitulado "Os árabes determinam o *status* de Israel no mundo", um relato das relações entre Israel e o Terceiro Mundo. No centro superior da página, uma fotografia mostra dois negros jovens e altos, de uniforme cáqui e chapéu de safári, observando atentamente uma mulher branca e mais baixa, virada de frente para o leitor, segurando um galho de laranjeira e aparentemente mostrando-o a eles (Figura 18). Nos termos de Van Leeuwen[63], os jovens são os pacientes da ação e a mulher é o agente. A cena se desenrola num pomar. A explicação é dada na legenda, à direita da fotografia:

> [Nos anos 1950] estudantes africanos vieram a Israel para se especializar em domínios nos quais Israel tinha conhecimento único e exclusivo: irrigação e desenvolvimento

---

[60] Gunther Kress, "Against Arbitrariness: The Social Production of the Sign as a Foundational Issue in Critical Discourse Analysis", *Discourse in Society*, v. 4, n. 2, 1993.

[61] Roland Barthes, *La chambre claire*, cit., p. 818.

[62] James V. Wertsch, *Voices of the Mind: A Sociocultural Approach to Mediated Action* (Harvard, Cambridge University Press, 1991).

[63] Theo van Leeuwen, "Visual Racism", em Martin Reisigl e Ruth Wodak (orgs.), *The Semiotics of Racism* (Viena, Passagen, 2000), p. 333-50.

סטודנטים אפריקאים
רבים הגיעו לישראל
להתמחות במיגזרים
שבהם היה לישראל ידע
ייחודי בלעדי: השקיה,
פיתוח המידבר, תיכנון
קהילתי ואזורי.
הסטודנטים הנראים כאן
לומדים שיעור בטיפול
בעצי פרי.

אשנב

"חוק ירושלים", אוגוסט 1980
לעיתים דואגת ישראל לערער בעצמה את מעמדה הבינלאומי על־ידי מעשים בלתי־שקולים. דוגמה מובהקת לכך היא "חוק ירושלים", שעבר בכנסת באוגוסט 1980 ביוזמתה של גאולה כהן מתנועת ה"תחייה". חוק יסוד זה בא לקבוע שהעיר המאוחדת תישאר לנצח בירתה של מדינת ישראל. רוב המשקיפים ראו בכך "שער עצמי". לא זו בלבד שהחוק היה מיותר, שכן ירושלים המזרחית סופחה ממילא באורח רשמי מיד אחרי מלחמת ששת הימים; אלא שהוא העלה את ירושלים על סדר היום הבינלאומי, נתפס כהתגרות בערבים ובדעת הקהל העולמית, וסופו שהשיג את ההיפך ממה שביקש להשיג: הוא החליש את מעמד ישראל בעיר הבירה שלה. למרות זאת, החוק עבר ברוב עצום, שכן מפלגת העבודה שישבה אז באופוזיציה לא העזה להצביע נגדו, מחשש שתיחשד בחוסר מחויבות מספקת לעניין ירושלים.
התוצאות היו צפויות מראש: הגוש הערבי־מוסלמי יצא בשצף־קצף נגד החוק וישראל הוקעה בכל פורום בינלאומי אפשרי, לרבות מועצת הביטחון של האו"ם. גרוע מזאת, 12 מדינות לטינו־אמריקניות וכן הולנד, שהמשיכו, על אף כל הלחצים, להחזיק את שגרירויותיהם בירושלים, נטשו בזו אחר זו את הבירה.

פתחו את שגרירויותיהן בירושלים, אך לא תמיד הן תמכו בה בזירה הבינלאומית. הסיבה היתה המלחמה המתמשכת במזרח התיכון.

4 את מעמד ישראל בעולם קובעים יחסיה עם הערבים

דווקא הניצחון הגדול במלחמת ששת הימים סימן את תחילת תהליך ההידרדרות של תדמית ישראל בעולם. מצד אחד היו הכל משוכנעים כי לישראל הצבא, המודיעין והטייסים הטובים בעולם. מצד שני, המצוינות הזאת שמה קץ לתחושות האשם שחוללה השואה. הישראלים נתפסו עתה כחזקים, והפלסטינים – כחלשים. האיבה לישראל ולציונות הפכה לאופנה בקרב האינטליגנציה של השמאל.

תופעה זו צברה תאוצה והתרחבה בעקבות מלחמת יום הכיפורים. מדינות ערב גילו את עוצמת נשק הנפט, ואירופה גילתה עד כמה פגיעה כלכלתה. מדינות אירופה הגיבו בבהלה. בעוד הקרבות מתחוללים בחזית הקפיאו האנגלים את מכירות הנשק לישראל; הגרמנים, האיטלקים והספרדים סירבו לאפשר למטוסי התובלה האמריקנים, בדרכם לישראל, להשתמש בשדות התעופה שלהם; צרפת מכרה מטוסי מיראז' ללוב, אימנה טייסים מצרים ותמכה בגלוי במתקפה הערבית. משבר הנפט הפך את הסכסוך הישראלי־ערבי לבעיה אירופית כאובה: ישראל הצטיירה כגורם המאיים על שגשוגה הכלכלי של היבשת.

המתקפה הדיפלומטית הערבית הצליחה

234

Figura 18: Os árabes determinam as relações de Israel com o mundo.
Cortesia de Lavon Institute e Mapa Publishers, Israel.

do deserto, planejamento comunitário e regional. Os estudantes mostrados aqui estão tendo uma aula sobre manutenção de árvores frutíferas.

Com essa imagem em mente, o leitor deve passar ao texto abaixo da fotografia:

O ataque diplomático dos árabes teve um sucesso além do esperado no Terceiro Mundo, em especial na África, que sofreu mais do que qualquer um com a

> espantosa disparada dos preços do petróleo. Logo após a Guerra dos Seis Dias, a Guiné rompeu relações com Israel [...]. O sonho de Nasser de expulsar Israel da África parecia prestes a se realizar [...]. Um a um, quase todos os países árabes romperam os laços com Israel.

A mensagem transmitida pelo título do capítulo, pelo texto verbal e pela fotografia acima dele é a mensagem política israelense da época, amplamente conhecida: nós os ajudamos a cultivar laranja e eles nos traem (vinte anos depois) por causa de intriga dos árabes e do preço do petróleo. No entanto, antes de se dirigir ao texto verbal, o leitor é atraído por um texto em destaque. Em um "quadro" verde, fortemente destacado, na parte do Real-Dado da página, reservada em geral para o passado e o sabido, somos confrontados com uma descrição "proléptica"[64] de um fato que ocorreu mais de dez anos depois dos acontecimentos apresentados no texto principal e cerca de trinta anos depois do acontecimento retratado na fotografia: A "Lei Jerusalém", de agosto de 1980.

> Às vezes a própria Israel trata de arruinar seu *status* internacional com sua imprudência. Um exemplo perfeito dessa imprudência é a "Lei Jerusalém", que passou no Knesset em 1980. [...] Todos os observadores [internacionais] viram essa lei como um "gol contra". A lei não apenas era desnecessária [...] como foi considerada uma clara provocação contra os árabes e o mundo. [...] Os resultados eram esperados: o bloco árabe reagiu com raiva e Israel foi denunciado em todos os fóruns internacionais imagináveis. [...] Um a um, doze países latino-americanos e a Holanda [...] abandonaram a capital [Jerusalém].

O quadro verde cria uma oposição imediata com a fotografia e contradiz o texto verbal que, tendo menos destaque e sendo apresentado como "novo" em relação ao "quadro" verde, muito provavelmente será lido por último. A moldura intensa, conseguida com desconexão e cor, enfatiza a descontinuidade entre os elementos e ao mesmo tempo indica que, embora pareçam separados, eles podem afetar uns aos outros[65]. Como sublinha Arnheim, "a moldura define a imagem como [...] um centro que exerce efeitos dinâmicos sobre o entorno"[66].

---

64 Segundo Caroline Coffin, é uma exposição que contém interpretação ou descrição crítica e, portanto, é estruturada não apenas cronologicamente, mas também retoricamente. Ver Caroline Coffin, *Historical Discourse: The Language of Time, Cause and Evaluation* (Londres, Continuum, 2006); "Constructing and Giving Value to the Past", em Frances Christie e James Robert Martin (orgs.), *Genres and the Institutions: Social Processes in the Workplace and School* (Londres, Continuum, 1997).

65 Gunther Kress e Theo van Leeuwen, "Critical Layout Analysis", cit., p. 34.

66 Rudolf A. Arnheim, *The Power of the Centre*, cit., p. 55.

A relação não convencional Dado-Novo entre os diferentes blocos de história levanta a questão da implicação ou, como diz Paul Grice, da "implicatura"[67], pois se trata de um desvio em relação à representação cronológica "ordenada" que se espera dos livros de história. Como explica Grice, cada transgressão da convenção tem uma implicatura ou, como diz Kress, cada transgressão é motivada por interesse. Por isso, apresentar em primeiro lugar a descrição dos eventos futuros, na parte do Real-Dado da página e dentro de uma moldura em destaque, só pode ser motivado por interesse, pois isso os torna a base sobre a qual o texto verbal será compreendido. O texto verbal, que discute a década de 1970, é lido à luz da imprudência de Israel em 1980, que acarretou denúncias internacionais e a perda de bons aliados. Portanto, ao ler o texto verbal depois de ler o "quadro", podemos deduzir que talvez não tenham sido as intrigas de Nasser que fizeram os países africanos romper os laços de amizade com Israel, mas sim a imprudência israelense (não mencionada) – como a que foi cometida "em algum momento" no futuro e tornou Israel odioso aos olhos do mundo.

Essa ordem inabitual pode sugerir também que a história se repete e, por isso, o ordenamento dos acontecimentos históricos na página é irrelevante. O passado não difere do presente ou do futuro, e o dado ou sabido não é nem dado nem sabido, assim como o novo é tudo menos novo.

Ela pode significar ainda que Israel não aprende com as experiências passadas, como é sugerido no fim da página dupla por outra descrição propeléptica, dessa vez sobre os acordos de Oslo entre Israel e as autoridades palestinas em 1994: "A posição de Israel nunca foi tão positiva e atraente como depois dos acordos de Oslo [...]. Permanecerá aberta a janela de oportunidades, ou se fechará de novo? A resposta está antes de mais nada nas mãos de Israel" (*The 20th*, p. 289).

A interpretação que o historiador faz do passado, expressa no *layout*, é explicitamente intertextualizada com o presente e o futuro.

Conclusão

Este capítulo mostrou que o *layout* é um meio poderoso não apenas de perpetuar as narrativas oficiais, mas também de criar interpretações alternativas e entremear as percepções dos autores no discurso educacional oficial. O *layout* permite

---

[67] Paul Grice, "Logic and Conversation", em Paul Grice, *Studies in the Way of Words* (Harvard, Harvard University Press, 1989), p. 1-138.

"puncionar" ou abrir um buraco na semiose convencional, quebrar tabus e transmitir mensagens ousadas que – é preciso enfatizar – somente se revelam através de uma análise multimodal. O *layout* permite que novos significados sejam inseridos em significados convencionais, sem apagá-los completamente, transformando-os assim em uma camada no interior de uma espécie de palimpsesto[68]. Esse palimpsesto é o novo signo complexo criado pelo *layout*, que "fornece novos elementos e novos recursos para a continuação do processo de semiose"[69].

[68] Gérard Genette, *Palimpseste*, cit.

[69] Gunther Kress, "Text as the Punctuation of Semiosis", cit., p. 152.

4
Processos de legitimação em relatos de massacres

On the desire to be precise

Nathan Zach

And then there was a major exaggeration in the body count
There were some who counted about a hundred and some counted several hundreds
And this one said I counted thirty-six burnt women
And his friend said you are wrong, it was only eleven
And the error is deliberate and political, not accidental
And since I am started I will also say
That only ten women were slaughtered because two were shot
And there is one that is questionable and it is not clear
If she were slaughtered, raped or merely slashed in the belly
And also in the matter of the children the last word has not yet been said
Everyone admits that six were crucified and one was tortured
Before his head was crushed but who will assure us
That all those who had disappeared with nobody knowing their whereabouts
Were indeed thrown – all of them or some of them – into the sea
Because if that is so – how can we account for the blood stains?
With things like these one should not lend oneself to exaggerations
And one should recognize and beware: this is a matter of life and death
And one might – God forbid – err in the reports

For such has, my learned friend, happened before.
And all that day great disputation was in that place
And if it had not been for the terrible stench that rose there
They would have come to complete precision – or to blows
Since the desire to be precise is no less human
Than the desire to kill, to rape, to crush, and to exterminate
Your enemy, your opponent, your next-door neighbour,
the suspicious stranger,
Or just
Every man, woman or child in the world.[1]

Introdução

Durante a guerra de 1948, que os israelenses chamam de "Guerra da Independência" e os palestinos de "Nakba", cerca de 800 mil palestinos foram expulsos de suas terras, 530 aldeias foram arrasadas e 11 bairros foram esvaziados de seus habitantes[2].

Depois do estabelecimento do Estado de Israel, o Exército israelense cometeu massacres tanto de cidadãos palestino-israelenses quanto de refugiados palestinos em suas aldeias e campos de refugiados na Jordânia.

---

1 *No Rattling of Sabers: Israeli War Poetry 1940-1990* (trad. do hebraico para o inglês Esther Raisen, Austin, The Center for Middle Eastern Studies/The University of Texas Press, 1996), p. 140. A reprodução é cortesia da University of Texas Press. ["Sobre o desejo de ser preciso": "E então houve um enorme exagero na contagem dos corpos/ Alguns contaram cerca de cem e alguns contaram várias centenas/ E um disse eu contei trinta e seis mulheres queimadas/ E seu amigo disse você está errado, foram só onze/ E o erro é deliberado e político, não é acidental/ E como comecei também direi/ Que só dez mulheres foram massacradas porque duas foram fuziladas/ E uma é questionável e não está claro/ Se ela foi massacrada, estuprada ou apenas esfaqueada/ E também quanto às crianças a última palavra ainda não foi dada/ Todos admitem que seis foram crucificadas e uma foi torturada/ Antes de ter a cabeça esmagada mas quem pode nos assegurar/ Que todos os que desapareceram sem ninguém saber do seu paradeiro/ Foram de fato jogados – todos ou alguns – ao mar/ Porque se de fato assim foi, como explicar as manchas de sangue?/ Com coisas assim não devemos nos prestar a exageros/ E temos de reconhecer e atentar: é uma questão de vida e morte/ E podemos – Deus nos livre – errar nos relatórios/ Pois isso, meu sábio amigo, já aconteceu antes./ E durante todo o dia houve naquele lugar grande disputa/ E se não fosse o terrível fedor que de lá subia/ Eles teriam chegado a inteira precisão – ou aos murros/ Já que o desejo de ser preciso não é menos humano/ Do que o desejo de matar, estuprar, esmagar e exterminar/ O inimigo, o oponente, o vizinho, o estrangeiro suspeito,/ Ou apenas/ Todo homem, toda mulher ou toda criança no mundo." – N. T.]

2 Ilan Pappé, *The Ethnic Cleansing of Palestine* (Oxford, OneWorld, 2006).

Embora, como observa Rabinowitz, "a tragédia palestina, com 750 mil pessoas refugiadas ou removidas, perdas colossais de casas, terras, meios de subsistência e honra, seja consistentemente silenciada na historiografia israelense"[3], esses fatos não estão inteiramente ausentes dos livros didáticos israelenses de história. A maioria dos livros menciona, sempre afirmando reiteradamente que boa parte dos palestinos deixou suas casas por instigação de seus líderes, que alguns de fato foram expulsos ou massacrados. Alguns livros didáticos (em especial os mais recentes, publicados em 2004, 2006 e 2009) tendem a apresentar os massacres como operações militares ou batalhas de rotina; outros concebem os massacres como transgressões dos planos oficiais, mas ainda assim os legitimam em razão do resultado positivo a que levaram: o estabelecimento e a manutenção de um Estado judaico coerente e seguro, com uma população de maioria judaica.

Um "massacre" é definido como:

1) O ato ou um caso de matança de um certo número de seres humanos, geralmente indefesos ou rendidos, sob circunstâncias de atrocidade ou crueldade.

2) Um assassinato cruel ou arbitrário[4].

Este capítulo examina relatos de massacres em sete livros didáticos de história para ensino médio e um de educação moral e cívica, todos publicados entre 1988 e 2009. Ele busca demonstrar como, pela utilização de uma retórica complexa que envolve tanto meios verbais quanto visuais, os livros legitimam os massacres por seus resultados.

Nosso estudo utiliza teorias e ferramentas analíticas da análise crítica do Discurso, da semiótica social e da análise multimodal a fim de examinar as estratégias linguísticas, discursivas, genéricas e multimodais de legitimação empregadas nesses livros didáticos israelenses. A análise se baseia essencialmente nos trabalhos de Teun van Dijk, Luisa Martin Rojo, Theo van Leeuwen, Ruth Wodak, Robert Hodge, Gunther Kress e Caroline Coffin[5]. O argumento que pretendemos apresentar neste

---

[3] Dan Rabinowitz, "Natives with Jackets and Degrees: Othering, Objectification and the Role of Palestinians in the Co-existence Field in Israel", *Social Anthropology*, v. 9, n. 1, 2001, p. 74.

[4] Dicionário Merriam-Webster *on-line*.

[5] Teun A. van Dijk, *Ideology. A Multidisciplinary Approach* (Londres, Sage, 1997); Luisa Martin Rojo e Teun A. van Dijk, "'There Was a Problem, and It Was Solved!' Legitimating the Expulsion of 'Illegal' Immigrants in Spanish Parliamentary Discourse", *Discourse and Society*, v. 8, n. 4, 1997, p. 523-67; Theo van Leeuwen, "Visual Racism", em Martin Reisigl e Ruth Wodak (orgs.), *The Semiotics of Racism* (Viena, Passagen, 2000), p. 33-50; "Legitimation in Discourse and Communication", *Discourse and Communication*, v. 1, n. 1, 2007; *Discourse and Practice: New Tools for Discourse Analysis* (Oxford,

capítulo é o de que os livros didáticos regulares de Israel legitimam implicitamente o assassinato de palestinos enquanto instrumento eficaz para garantir a preservação de um Estado judeu seguro, com população de maioria judaica.

Três acontecimentos que envolveram mortes intencionais ou arbitrárias de palestinos indefesos são relatados em alguns livros didáticos regulares de história em Israel:

1) O massacre de Deir Yassin em 1948.

2) O massacre de Qibya em 1953.

3) O massacre de Kafr Qasim em 1956.

Além disso, um acontecimento de morte intencional de judeus é mencionado: o caso Altalena, ocorrido em 1948. Seguem-se os detalhes de cada um desses massacres, tal como constam dos livros de história escritos para o público em geral, não destinados ao ensino fundamental ou médio.

1) O massacre de Deir Yassin, 9 de abril de 1948: nessa data, Deir Yassin, aldeia a oeste de Jerusalém que havia chegado a um acordo de não agressão com o Haganá (forças armadas oficiais pré-Estado de Israel), sofreu um ataque dos grupos clandestinos "dissidentes" Irgun e Lehi. Boa parte dos habitantes foi massacrada. O número de vítimas – até hoje em debate – foi estimado entre 110 e 245. Ilan Pappé explica o debate: "Pesquisas recentes reduziram o número aceito de pessoas mortas em Deir Yassin de 170 para 93, [mas] na época do massacre a liderança judaica anunciou orgulhosamente um número elevado de vítimas para tornar Deir Yassin o epicentro da catástrofe – um alerta para todos os palestinos de que destino semelhante os aguardava, caso se recusassem a deixar suas casas e se retirar"[6]. O número de 245 vítimas foi endossado na época por autoridades judaicas, internacionais e palestinas. A rádio do Irgun declarou no dia 14 de abril, cinco dias após o massacre, que boa parte das aldeias fora evacuada graças à sua ação em Deir Yassin: "Com um único golpe, nós mudamos a situação estratégica da capital", o grupo declarou

Oxford University Press, 2008); Theo van Leeuwen e Ruth Wodak, "Legitimizing Immigration Control: A Discourse-Historical Analysis", *Discourse Studies*, v. 1, n. 1, 1999, p. 83-118; Robert Hodge e Gunther Kress, *Language as Ideology* (Londres, Routledge, 1993); Caroline Coffin, "Constructing and Giving Value to the Past", em Frances Christie e James Robert Martin (orgs.), *Genres and the Institutions: Social Processes in the Workplace and School* (Londres, Continuum, 1997); *Historical Discourse: The Language of Time, Cause and Evaluation* (Londres, Continuum, 2006).

[6] Ilan Pappé, *The Ethnic Cleansing of Palestine*, cit.

orgulhosamente[7]. O massacre ficou marcado como "um acelerador crucial" da evacuação de cidades e aldeias árabes até junho de 1948, em especial na Palestina Central e do Sul[8].

A aldeia foi povoada no verão seguinte por judeus recém-chegados, apesar das objeções de acadêmicos como Martin Buber e Ernst Simon, que acreditavam que o massacre era "uma mancha na honra da nação hebraica" e, portanto, a aldeia deveria ficar vazia como "símbolo trágico e horrível da guerra, um sinal de alerta para o nosso povo, de que nenhuma necessidade militar ou prática deve justificar assassinatos como esse"[9].

Deir Yassin ainda não se tornou "história" na consciência israelense. Ainda é um "acontecimento vivo, um evento cujos significados ainda são negociados, cuja referência ainda evoca fortes emoções e cujo discurso é carregado de atos de fala de ameaça, culpa e justificação"[10]. Um exemplo desse tipo de discurso é uma matéria de TV transmitida em abril de 1997 e analisada por Shoshana Blum-Kulka. A matéria mostrava uma manifestação de palestinos que desejavam celebrar o massacre no bairro judeu ortodoxo de Har Nof, que foi erguido sobre a aldeia arrasada de Deir Yassin. O repórter assumiu uma postura um tanto subversiva diante da questão, deixando "escapar" as diferentes perspectivas: a acusatória e a justificatória, e permitindo que o telespectador decidisse como interpretar a matéria. No que diz respeito ao número de mortes e à identificação das partes culpadas, a matéria apresentava a controvérsia não resolvida, afirmando que:

> Mais de 125 habitantes foram mortos no decurso da conquista da aldeia pelas forças do Haganá, do Irgun e do Lehi. Nosso repórter Yotam Binur diz que, anos depois, o primeiro-ministro Ben-Gurion se desculpou pelo assassinato, mas oficiais militares dizem que o massacre acarretou uma fuga em massa de árabes de suas aldeias em Israel e possibilitou o estabelecimento de uma maioria de judeus.

---

7 Benny Morris, *The Birth of the Palestinian Refugee Problem Revisited* (Cambridge, Cambridge University Press, 2000), p. 159.

8 Ibidem, p. 160.

9 Lior Zlatin, *Davar*, 8 abr. 1993. Citado em Shoshana Blum-Kulka, "Hegemonic, Polysemic or Subversive Discourse? News and History", em Ora Schwarzwald, Shoshana Blum-Kulka e Elite Olshtain (orgs.), *The Rafael Nir Book* (Jerusalém, Carmel, 2000).

10 Daniel Dayan e Elihu Katz, Media Events: The Live Broadcasting of History (Cambridge-MA, Harvard University Press, 1992), citado em Shoshana Blum-Kulka, "Hegemonic, Polysemic or Subversive Discourse?", cit. Ver também E. Amir, "Not a Dozen but a Hundred and Ten", *Haaretz*, 22 maio 2009.

Em seguida, a câmera se vira para o parlamentar árabe-palestino Hashim Mahmid, que diz: "Centenas de pessoas foram assassinadas aqui e todo mundo deve saber. Não podemos esquecer que casos como esse aconteceram. Meu povo também tem memória. Eles também têm direito a se lembrar, assim como o povo judeu".

Ao nomear o Haganá como uma das forças responsáveis pelo assassinato, o repórter assume claramente um dos lados da discussão sobre a responsabilidade do Haganá no massacre; o pedido de desculpas de Gurion ao rei Abdullah, da Jordânia, significa que ele reconheceu o crime. Os militares acreditam que foi um "crime fundador", pois teve efeitos positivos para Israel, e a perspectiva palestina, expressa pelo parlamentar Mahmid, é a de que esse massacre faz parte da Shoá palestina.

2) O massacre de Qibya[11]: na noite de 12 para 13 de outubro de 1953, palestinos infiltrados da Jordânia assassinaram uma mulher e seus dois filhos em casa, em Yahud (uma aldeia palestina evacuada em 1948 e repovoada por imigrantes judeus). Antes dessa matança, a Unidade Especial 101 das forças de defesa de Israel atacaram o campo de refugiados de Burji, na Faixa de Gaza, e mataram vinte pessoas. Os infiltrados de Yahud fugiram para a aldeia de Rantis, a cinco quilômetros ao norte de Qibya. Sem consultar o Gabinete, o primeiro-ministro, o chefe do estado-maior e outros generais decidiram revidar. O massacre, designado como represália ou retaliação no discurso público, foi cometido pela Unidade Especial 101, que fora criada com essa finalidade, sob o comando do major Ariel Sharon. A versão oficial diz que a ordem a Sharon era esvaziar a aldeia e demolir algumas casas. No entanto, Benny Morris descobriu que a ordem era "cometer destruição e o máximo de mortes possível a fim de expulsar todos os habitantes de suas casas", que deveriam ser demolidas. Sessenta e nove pessoas foram mortas e 45 casas foram demolidas. Como notícias sobre o massacre vieram à tona, o governo israelense, e em especial o primeiro-ministro David Ben-Gurion, negou, afirmando que todos os soldados se encontravam em suas bases naquela noite e que o massacre fora cometido por camponeses furiosos com os roubos: esses camponeses, dizia o pronunciamento, eram sobreviventes do Holocausto e recém-chegados de países árabes, onde é comum a vingança. Mais tarde, Ben-Gurion disse que os soldados não sabiam que havia pessoas nas casas naquela noite e que a maioria das vítimas eram pessoas que foram soterradas nas casas demolidas. Depois,

[11] Baseado em Benny Morris, cit., p. 176-8.

ele justificou as represálias dizendo que elas restauraram a segurança tanto nos assentamentos fronteiriços como em Tel-Aviv[12].

O único que denunciou publicamente o massacre no campo da moral foi o professor Yeshayahu Leibowitz (1903-1994), um dos mais proeminentes cientistas e acadêmicos de Israel, judeu devoto e militante da paz e da justiça social. Logo após o massacre, Leibowitz publicou um artigo intitulado "Depois de Qibya" em que concluía que, uma vez que o sionismo aplicou o valor da santidade a assuntos mundanos como o Estado, a terra e as armas, ele os dotou de legitimidade moral absoluta: "Se as pessoas e sua segurança, se a pátria e sua paz, é o mais sagrado dos sagrados, e se a espada é a rocha de Israel – então Qibya é possível e permissível [...] essa é a terrível punição pelo grave pecado de usar o nome de Deus em vão".

3) O massacre de Kafr Qasim[13]: após o estabelecimento do Estado de Israel em 1948, os cidadãos árabe-palestinos ficaram sob regime militar, necessitando de permissão para entrar e sair de casa. Foi imposto toque de recolher das 19 horas às 6 horas. No período que antecedeu a guerra de 1956 com o Egito, o governo e o Exército conceberam um plano (Operação Hafarforet [Toupeira]) para desviar a atenção de suas verdadeiras intenções e "estimular" os palestinos que viviam perto da fronteira a fugir para a Jordânia, impedindo subsequentemente seu retorno. No primeiro dia da guerra, o Exército decidiu antecipar o toque de recolher das cidades e aldeias palestinas das 19 horas para as 17 horas, mas os *mukhtars* [líderes] das aldeias só foram notificados da mudança meia hora antes do início, de forma que eles não puderam avisar os camponeses que estavam trabalhando nos campos ou longe das aldeias. Não obstante, a ordem do coronel Shadmi era atirar e matar qualquer um que se encontrasse fora de casa após as 17 horas.

Embora a maior parte dos soldados subalternos tenha decidido não obedecer à ordem, o tenente Gavriel Dahan, que controlava a entrada oeste de Kafr Qasim, parou as carroças, as bicicletas e os caminhões que traziam os trabalhadores de volta dos campos, ordenou que as pessoas que estavam ali e suas famílias formassem uma fileira e instruiu os soldados a "dar fim nelas". Uma hora depois, 47 pessoas –

---

12 *Haaretz*, 15 dez. 1955. Citado em *50 Years*, p. 245.

13 Baseado em Ruvik Rosenthal, *Kaffer Kassem: Events and Myths* (Tel-Aviv, Hakibbutz Hammeuchad, 2000). Ver também T. Segev, "Back to Kaffer Kassem", *Haaretz*, 27 out. 2006.; D. Karpel, entrevista com Benyamin Kol, *Haaretz*, 8 out. 2008.

das quais 11 crianças e 17 mulheres – foram mortas nas entradas norte e oeste de Kafr Qasim e dentro da aldeia. Os corpos foram enterrados às pressas durante a noite no povoado vizinho de Jaljulia, por aldeões forçados a realizar a tarefa.

Após seis semanas, durante as quais o governo israelense negou o ocorrido e censurou sua divulgação, não havia alternativa senão acusar os soldados de homicídio[14]. Os réus alegaram que haviam obedecido às ordens de seus superiores, mas o juiz decidiu que eles deveriam ter desobedecido a uma ordem flagrantemente contrária ao espírito da lei e os condenou a penas que variaram de sete a dezessete anos de prisão. O oficial comandante recebeu uma multa de duas libras. Eles foram soltos em dezembro de 1959 por anistia presidencial e suas patentes foram devolvidas. O próprio Gavriel Dahan foi nomeado delegado da Agência Judaica em Paris. Em 1994, o prefeito de Kafr Qasim, xeique Darwish Nimer, escreveu uma carta ao primeiro-ministro Yitzhak Rabin solicitando que o Estado reconhecesse o massacre, mas não recebeu resposta[15].

Na consciência judaico-israelense, o massacre de Kafr Qasim é lembrado sobretudo por ter originado a decisão da Corte contra o cumprimento de "ordens flagrantemente contrárias ao espírito da lei". Em Kafr Qasim, a data é comemorada todo ano, mas autoridades israelenses raramente comparecem à cerimônia. Em 1999, o ministro da Educação Yossi Sarid decidiu que as escolas israelenses deveriam comemorar anualmente o dia do massacre, solicitação renovada pela ministra Yuli Tamir em fevereiro de 2009, logo após os ataques a Gaza. Tamir exigiu que as escolas comemorassem o massacre porque era "um marco da sociedade israelense que inculcou em gerações de comandantes e soldados os limites morais dentro dos quais eles devem agir"[16]. Assim como boa parte dos livros escolares aqui analisados[17], a professora Tamir não mencionou que o veredito não foi cumprido integralmente e não disse nada sobre o sofrimento dos aldeões.

---

[14] Isso ocorreu depois que Tawfik Toubi, um político palestino do Partido Comunista que faz parte do Knesset, divulgou o evento no dia 23 de novembro de 1956, após visitar a aldeia e entrevistar os feridos. Toubi escreveu, entre outras coisas, que "os perpetradores diretos do crime não são os culpados, os verdadeiros culpados são principalmente os responsáveis pelas políticas de perseguição e opressão da população árabe". Disponível em: <http://www.tarabut.info/he/articles/article/tawfik-touby>.

[15] Dentre as fontes estão T. Segev, "Back to Kaffer Kassem", cit.; D. Karpel, entrevista com Benyamin Kol, cit.; e Ruvik Rosenthal, *Kaffer Kassem*, cit.

[16] *Haaretz*, 16 fev. 2009.

[17] Bar-Navi (*The 20th*) escreve que a sentença "foi adoçada" e os soldados foram soltos logo depois. Naveh et al. escrevem que os soldados foram liberados depois de um ano. Nenhum dos livros menciona o fato de que o oficial comandante recebeu uma multa de duas libras.

Como escreveu Uri Avneri no *Maariv*: "As histórias pessoais dos sobreviventes de Kafr Qasim soam como as histórias que os judeus contam do Vale da Morte*; histórias que toda criança árabe conhece de cor e da qual nenhuma criança judia em Israel jamais ouviu falar"[18].

A natureza da legitimação: pano de fundo teórico

A base teórica da análise que se segue a respeito da natureza da legitimação e seus vários tipos repousa principalmente sobre obras de semiótica social e análise crítica do discurso[19].

Luisa Martin Rojo e Teun van Dijk definem legitimação como o ato de "atribuir aceitabilidade a atores, ações e relações sociais" em contextos de "ações controversas, acusações, dúvidas, críticas ou conflitos sobre dominação, liderança e relações de grupos"[20]. A legitimação está ligada ao ato de fala de defender a si mesmo que "requer como uma de suas condições de adequação que o falante forneça bons motivos, fundamentos ou motivações aceitáveis para ações passadas ou presentes que foram ou poderiam ser criticadas por terceiros [...]. As instituições justificam suas ações quando temem desacordo ou condenação, desafio ou ataque"[21].

No caso dos massacres, a legitimação ocorre de cima para baixo: o Estado legitima suas ações descendentemente, "utilizando normas e valores que são ostensivos na cultura específica"[22]. Quando as ações dos governantes são compatíveis com normas e valores culturais e tradicionais e podem ser explicadas, elas não são legitimadas. Por exemplo, ações de limpeza étnica que envolveram massacre mas não foram controversas não passam por um processo de legitimação nos livros escolares. Elas são legitimadas *a priori* e são geralmente denominadas "operações". É o caso das operações de limpeza étnica das cidades palestinas de Lidda

---

* Massacre cometido pelos nazistas em 1939 na cidade polonesa de Bydgoszcz no qual morreram de 1.200 a 1.400 pessoas. (N. T.)

18 Uri Avneri, *Maariv*, 1996; citado em Ruvik Rosenthal, *Kaffer Kassem*, cit.

19 Luisa Martin Rojo e Teun A. van Dijk, "'There Was a Problem, and It Was Solved!'", cit.; Teun A. van Dijk, *Ideology*, cit.; Theo van Leeuwen e Ruth Wodak, "Legitimizing Immigration Control", cit.; Theo van Leeuwen, "Legitimation in Discourse and Communication", cit.; *Discourse and Practice*, cit.

20 Luisa Martin Rojo e Teun A. van Dijk, "'There Was a Problem, and It Was Solved!'", cit., p. 560-1.

21 Teun A. van Dijk, *Ideology*, cit., p. 256.

22 Ibidem, p. 255.

e Ramla em 1948, ou das aldeias próximas a Deir Yassin, como Kastal e Hulda, que, como informam os livros, foram efetuadas "conforme o Plano Dalet oficial" (*AHH*, p. 314; Naveh et al.) e com o consenso tácito do primeiro-ministro Ben-Gurion (*The 20th*). Não obstante, detalhes que fariam os alunos questionar as ordens de cima, tais como o fato de que 426 homens, mulheres e crianças foram assassinados em Lidda e Ramla, dos quais 176 dentro de uma mesquita, e 50 mil pessoas foram expulsas durante a noite, "privadas de seus pertences", foram omitidos dos relatos[23].

A base ideológica da legitimação de massacres nos livros didáticos israelenses

A inclusão de massacres nos livros didáticos pode parecer um ato de educação muito corajoso. No entanto, a análise revela que, embora os livros denunciem a prática de matar, todos os relatos utilizam dispositivos semióticos para construir enunciados legitimadores que justificam seu desfecho. A maioria desses enunciados deriva da ideologia sionista-israelense que, "movida pelo mito de um Estado-nação puro, abriga inerentemente a possibilidade de limpeza étnica em situações de geografia mista"[24].

O objetivo de alcançar uma terra sem árabes nunca é externado nos livros escolares israelenses, mas a importância crucial de uma população majoritariamente judaica é dita explicitamente, como vemos no último parágrafo do capítulo que faz o seguinte relato sobre o massacre de Deir Yassin (*The 20th*): "Para os israelenses, a fuga dos árabes [ampliada e acelerada pelo massacre de Deir Yassin] resolveu um terrível problema demográfico, e até mesmo uma pessoa moderada como [o primeiro presidente] Weizmann falou a respeito disso como 'um milagre'" (*The 20th*, p. 195). A ideologia possui dois componentes contraditórios, solidariedade e poder, que, não obstante, "se misturam numa complexa promiscuidade [...]. [Enquanto] a solidariedade atenua as diferenças, o poder exacerba as diferenças"[25]. Hodge e Kress acrescentam que é o complexo ideológico de solidariedade e poder que fornece os meios de legitimação para governantes e instituições, em especial em casos que envolvem práticas de discriminação.

---

[23] Ilan Pappé, *The Ethnic Cleansing of Palestine*, cit., p. 167.

[24] Oren Yiftachel, *Ethnocracy: Land and Identity Politics in Israel/Palestine* (Philadelphia, University of Pennsylvania Press, 2006), p. 60.

[25] Gunther Kress e Robert Hodge, *Language as Ideology*, cit., p. 157.

A ideologia sionista-israelense, professando os direitos históricos dos judeus sobre a terra de Israel/Palestina, a ameaça árabe e a necessidade de manter o regime de segregação para a segurança dos judeus, legitima a desigualdade étnica e a dominância judaica em Israel, que está na base da legitimação da expulsão e dos massacres.

Normas e leis da legitimação

"É o consenso do povo que sinaliza a legitimidade."[26]

"A norma é aquilo que transforma a prescrição em lei."[27]

Ao legitimar atos controversos, o autor tem de convencer os leitores de que as normas compartilhadas se acomodam a cada situação particular e de que o ocorrido corresponde a uma das ações especificadas pelas normas como permitidas ou exigidas[28]. A legitimação, diz Van Leeuwen, é "fundada no princípio do certo e do errado [...], justificada de acordo com valores e normas culturalmente específicos"[29]. Daí a impossibilidade de uma análise descontextualizada da legitimação. Cada grupo possui um conjunto próprio de normas e valores que organiza e legitima as ações do grupo[30].

Lyotard afirma que as grandes narrativas de emancipação (tais como sionismo, acrescentamos aqui) permitem que as pessoas julguem estrangeiros ou pessoas da sociedade que não compartilhem seus ideais baseando-se em leis que os outros podem não reconhecer[31]. Para exemplificar, Lyotard cita as conquistas dos cruzados (eles executavam todos aqueles que não acreditavam em suas missões), a perseguição aos comunistas nos EUA e, poderíamos acrescentar, a forma pela qual a lei israelense trata os estrangeiros não judeus, tais como os trabalhadores "estrangeiros" (*host workers*), as minorias não judaicas que vivem no Estado de Israel e, sobretudo, os palestinos dos territórios ocupados, "cujas vidas são impunemente dispensáveis"[32].

---

26 Jean-François Lyotard, *The Postmodern Condition* (Manchester, Manchester University Press, 1984), p. 30 [ed. bras.: *A condição pós-moderna*, trad. Ricardo Corrêa Barbosa, Rio de Janeiro, José Olympio, 1986].

27 Idem, *The Differend: Phrases in Dispute* (Minneapolis, University of Minnesota Press, 1988), p. 142.

28 James Gordon Finlayson, *Habermas: A Very Short Introduction* (Oxford, Oxford University Press, 2005), p. 36-7.

29 Theo van Leeuwen, "Legitimation in Discourse and Communication", cit., p. 101.

30 Teun A. van Dijk, *Ideology*, cit., p. 257.

31 Lyotard, *The Differend*, cit., p. 31.

32 Oren Yiftachel, "(Un)Settling Colonial Presents", *Political Geography*, v. 26, n. 1, 2007, p. 43-52.

Yiftachel explica que tanto a segregação quanto a justificação são necessárias para manter o sistema de controle desproporcional e marginalizar as agendas civis rivais[33]. Essa necessidade – aceita e justificada pela maioria dos judeus israelenses[34] – é constantemente traduzida em leis, políticas, discursos e práticas[35]. No entanto, muitas vezes as práticas precedem a lei que as legaliza. Van Leeuwen observa que "os legisladores acreditam cada vez mais que, se a maioria das pessoas pratica uma coisa, essa coisa não pode ser errada e deve ser legalizada"[36]. Em Israel, embora os palestinos (cidadãos e não cidadãos dos territórios ocupados) sejam discriminados por lei, muitas vezes práticas discriminatórias e medidas duras precedem as leis que as legalizam, sobrepondo-se às decisões judiciais[37]. No entanto, boa parte das práticas opressivas contra palestinos é justificada mediante leis ou normas que a Suprema Corte considera muito difícil de combater[38], tais como a lei de cidadania ou a norma de "punições" coletivas e assassinatos extrajudiciais de palestinos[39]. Esse tratamento é impensável em relação a cidadãos judeus, ou até mesmo terroristas judeus, e não corresponde às normas da justiça ou do comportamento apropriado em outras instituições democráticas[40]. Por

[33] Idem, *Ethnocracy*, cit., p. 105.

[34] Ver, por exemplo, Or Kashti, *Haaretz*, 11 mar. 2010: "Metade da juventude israelense é contra direitos iguais para cidadãos árabes. A maioria nega aos árabes o direito de se candidatar ao Knesset".

[35] Oren Yiftachel, *Ethnocracy*, cit., p. 115.

[36] Theo van Leeuwen, "Legitimation in Discourse and Communication", cit., p. 97.

[37] O exemplo mais recente é a lei que permite que comitês de triagem rejeitem candidatos que não adotem a vida cultural ou religiosa do assentamento. Outra lei é a que permite que universidades deem prioridade a veteranos do Exército, isto é, a judeus, nos alojamentos estudantis. Ambas as leis foram aprovadas em reação a uma deliberação da Suprema Corte que condenava essas normas; as leis suplantaram a decisão judicial e legalizaram as normas.

[38] Por exemplo, conforme relatado por Uri Blau no *Haaretz*, em 28 de novembro de 2008, o chefe de Gabinete e os generais das forças de defesa israelenses sempre encontram formas de enganar a Suprema Corte e transgredir a decisão contra os assassinatos extrajudiciais. O ex-comandante dos territórios ocupados, general Yair Naveh, é citado no material revelado pelo *Haaretz*: "Deixe a Suprema Corte comigo, quero que o 'procurado' seja morto imediatamente, sem rodeios". Milhares de documentos sobre esse comando foram passados ao jornalista Uri Blau pelo ex-soldado Anat Kamm, que trabalhava como secretário no escritório do chefe de Gabinete durante o seu serviço militar. Hoje Kamm enfrenta um processo por traição.

[39] Por exemplo, o assassinato instantâneo de Ziad Jilani no dia 11 de junho de 2010 por guardas de fronteira que suspeitaram que ele estava intencionalmente tentando atropelar pessoas com o seu carro; verificou-se que a suspeita era equivocada.

[40] Tanto o Comitê da ONU contra o Racismo quanto a Anistia Internacional consideraram que a Lei da Cidadania é preocupantemente impregnada de racismo. Ver: <https://www.amnesty.org/en/latest/news/2016/09/israel-opt-pattern-of-unlawful-killings-reveals-shocking-disregard-for-human-life/>; <http://news.bbc.co.uk/2/hi/middle_east/3152651.stm>.

isso, quando alguém diz que uma ação está alinhada com as normas, temos de nos perguntar: normas de quem?

A legitimação é realizada muitas vezes por meio de discurso persuasivo (ou manipulativo), que descreve as ações como benéficas para o grupo ou a sociedade como um todo, reinterpretando-as como aceitáveis ou, ao menos, justificando-as como moral ou politicamente defensáveis nas "atuais circunstâncias", isto é, durante uma crise ou diante de uma ameaça externa[41].

Nos livros escolares israelenses, os enunciados que legitimam a morte de palestinos geralmente apresentam os massacres como "ações conformes com as normas", tanto com as normas específicas de Israel quanto com as normas ocidentais em geral, tais como a "guerra ao terror" ou a proteção dos cidadãos. Por exemplo: "Infiltrados entraram em Israel para cometer atos de terrorismo e o Estado foi obrigado a proteger seus cidadãos" (*AHH*, p. 331, massacre de Qibya); ou então: "as operações [dentre as quais o massacre de Qibya] também visavam fortalecer a moral e a sensação de segurança dos cidadãos de Israel, que sofreram com a ameaça constante em suas vidas – em casa, nos campos, na rua e em excursões" (Domka et al., p. 160).

As normas especificamente israelenses se apoiam em geral na autoridade da Bíblia. Assim, a justificação do massacre de Qibya como uma "resposta apropriada" ao assassinato de uma mãe judia e seus dois filhos é compatível com as normas "bíblicas", como o "mata quem tenta te matar", com suas interpretações modernas de "dissuasão", ou o "olho por olho" da vingança[42]. Essa norma, baseada em uma interpretação distorcida do princípio bíblico do "olho por olho",

---

[41] Luisa Martin Rojo e Teun A. van Dijk, "'There Was a Problem, and It Was Solved!'", cit.

[42] No dia 20 de setembro de 2007, Yuval Steinitz, chefe do Comitê de Segurança e das Relações Exteriores do Knesset, declarou a uma rádio israelense que apoiava que se atirasse nos civis que estivessem nas áreas onde são lançados os mísseis Kassam. Em resposta ao assessor jurídico do governo, que havia alertado contra os crimes de guerra, ele disse: "A capacidade de dissuasão de Israel repousa no princípio de fogo por fogo e horror por horror, e aqueles que condenam isso estão abrindo mão da segurança dos cidadãos israelenses". Disponível em: <steinitz.likudnik.co.il>. Após as mortes na escola religiosa de Merkaz Harav, em Jerusalém, e em apoio à decisão do ministro da Defesa, Ehud Barak, de que a casa da família do assassino fosse demolida, o ex-rabino-chefe de Israel Eliyahu Bakshi-Doron disse: "A Guemará diz que se os gentios levarem prata de Israel, eles devem devolver ouro, qualquer coisa que tirem deve ser devolvida em dobro. Mas, nesse caso, é impossível, porque mil árabes não valem um estudante judeu" (*Haaretz*, 4 abr. 2008). Declarações como essas foram feitas por oficiais durante o ataque a Gaza em 2009, de acordo com testemunhos de soldados à organização Breaking the Silence. Ver: "Occupation of the Territories, Israeli soldier testimonies 2000-2010", disponível em: <http://www.breakingthesilence.org.il>.

ainda serve de fundamentação lógica para justificar as ações israelenses contra os palestinos[43]. Essa interpretação tradicional prova o comentário de Bourdieu de que "tradição é ignorância que se aprende"[44], pois a frase em questão não encoraja a revanche e sim a reparação, seu significado é que a parte ofendida deve receber compensação financeira equivalente ao dano[45]. No entanto, a interpretação literal do "olho por olho" como retaliação é completamente admissível na cultura e na política israelenses, embora não necessariamente se acomode às normas universais. Como sustenta Van Leeuwen, "legitimação é sempre a legitimação das práticas de ordens institucionais específicas, através de normas, valores e 'fatos' particulares"[46].

Vejamos dois exemplos relativos ao massacre de Qibya e outras "represálias" legitimadas.

Domka et al. especificam que "entre 2.700 e 5.000 infiltrados palestinos, em sua maioria desarmados, foram mortos entre 1949 e 1956 pelas forças de defesa de Israel" e que "o primeiro-ministro Moshe Sharet criticou o comportamento das forças de defesa diante desses infiltrados" (Domka et al., p. 159), no entanto encerram o capítulo sobre o assassinato desses infiltrados majoritariamente desarmados com a seguinte observação: "Essas ações contribuíram para fortalecer a sensação de segurança entre os cidadãos israelenses" (Domka et al., p. 159).

Uma das perguntas que aparece no fim do capítulo traz uma página de jornal de 1956, cuja principal manchete é: "50 egípcios mortos, 40 presos – a maior operação desde a Guerra da Independência". E apresenta as seguintes perguntas:

1) De que maneira uma manchete como esta pode influenciar a moral dos cidadãos israelenses?

2) Por que Israel optou por levar a cabo "represálias", apesar de frequentemente envolverem a morte de pessoas inocentes?

---

43 No dia 15 de março de 2008, o ator Shlomo Vishinsky disse à TV Israelense que o porta-voz do Exército lhe telefonou para dizer que as forças de defesa israelenses haviam vingado a morte de seu filho, morto em combate em Gaza, matando os "despachantes" do assassino. Mais tarde, a Rádio Nacional quis saber se o assassinato lhe trouxe algum consolo. Ambos os meus filhos, que eram soldados quando sua irmã foi morta por um palestino suicida da Cisjordânia, foram provocados por seus comandantes a vingar sua morte cometendo "represálias" no Líbano. Eles se recusaram.

44 Citado em Theo van Leeuwen, *Introducing Social Semiotics* (Nova York, Routledge, 2005), p. 55.

45 Ver, por exemplo, a Enciclopédia Judaica: <http://www.daat.ac.il/encyclopedia/value.asp?id1=1645>.

46 Theo van Leeuwen, "Legitimation in Discourse and Communication", cit., p. 92.

As respostas óbvias, de acordo com as normas israelenses, seriam segundo esse livro, retaliação e dissuasão, que contribuíram para fortalecer a moral dos cidadãos israelenses.

Seguindo a mesma linha, embora de modo menos escancarado, Naveh et al. apresentam uma pergunta a respeito dessas "represálias": "Você acha que as represálias foram suficientes para dissuadir os árabes de atacar Israel?" (Naveh et al, p. 205).

Tipos de legitimação

Van Leeuwen[47] distingue quatro categorias-chave de legitimação:

1) *Mitopoese*: legitimação feita por meio de narrativas cujo resultado recompensa as ações legítimas e pune as ações não legítimas.
2) *Racionalização*: legitimação "por referência aos objetivos, usos e efeitos da ação social institucionalizada"[48].
3) *Avaliação moral*: legitimação por referência a discursos de valor ou sistemas de valor, que não são explícitos ou discutíveis, mas aos quais apenas se faz alusão por meio de procedimentos avaliativos que "disparam um conceito moral"[49].
4) *Autorização*: legitimação por referência à autoridade da tradição, do costume, da lei e de pessoas com alguma forma de autoridade institucional.

A seguir, exemplos de legitimação conforme essas categorias.

Mitopoese

Nos relatos a seguir, a narração do acontecimento (seu tema) é governada por uma "lógica mitológica", que é "um modelo lógico capaz de superar uma contradição"[50]. A história do massacre se desenrola de tal forma que o ato negativo é contrabalançado ou até mesmo recompensado por consequências positivas, tais como uma vitória ou um resgate, e o conflito entre o bem e o mal resulta na vitória do bem, isto é, em consequências positivas para Israel:

---

47 Idem.

48 Ibidem, p. 91.

49 Ibidem, p. 97.

50 Winifried Nöth, *Handbook of Semiotics* (Indianápolis, Indiana University Press, 1995), p. 376.

1) **Massacre de Deir Yassin**: o massacre de palestinos amistosos acarretou a fuga de outros palestinos, o que possibilitou o estabelecimento de um Estado judaico coerente (todos os livros).

2) **Massacre de Qibya**: o massacre de palestinos dentro de suas próprias casas trouxe certa confiança aos judeus (*AHH*) e restaurou a moral e a dignidade das forças de defesa de Israel (*50 Years*, *Face*, Naveh et al.)[51].

3) **Massacre de Kafr Qasim**:

a. Um crime bárbaro produziu um veredito esclarecido (*AHH*, Domka et al., Naveh et al.).

b. O massacre – possibilitado pelo governo militar e pelo toque de recolher permanente – foi o ponto de partida de um processo que acabou (muitos anos depois) com a abolição desse mesmo governo militar (*The 20th*).

Racionalização: legitimação baseada nos efeitos

Coffin explica que, nos livros didáticos de história, os acontecimentos são avaliados com base em sua capacidade de provocar mudanças boas ou más, grandes ou pequenas, por isso podem ser legitimados por seus efeitos[52]. Na legitimação baseada nos efeitos, "a intencionalidade é abordada a partir do outro extremo, como algo que acabou de ocorrer, ao invés de algo que foi, ou poderia ter sido, planejado de antemão"[53].

A legitimação baseada nos efeitos é parte da racionalização instrumental, que por sua vez faz parte da legitimação por racionalização. A racionalidade instrumental legitima ações "na medida em que correspondem ao critério da utilidade", isto é, "em referência ao propósito ou função a que servem, às necessidades que preenchem"[54]. A racionalização instrumental é mais comum na legitimação de massacres do que a racionalidade teórica que legitima uma prática por referência à ordem natural das coisas e fundamenta-se no fato de a ação se calcar ou não

---

51 Esse efeito, apresentado como um fato histórico, é na verdade uma citação de um artigo do jornal *Yediot Aharonot*, escrito pelo comandante do massacre em questão, Ariel Sharon, no dia 18 de outubro de 1992, 39 anos depois do massacre. O artigo intitulava-se: "A operação que restaurou a dignidade das FDI".

52 Caroline Coffin, "Constructing and Giving Value to the Past", cit.

53 Theo van Leeuwen, "Legitimation in Discourse and Communication", cit., p. 103.

54 Ibidem, p. 105.

em algum tipo de verdade, na "forma como as coisas são", como, por exemplo, na afirmação: "a única coisa que os árabes entendem é a força" (*MTII*, p. 273, massacre de Qibya).

Na medida em que a maioria dos livros não apresenta os massacres como ações intencionais, os motivos da matança são ocultados e os efeitos são destacados, servindo de justificação. Por exemplo, "nos meses seguintes [ao massacre de Deir Yassin], o Yishuv foi privilegiado com muitos êxitos militares" (*JIP*, p. 284). A palavra "privilégio" é a mesma que "recompensa" em hebraico e, de acordo com a tradição judaica e outras tradições que acreditam que as boas ações são recompensadas, a recompensa vai para quem praticou a boa ação. A legitimação baseada nos efeitos é compatível, portanto, com a "lógica mitológica" mencionada anteriormente. Da mesma forma, Bar-Navi escreve em *The 20th* que o massacre não "inaugurou" a fuga dos árabes, mas "acelerou-a enormemente". Ao usar verbos tão festivos para descrever as consequências do massacre, o livro o avalia implicitamente como algo positivo, de acordo com as normas e os valores israelenses.

Na mesma linha, o massacre de Qibya "restaurou a sensação de segurança e a moral dos cidadãos de Israel" (Domka et al., p. 160).

Somente *50 Years* e *Face*, seguindo a sua orientação militar de direita, mencionam a restauração da sensação de segurança como um dos motivos das "represálias", enfatizando o êxito dessas operações. *50 Years* apresenta um "sol" de fatores que levam o governo a autorizar as "represálias" e aponta para o "fortalecimento da moral" como um deles (*50 Years*, p. 243). O livro encerra o capítulo enumerando os sucessos dessas operações: "A Unidade 101 restaurou a moral e a dignidade do Exército e contribuiu para que se tornasse um Exército dissuasivo, cujo longo braço consegue alcançar o inimigo nas profundezas de seu próprio território" (*50 Years*, p. 244).

Face conta que "restaurar a segurança da população israelense, tanto moral quanto concretamente" foi um dos principais motivos dessas ações, e também uma de suas conquistas (*Face*, p. 294 e 297).

Os efeitos legitimadores nunca são os resultados diretos dos massacres, mas o que eles acabam ocasionando, geralmente sem o conhecimento de seus perpetradores e sem uma "conexão causal rigorosa" entre as ações e suas consequências[55].

[55] Paul Ricoeur, *Time and Narrative* (Chicago, Chicago University Press, 1983), v. 1, p. 136-7 [ed. bras.: *Tempo e narrativa*, trad. Constança Marcondes Cesar, rev. técn. Marina Appenzeller, Campinas, Papirus, 1994, t. 1].

Ricoeur explica, citando Von Wright, que há uma diferença entre fazer algo e ocasionar algo, situação em que a ação não é a causa direta de seus resultados. "Ocasionar refere-se a ações por meio das quais fazemos algo de tal modo que outra coisa ocorra [...] inclusive coisas que ocasionamos por meio de outras pessoas"[56]. Nos relatos dos massacres, o segundo caso se aplica.

Na legitimação baseada nos efeitos, "os envolvidos podem ser capazes de prever o resultado, mas não podem ocasioná-lo apenas por suas próprias ações. Não há identidade entre o agente da ação cujo propósito está para ser realizado e o agente da ação que constitui o propósito em si"[57].

Na legitimação pela racionalização também encontramos a legitimação baseada no uso e a legitimação baseada nos meios, realizadas em proposições com processos de "facilitação", tais como "permitir", "promover", "ajudar", "ensinar", "construir", "facilitar"[58]. Por exemplo: "A fuga dos árabes resolveu um horrível problema demográfico" (*The 20th*, p. 195).

A fuga em pânico dos palestinos que resolveu o "terrível problema demográfico" foi ocasionada pelo impacto do massacre de Deir Yassin, ou pelos boatos que ele gerou, um resultado não inteiramente previsto pelos perpetradores, embora tenha sido muito bem-vindo. Para legitimar o massacre de Deir Yassin, Manahem Begin, comandante do Irgun, escreveu em seu livro *The Revolt*:

> A fuga em massa [acelerada e ampliada pelo massacre de Deir Yassin] logo se transformou em uma debandada louca e descontrolada. Dos quase 800 mil que viviam no atual território do Estado de Israel, somente cerca de 165 mil continuam lá. É difícil superestimar a importância política e econômica desse desdobramento.[59]

Avaliação moral

Na maioria dos relatos aqui analisados, moralidade e utilidade política caminham juntas. Alguns relatos falam das "implicações morais e políticas" ou do "fardo moral e político" dos massacres (*The 20th, MTII*) etc. Como defende Van Leeuwen, "no discurso contemporâneo, a moralização e a racionalização andam sempre

---

56 Ibidem, p. 138.

57 Theo van Leeuwen, "Legitimation in Discourse and Communication", cit., p. 103.

58 Idem.

59 Manahem Begin, *The Revolt: Story of the Irgun* (Nova York, Henri Schuman, 1951), p. 164.

juntas [...]. No caso da racionalização, a moralidade é oblíqua e obscura, ainda que sem ela nenhuma racionalização possa funcionar como legitimação"[60].

Os relatos que legitimam os massacres pela moral fundamentam a legitimação na conformidade com as normas e na autoridade da tradição, chamando a carnificina de "ato punitivo" (*AHH*) e enfatizando que o massacre foi uma resposta apropriada ao terror.

Uma forma específica de avaliação moral utilizada nesses relatos é a naturalização, que "nega a moralidade e substitui as ordens moral e cultural pela 'ordem natural', em que 'natural' na verdade significa justificada ou verdadeira"[61]. Em tais casos, "a moralidade e a natureza se misturam"[62]. Por exemplo, *The 20th* apresenta como enunciado legitimador as palavras de Nathan Yellin Mor, comandante do grupo clandestino Lehi e dos assassinos de Deir Yassin, que aparentemente não sabia que haveria uma carnificina e ficou muito surpreso com a notícia: "Sei que no calor da batalha coisas assim acontecem e sei que as pessoas não as planejam. Elas matam porque seus amigos foram mortos e querem uma vingança instantânea. Sei que muitas nações e exércitos fazem coisas como essa" (*The 20th*, p. 184).

A naturalização é semelhante ao que Van Leeuwen denomina a autoridade da conformidade, que "se apoia na normalidade e no conhecimento de que todo mundo faz isso". Em tais casos, "a resposta à pergunta 'por quê' é [...] 'porque é isso que todo mundo faz', ou 'porque é isso que a maioria das pessoas faz'; e se 'todo mundo (ou a maioria) faz, você também deve (ou pode) fazer'. Fim da argumentação"[63]. No exemplo acima, comparando os assassinos a "pessoas" ou "muitas nações", Yellin Mor naturaliza e distancia o ato de massacrar da analogia que ele mesmo faz com os crimes dos nazistas ("Quando lembro que minha mãe e irmã foram conduzidas ao morticínio não posso aceitar esse massacre")[64]; se todo mundo faz, isso é "natural" e, portanto, legítimo nessas circunstâncias especiais.

A legitimação moral é feita por generalização, abstração e avaliação, ou avaliatividade[65].

---

[60] Theo van Leeuwen, "Legitimation in Discourse and Communication", cit., p. 105.

[61] Ibidem, p. 99.

[62] Idem.

[63] Ibidem, p. 101.

[64] Idem.

[65] Ibidem, p. 99.

Abstração

A abstração é uma "forma de expressar avaliações morais quando nos referimos a práticas (ou a uma ou mais das ações ou reações que as compõem) de maneiras abstratas que as "moralizam", subtraindo-lhes a qualidade que as liga aos discursos de valores morais". Assim, o massacre de Qibya é moralizado ao ser definido como um "ato punitivo" (*AHH*) ou uma "reação israelense à hostilidade árabe" (*MTII*).

Avaliatividade

O sistema de avaliatividade possibilita aos autores "escrever de forma que sua posição se oculte à vista" e "converte o historiador em um árbitro neutro, relativamente imparcial, da verdade"[66]. Caroline Coffin afirma que elementos avaliativos podem ser encontrados em qualquer componente léxico-gramatical e são típicos do gênero. Nos relatos analisados aqui, os elementos avaliativos expressam sobretudo juízo e apreciação. O juízo é a "institucionalização do sentimento", pois "serve para avaliar o comportamento humano por referência a um conjunto de normas institucionalizadas (um quadro ético) sobre como as pessoas devem ou não se comportar"[67].

O juízo possui duas subcategorias:

1) *Estimação social*, por meio da qual se valoram "normalidade" (o comportamento de determinada pessoa é estranho ou especial?), capacidade (a pessoa em questão é competente?) e tenacidade (a pessoa é confiável, comprometida, ousada...?). Os relatos aqui analisados valem-se da estimação social para avaliar a personalidade dos assassinos.

2) *Sanção social*, por meio da qual se valora veracidade (a pessoa é honesta?) e propriedade (a pessoa é ética, irrepreensível?)[68].

Os relatos aqui analisados valem-se da sanção social em casos de deslegitimação, isto é, os assassinos de Deir Yassin eram "dissidentes" (*The 20th*) e a ordem em Kafr Qasim "feria a lei" (*BCI*).

Da categoria de apreciação, os relatos utilizam principalmente a valoração social, que pode expressar admiração ou crítica e é sensível ao contexto institucional

---

[66] Caroline Coffin, *Historical Discourse*, cit., p. 140.

[67] Jim R. Martin e Peter R. R. White, *The Language of Evaluation: Appraisal in English* (Basingstoke, Palgrave Macmillan, 2005), p. 44.

[68] Caroline Coffin, *Historical Discourse*, cit., p. 139-45.

específico[69]. Tanto a estimação social quanto a valoração social são utilizadas para retratar os perpetradores dos massacres como membros íntegros e probos da sociedade israelense, isto é, os soldados da Unidade 101 que cometeram o massacre de Qibya "destacavam-se pela audácia" (*The 20th*) e "eram todos voluntários" (*AHH*) ou "soldados excepcionais" (*50 Years*); demonstraram "coragem extraordinária, improvisação, perseverança nas condições mais difíceis, tenacidade e lealdade aos amigos feridos" (Naveh et al.). Em geral a avaliatividade em relação aos perpetradores dos massacres é categórica: quer sejam avaliados como "soldados excepcionais", quer como "dissidentes", o juízo é sempre muito claro e inequívoco.

Fica claro com esses exemplos que os massacres, enquanto ações moralizadas, ilustram o argumento de Habermas de que "a moralidade aqui não está ligada a normas explícitas de conduta moral. Ela se esvaziou de todo conteúdo normativo definido e foi sublimada num processo de argumentação e aplicação de possíveis conteúdos normativos"[70].

Autorização: legitimação pela autoridade pessoal

Van Leeuwen explica que "uma das formas e conteúdos da legitimação é 'porque eu disse', em que o 'eu' é investido de certo tipo de autoridade"[71]. Quando Yellin Mor afirma: "Sei que muitas nações e exércitos fazem coisas como essa", sem oferecer nenhum exemplo, ele se apoia em sua autoridade pessoal como comandante e especialista. Quando o presidente Weizmann é citado, dizendo que a fuga dos "árabes de Israel" foi um milagre, sua autoridade é utilizada para legitimar as consequências do massacre.

A legitimação pela autoridade pessoal também inclui a recomendação de modelos de comportamento, que nos relatos aqui analisados é feita principalmente por meio de fotografias e legendas enaltecedoras, as quais descrevem os atores como heróis excepcionais.

---

[69] Jim R. Martin e Peter R. R. White, *The Language of Evaluation*, cit.

[70] Jürgen Habermas, *Legitimation Crisis* (trad. Thomas McCarthy, Boston, Beacon, 1975), p. 568 [ed. bras.: *A crise de legitimação no capitalismo tardio*, trad. Vamireh Chacon, Rio de Janeiro, Tempo Brasileiro, 2002], citado em Theo van Leeuwen e Ruth Wodak, "Legitimizing Immigration Control", cit., p. 108.

[71] Theo van Leeuwen, "Legitimation in Discourse and Communication", cit., p. 94.

Legitimação multimodal

Valores morais podem ser conotados visualmente ou representados por símbolos visuais[72]. As imagens no relato aqui analisado sugerem que, além de perpetuar o mito israelense da morte bela[73], a educação israelense perpetua o mito dos "assassinos belos", valendo-se de meios visuais para mostrar os combatentes – que são os mais "significativos outros" da juventude israelense – engajados em atividades heroicas. Nem todos os assassinos são representados visualmente. Os que não são considerados modelos – como os assassinos de Kafr Qasim, que eram guardas de fronteira, considerados soldados menores ou marginais, ou então os assassinos do caso Altalena, que é considerado uma mancha no sionismo e na solidariedade judaica – nunca são mostrados. Os assassinos "dissidentes" de Deir Yassin também não são mostrados, mas vemos em seu lugar, junto do relato sobre o massacre de Deir Yassin em *AHH*, a tropa legítima do Haganá que massacrou a aldeia palestina de Al-Kastal, localizada a cerca de três quilômetros de Deir Yassin. A operação Kastal não requer legitimação, pois era uma parte planejada do Plano D oficial.

As fotografias mostram os soldados em poses "viris", com signos-objetos que conotam excelência e heroísmo em Israel: boinas vermelhas de paraquedista, uniforme cáqui-escuro de combate, insígnia de paraquedista e botas vermelhas de paraquedista. Uma dessas fotografias (Figura 19) acompanha dois dos relatos sobre o massacre de Qibya: ela mostra os soldados da Unidade 101 – liderados por Ariel Sharon – com o chefe do estado-maior Moshe Dayan, que veio congratulá-los. A fotografia nesse caso não é apenas uma extensão do texto verbal – ela não revela apenas quem eram os soldados da Unidade 101 –, mas trata-se de um dispositivo de legitimação, pois mostra os homens que estabeleceram os altos padrões do Exército israelense e mais tarde ascenderam aos mais elevados cargos políticos. Tais heróis não poderiam cometer um ato injustificável.

Van Leeuwen acrescenta que "o mero fato de esses modelos adotarem certo tipo de comportamento ou acreditarem em certas coisas é suficiente para legitimar [suas ações] e as ações de seus seguidores"[74]. Naveh et al. explicam que esses soldados, que demonstraram "extraordinária coragem, improvisação, perseverança nas mais duras condições, tenacidade e lealdade aos amigos feridos, tornaram-se o

---

[72] Ibidem, p. 107.

[73] Edith Zertal, *Death and the Nation* (Tel-Aviv, Dvir, 2004).

[74] Theo van Leeuwen, "Legitimation in Discourse and Communication", cit., p. 103.

מחוץ לגבולותיה של ישראל שמטרתן הייתה להעביר את המסר כי אם לא יהיה שקט בצד הישראלי, לא יהיה שקט גם בצד הערבי. פעולה צבאית גדולה נערכה בכפר **קִבְיָה** בירדן (אוקטובר 1953). פעולה זו באה בתגובה על רצח אישה ושני ילדיה ביישוב **יהוד**. בפעולה פוצצו בתים בכפר ונהרגו 69 אזרחים ובהם נשים, זקנים וילדים. האו״ם גינה את ישראל על הפעולה. נוסף לפעולות הענישה נגד כפרים ערביים, שמהם יצאו מסתננים, ביצעה ישראל גם פעולות יזומות נגד מתקנים צבאיים במדינות ערב.

אולם בעיות הביטחון של המדינה החריפו בהתמדה. חוליות מסתננים חדרו ממדינות ערב לשטחי ישראל וביצעו פעולות טרור קשות שזעזעו את המדינה: **במעלה עקרבים** הותקף אוטובוס בדרכו מאילת לתל אביב, ו-11 מנוסעיו נרצחו (17.3.1954); חוליית מחבלים הגיעה למושב **שפריר** בקרבת רמלה, חדרה לבית הכנסת ופתחה באש על המתפללים (11.4.1956). בחדירת מסתננים לקיבוץ **נחל עוז**, בגבול מצרים, נרצח אחראי הביטחון של הקיבוץ ומעשי התעללות קשים נעשו בגופתו (29.4.1956); חייל ירדני ירה על משתתפים בכינוס ארכיאולוגי **ברמת רחל** והרג 10 בני אדם (26.9.1956).

פעולות אלה גררו פעולות-נגד של צה״ל. ב-10 באוקטובר 1956, בעקבות רצח של שני פועלים יהודים בפרדס בקרבת הגבול, יצא צה״ל להתקפה על **משטרת קלקיליה**. פעולות התגמול אמנם חיזקו במידת מה את תחושת הביטחון בקרב האזרחים, אבל גררו בעקבותיהם גינויים מצד האו״ם ומצד מדינות המערב.

הרמטכ״ל משה דיין (עומד, רביעי מימין) בחברת לוחמי יחידה 101 והצנחנים.
בין הלוחמים: מאיר הר ציון ואריאל שרון (עומדים, ראשון ושני משמאל); רפאל איתן (יושב, ראשון מימין).

מן הספרות

הסלע האדום

חיים חפר

״הסלע האדום״ הוא שיבוש של הכינוי ״סלע אדום״, המיוחס לאתר הנבטי הנמצא בפטרה, שבירדן. בשנות החמישים הייתה פטרה מוקד לחלומותיהם של צעירים ישראלים הרפתקנים, ורבים מהם שילמו בחייהם על המסע הזה. בהשפעתם של מסעות מסוכנים אלה נכתב והולחן שיר, ״הסלע האדום״, שתיאר מסע אחד כזה. כאשר חזרו ונשנו מקרי המוות של צעירים שניסו להגיע למקום, נאסר להשמיע את השיר מעל גלי האתר מחשש שהוא מדרבן צעירים לנסות להגיע אל היעד הנכסף.

מעבר להרים ולמדבר,
אומרות האגדות, ישנו מקום,
שאיש ממנו חי עוד לא חזר,
והוא נקרא הסלע האדם.

הו, הסלע האדם – האדם.

ראשון הלך גשש, מרים פניו,
מביט בכוכבים שבמרום,
אך המראה אשר ראו עיניו –
היה מראה הסלע האדם.

הו, הסלע האדם – האדם.

גלגל השמש על ראשם הלם
והם נושמים אבק מדבר וחם
ולפתע – כמו קפא בהם דמם –
ראו הם את הסלע האדם.

הו, הסלע האדם – האדם.

שלשה יצאו לדרך עם שקיעה,
מנגד להטו הרי אדום,
חלום ישן, מפה ומימיה,
לקחו הם אל הסלע האדם.

הו, הסלע האדם – האדם.

בגאי, עת חנו בין אבנים,
אמר אחד, כמו מכה חלום:
רואה אני – פניה לבנים.
ענו רעיו: הסלע האדם.

הו, הסלע האדם – האדם.

מטח היריות היה קצר.
נאנח אחד: נפצעתי – ונדם.
ענו רעיו כפה מלא עפר:
הגענו אל הסלע האדם.

הו, הסלע האדם – האדם.

Figura 19: "Chefe do estado-maior Dayan com os soldados da Unidade 101. Dentre os soldados: Ariel Sharon, Raphael Eitan e Meir-Har-Zion" (*AHH*). Cortesia dos Arquivos das FDI e do Centro de Tecnologias Educacionais, Tel-Aviv.

mito do soldado combatente das FDI" (Naveh et al., p. 204). Em todos os relatos, as fotografias heroicas são "ideologicamente a parte mais forte da comunicação, como [possuem] *status* de conhecimento não-em-disputa que une os participantes no ato de comunicação"[75].

[75] Gunther Kress e Robert Hodge, *Language as Ideology*, cit., p. 165.

Layout legitimador

Um dos meios de legitimação é o arranjo de elementos, que pode criar um caminho de leitura ou uma história legitimadora. Assim, as fotografias heroicas são normalmente enxertadas ou conectadas por vetores a canções ou lemas glorificantes. Via de regra, "canções e poemas estabilizam as memórias coletivas"[76] e transformam narrativas em mitos[77]. Em *AHH*, o relato sobre Deir Yassin é apresentado entre os heroicos soldados que massacraram Al-Kastal e a canção "Camaradagem" escrita por Hayim Guri, o "premiado poeta da Guerra da Independência", como o livro o define. A canção glorifica "nossos" belos e corajosos soldados, cuja camaradagem é selada com sangue; a fotografia da Unidade 101 (*AHH*) está enxertada na cantiga "A rocha vermelha", que imortaliza os "arrojados" e "sonhadores" jovens israelenses dos anos 1950 que violaram as fronteiras da Jordânia para "ver a Cidade Vermelha de Petra e morrer". Os soldados nas fotografias são elevados a encarnação das canções[78]. Em *MTII*, a fotografia heroica da Unidade 101 é fortemente conectada por um vetor diagonal a um cartaz do Partido Trabalhista, então no governo: o cartaz mostra um árabe à espreita de navios e aviões trazendo imigrantes judeus para Israel e o *slogan*: "Crescimento contra o cerco!". Os soldados são a resposta concreta à ameaça árabe que paira sobre eles, ou sobre nós. Em *JIP* e *AHH*, o massacre de Deir Yassin é inserido em *layouts* que retratam respectivamente as dificuldades infligidas pelos aldeões árabes aos judeus na Jerusalém sitiada e a conquista provocada pela limpeza étnica das aldeias árabes: a abertura da estrada para Jerusalém.

Os *layouts* podem incluir legendas enaltecedoras cujo conteúdo difere do texto principal. Em um relato sobre Qibya (*MTII*, p. 273), embora o texto principal afirme muito claramente que boa parte das infiltrações palestinas eram "tentativas dos aldeões árabes de retornar a suas casas" e "apenas uns poucos eram palestinos enviados para realizar atividades de inteligência e terrorismo", a legenda sob a fotografia heroica dos assassinos de Qibya afirma que Qibya era "a base dos terroristas", legitimando assim o massacre.

---

[76] James V. Wertsch, *Voices of Collective Remembering* (Cambridge, Cambridge University Press, 2002), p. 52.

[77] Roland Barthes, *Mythologies* (Paris, Seuil, 1957) [ed. bras.: *Mitologias*, trad. Rita Buongermino, Pedro de Souza e Rejane Janowitzer, Rio de Janeiro, Difel, 2010].

[78] O único dos três a retornar vivo de Petra foi Meir Har-Zion, um jovem de 19 anos de idade que mais tarde se tornou o soldado mais feroz da Unidade 101 e um herói mítico em vida, admirado como um combatente invencível por Sharon, seu comandante, pelo chefe de Gabinete Dayan e pelo primeiro-ministro Ben-Gurion. Har-Zion aparece na fotografia: é o primeiro em pé, da esquerda para a direita. Ver Benny Morris, *Israel's Border Wars, 1949-1956. Arab infiltration, Israeli Retaliation, and the Countdown to the Suez War* (Oxford, Oxford University Press, 1993), p. 239.

Contexto de legitimação

O rearranjo verbal serve para criar contextos legitimadores. Em *50 Years*, o relato sobre o massacre de Deir Yassin, embora sem recursos visuais, utiliza a legitimação contextual, ou melhor, cotextual. O capítulo se inicia – seguindo a tradição dos livros didáticos dos anos 1950 – apresentando os "terríveis, cruéis e sanguinários massacres de professores, médicos e enfermeiros [judeus] cometidos pelos árabes, para contrabalançar a impressão negativa criada pelo episódio de Deir Yassin"[79]. E termina com: "1.200 judeus perderam a vida nos primeiros quatro meses da guerra, dos quais metade eram civis" (*50 Years*, p. 181), ignorando completamente os mortos palestinos. Nesse contexto, o "caso" ou "episódio" de Deir Yassin, como é denominado, é apresentado de forma a parecer absolutamente justificado, de acordo com as normas israelenses de dissuasão e vingança.

Meios de deslegitimação

"Justificar não significa ratificar. Não significa que 'é isso que eu teria feito', mas pesar a ação em termos dos objetivos do agente, das suas crenças (mesmo sendo errôneas) e das circunstâncias das quais ele tinha ciência."[80]

Essa distinção importante pode explicar o fato de que, apesar da dificuldade – especialmente para os leitores jovens – de distinguir entre compactuar e não compactuar com o massacre, mas endossar suas consequências, o próprio ato do massacre nem sempre é legitimado e às vezes é explicitamente deslegitimado em termos morais, enquanto suas consequências são legitimadas com base na utilidade e no efeito. Sob esse aspecto, os livros escolares seguem a postura geral de Israel[81].

A deslegitimação é realizada conforme as seguintes categorias[82]:

1) Deslegitimação de pertencimento: os assassinos de Deir Yassin eram "dissidentes" (*The 20th*).

2) Deslegitimação da ação e do cabimento: em Kafr Qasim os soldados mataram inescrupulosamente camponeses e seus filhos, pessoas indefesas, honestas e trabalhadoras.

---

[79] Elie Podeh, *The Arab-Israeli Conflict in Israeli History Textbooks, 1948-2000* (Westport, Bergin and Garvey [Greenwood], 2002), p. 106.

[80] William H. Dray, *Laws and Explanations in History* (Londres, Oxford University Press, 1957), p. 124.

[81] Ver Shoshana Blum-Kulka, "Hegemonic, Polysemic or Subversive Discourse?", cit.

[82] Seguindo Teun A. van Dijk, *Ideology*, cit., p. 259-61.

Vejamos alguns exemplos.

1) "Nesse mesmo dia, 43 habitantes da aldeia de Kafr Qasim que não sabiam do toque de recolher retornaram a suas casas depois de um longo dia de trabalho nos campos [*avaliação positiva dos esforçados lavradores*]. Eles foram massacrados por uma patrulha do Exército israelense sem nenhum aviso prévio [*avaliação negativa dos assassinos*]." (*The 20th*, p. 211.)

Nota: ao qualificar os assassinos de "patrulha do Exército", esse relato não diferencia o Exército e os guardas de fronteira, que são uma força policial, como fazem outros relatos. Isso pode ser considerado uma crítica implícita ao governo, que desejava desvincular o Exército da carnificina e apresentou o massacre como uma iniciativa dos guardas de fronteira.

2) "No dia em que teve início a Campanha do Sinai, [...] o toque de recolher foi antecipado para as 17 horas. Naquela tarde, trabalhadores de Kafr Qasim retornaram a suas casas depois do toque de recolher, sem saber que ele havia sido alterado. Os soldados da guarda de fronteira que os receberam na entrada da aldeia mandaram que eles parassem e, reconhecendo-os como habitantes da aldeia, fuzilaram-nos." (*AAH*, p. 335.)

3) Em *The 20th* (p. 184), o relato sobre Deir Yassin apresenta os assassinos como se não tivessem veracidade nem ética: eles não respeitaram o acordo assinado com a aldeia e "se gabaram" do massacre.

As deslegitimações explícitas são geralmente extravocalizadas pelo uso de autoridade pessoal e impessoal para avançar pretensões próprias: a deslegitimação mais explícita dos assassinos de Deir Yassin vem da boca do próprio comandante deles em uma citação reproduzida; um observador da ONU denuncia o bombardeio do barco Altalena; e um juiz incrimina os assassinos de Kafr Qasim. O juízo negativo é atribuído em geral a autoridades políticas, religiosas e morais, como na seguinte passagem: "O massacre chocou o Yishuv. O Haganá, a Agência Judaica e as autoridades rabínicas o condenaram vigorosamente. O conselho de diretores da Agência Judaica expressou seu sentimento de aversão e náusea à forma bárbara como se realizou essa operação" (*The 20th*, p. 184). Essa atribuição de juízo autentica a avaliação, mas também distancia o autor do ato de fala de deslegitimação e diminui seu compromisso com ela.

A deslegitimação é feita através dos seguintes expedientes discursivos:

1) **Analogia**, geralmente com os nazistas: a analogia pode ser explícita, como na fala de Yellin Mor citada anteriormente, mas também pode ser inferida

de títulos, como: "uma lei flagrantemente contrária ao espírito da lei", ou de uma sentença, como: "Eles alegaram que haviam seguido as ordens". Ambos intertextualizam o ato e os argumentos dos réus com o caso dos criminosos nazistas nos julgamentos de Nuremberg.

2) **Comparação**: "Comparações no discurso quase sempre possuem uma função de legitimação ou deslegitimação"[83]. Assim como nos exemplos anteriores, em alguns relatos sobre Deir Yassin e Kafr Qasim (*The 20th*, *AHH*), lealdade, integridade, tenacidade, decência e veracidade humanas caracterizam as vítimas, mas faltam aos assassinos. A flutuação entre as descrições dos atos criminosos e as avaliações positivas das vítimas realça a deslegitimação dos assassinos. No entanto, em todos os relatos, a deslegitimação do ato ou dos atores é uma etapa retórica da legitimação das consequências do massacre.

Da deslegitimação à legitimação

Até mesmo quando o ato em si não é justificado, suas consequências e seus atores o são. Em Domka et al., uma questão a respeito do massacre de Kafr Qasim cria uma posição de leitura complacente com os assassinos:

> Como foram expressos na ação dos soldados em Kafr Qasim os sentimentos de ameaça e suspeita que predominaram nos anos 1950 em relação aos árabes? (Domka et al., p. 164).

Naveh et al. fazem uma pergunta ligeiramente mais sutil do massacre. No entanto, apresentada após um relato que deslegitima os assassinos, o ato e a ordem vinda de cima, a questão abre uma brecha para a legitimação:

> Questões para reflexão: Como se explica o caso de uma unidade de guardas de fronteira que fuzila e mata árabes, que sem dúvida eram inocentes e não tinham más intenções? (Pense em diferentes direções.) (Naveh et al., p. 213).

Ao nomear as vítimas como "árabes", em vez de agricultores, famílias, lavradores, as duas perguntas recorrem à "genericização" para reenquadrar as vítimas como "o inimigo", ignorando ou relegando a segundo plano a existência de 17 mulheres e 11 crianças de 8 a 15 anos que foram massacradas. A sugestão para pensar "em diferentes direções" pressupõe a possibilidade de existir motivos para se matar crianças inocentes e pais trabalhadores.

---

[83] Theo van Leeuwen, "Legitimation in Discourse and Communication", cit., p. 96.

Após deslegitimar a prática de matar, alguns textos apresentam um ponto de virada em que passam à legitimação do resultado. Em *The 20th*, Yellin Mor desloca a culpa dos soldados pela matança para o "gabar-se" dela. Ao saber que os assassinos fizeram as vítimas marchar pelas ruas de Jerusalém antes de serem mortas, Yellin Mor disse: "Sei que muitas nações e exércitos fazem coisas como essa, mas quem mandou eles se gabarem?" (*The 20th*, p. 184).

Outro ponto de virada é oferecido no fim do mesmo capítulo (meus comentários estão assinalados entre colchetes e em itálico):

> O massacre de Deir Yassin ficou como uma mancha na luta do Yishuv por sobrevivência e independência. Na arena política, o massacre serviu como acusação à propaganda árabe contra Israel. Mas [*ponto de virada*] seu efeito mais crucial foi no curto prazo: embora não tenha inaugurado a fuga em pânico dos árabes de Israel, que já havia começado, não obstante ele a acelerou enormemente [*legitimação baseada nos efeitos*]. (*The 20th*, p. 184.)

O capítulo se encerra com a citação do presidente Weizmann em que ele chama esse efeito de milagre.

O parágrafo deslegitima o massacre não porque foi cruel e imoral, mas porque foi danoso à luta sionista e a Israel. No entanto, o resultado positivo do massacre supera o prejuízo e tem a última palavra.

O discurso e os gêneros de legitimação

"Justificar relatos de ações passadas controversas envolve todos os níveis de discurso que possam influenciar positivamente as opiniões dos receptores."[84]

Van Leeuwen define como meios sociossemânticos os meios linguísticos e discursivos por meio dos quais se transmitem significados sociais, pois, embora esses meios sejam parte de um sistema linguístico, "os significados são culturais e não linguísticos"[85]. No que diz respeito à legitimação, ele especifica que "precisamos levar em conta [...] em especial a intricada interconexão entre práticas sociais e os discursos que as legitimam"[86].

---

84 Charles Antaki, *Explaining and Arguing: The Social Organization of Accounts* (Londres, Sage, 1994), citado em Luisa Martin Rojo e Teun A. van Dijk, "'There Was a Problem, and It Was Solved!'", cit., p. 549.

85 Theo van Leeuwen, *Discourse and Practice*, cit., p. 24.

86 Idem, "Legitimation in Discourse and Communication", cit., p. 111.

A legitimação é realizada por meio de diversos atos de fala (tais como afirmações e perguntas), diversos tipos de discursos inter-relacionados (e por vezes contraditórios) e diversos gêneros, todos responsáveis por transformar a realidade em uma versão dessa realidade[87]. Como demonstramos nos capítulos anteriores, os livros didáticos de história e geografia em Israel utilizam uma mistura de discursos científicos, sionistas e bíblicos, canções e poemas, para legitimar a dominação judaica sobre a terra de Israel/Palestina.

É pelos seguintes meios discursivos que se realiza a legitimação nos relatos aqui analisados.

Exclusão de elementos

Nenhuma representação de nenhuma prática social pode incluir tudo aquilo que há para representar. A questão é o que será incluído e o que será excluído. A exclusão abarca tanto a omissão quanto a supressão de atores sociais[88].

A seleção de fatos é uma das limitações de toda narrativa e especialmente das narrativas "ideologizadas". Lyotard explica que nas grandes narrativas de emancipação (tais como o sionismo) "[...] muitos eventos vão para a lata de lixo da história ou do espírito. Um acontecimento somente será recuperado se ilustrar a perspectiva do senhor"[89]. Os relatos sobre os massacres estudados aqui omitem os motivos da matança, excluem tanto as consequências imediatas quanto as de longo prazo para as vítimas, assim como qualquer prova verbal ou visual de seu sofrimento e os detalhes passíveis de suscitar indagações desnecessárias a respeito da legitimidade das ações e dos objetivos de Israel. Mencionam os atores sociais unicamente por suas funções ou transformando suas ações em participantes independentes. Nenhum nome é mencionado.

Um exemplo edificante é o já citado relato do massacre de Kafr Qasim em *AHH*:

> **Uma ordem flagrantemente contrária ao espírito da lei**
>
> No dia em que teve início a Campanha do Sinai, o toque de recolher foi antecipado para as 17 horas. Naquela tarde, trabalhadores de Kafr Qasim retornaram a suas casas

---

87 Ibidem, p. 110.

88 Idem, *Discourse and Practice*, cit.

89 Jean-François Lyotard, *The Postmodern Explained: Correspondence 1982-1985* (Minneapolis, University of Minnesota Press, 1992), p. 90.

> depois do toque de recolher sem saber que o horário havia sido alterado. Os soldados da guarda de fronteira que os receberam na entrada da aldeia mandaram que parassem e, reconhecendo-os como habitantes da aldeia, fuzilaram-nos. Eles alegaram que apenas seguiram as ordens que receberam de atirar e matar indiscriminadamente qualquer um que fosse encontrado fora de casa depois do toque de recolher. Quarenta e nove cidadãos da aldeia, inclusive mulheres e crianças, foram assassinados. O primeiro-ministro denunciou o assassinato. O Knesset fez um minuto de silêncio para homenagear os mortos [...]. Os réus foram condenados a penas que variaram de sete a dezessete anos de prisão. O juiz decidiu que uma ordem flagrantemente contrária ao espírito da lei deve ser muito clara para todo homem que é um homem. É um teste moral. "Se os olhos não estão cegos e o coração não está corrompido." (*AHH*, p. 335.)

Nesse relato, os soldados são deslegitimados pela analogia com os nazistas. Eles reconheceram as pessoas como camponeses honestos e inocentes e (ainda assim) atiraram para matar. O conectivo "ainda assim" está implícito no texto, assumido por conta da sequência e da conjunção "e"; as vítimas, embora avaliadas como inocentes, não têm interesse algum e recebem pouquíssimo espaço. As consequências que importam são o julgamento e a decisão esclarecida, avaliada nesse e em todos os outros relatos como inédita.

Por um cuidadoso processo de seleção e omissão de fatos, o relato logra deslegitimar o ato, excluindo socialmente os assassinos, ao mesmo tempo que legitima o governo e o Exército e enaltece a Corte israelense. Ele coloca em primeiro plano a coragem e a integridade moral (dos juízes) de Israel. Para isso, o texto oculta fatos importantes, tais como a ordem do primeiro-ministro de negar o evento durante seis semanas, ou a sua recusa a "levar o Exército ao banco dos réus", jogando toda a culpa nos guardas de fronteira, como faz o texto, e exonerando seus comandantes militares. O relato elogia o primeiro-ministro e o Knesset por terem homenageado os mortos com um minuto de silêncio, mas não menciona que os assassinos foram soltos pouco tempo depois. Também não menciona a "multa" de duas libras do coronel Shadmi, ou o fato de que todos os assassinos receberam de volta suas patentes militares e os cargos que ocupavam no governo, com auxílio explícito do primeiro-ministro. Também não menciona o apoio esmagador que Shadmi recebeu dos oficiais superiores do Exército durante o julgamento e a preocupação de um deles ao saber do veredito: "Eu vim para ver se no futuro teremos de ir para o campo de batalha com um advogado"[90], uma preocupação

---

[90] Ruvik Rosenthal, *Kaffer Kassem*, cit., p. 45.

reiterada após o ataque a Gaza em 2009. Essas informações teriam prejudicado o que parece ser o objetivo do relato: legitimar plenamente o governo, a Corte e o Exército pela deslegitimação dos assassinos, avaliados como membros marginais da sociedade que não representam o Estado de Israel e supostamente agiram de forma independente da organização que os mandou realizar a tarefa. Essa impressão é dada também aludindo-se às condições do massacre e omitindo-se os motivos, de modo que não pareça que foi planejado pelo alto escalão. As ordens aos soldados são apresentadas como argumento dos assassinos e não como fato.

Se fossem apresentados todos os fatos, teríamos a seguinte explanação teleológica:

1) Israel queria ocultar o fato de que ia atacar o Egito e encorajar a transferência espontânea de seus cidadãos palestinos para a Jordânia.

2) Israel considerou que o ataque às aldeias e o assassinato de alguns palestinos desviaria a atenção da verdadeira guerra e "encorajaria" o restante dos palestinos a fugir para a Jordânia.

3) Por isso, o toque de recolher foi alterado sem o conhecimento dos aldeões e o coronel Shadmi ordenou, por intermédio de seu comandante imediato, o major Melinki[91], que os guardas de fronteira matassem qualquer um que fosse encontrado fora de casa após as 17 horas[92].

Esse relato, dado em livros de história[93], ainda não é encontrado nos livros didáticos, porque poderia abalar a reputação das forças de defesa israelenses como um Exército honrado, reputação esta que o ensino israelense tem muito interesse em propagar.

---

[91] A ordem de Melinki era para ter "ao menos dez corpos em cada aldeia para reforçar melhor o toque de recolher", conforme relatou Benyamin Kol, um dos oficiais subalternos, a Dalya Karpel, do *Haaretz*, mais de cinquenta anos após o massacre (8 de outubro de 2008). Quando indagado sobre as mulheres e as crianças, ou os trabalhadores que voltaram tarde do campo, Melinki respondeu em árabe: "Que Alá tenha piedade deles", o que é equivalente a: "Que descansem em paz". Quando indagado: "E os feridos?", ele respondeu: "Não houve feridos" (disponível em: <http://www.haaretz.co.il/hasite/pages/ShArtPE.jhtml?itemNo=779296&contrassID=2&subContrassID=13&sbSubContrassID=0>). Instruções como essa não são incomuns. O ex-chefe de Gabinete e atual Ministro dos Transportes, Shaul Mofaz, teria exigido dos comandantes das FDI, em uma reunião realizada no dia 6 de maio de 2001, setenta corpos palestinos por dia (Akiva Eldar, *Haaretz*, 2 set. 2008).

[92] Os únicos livros que admitem que houve de fato tal ordem são Domka et al., Naveh et al. e o livro de educação moral e cívica *Being Citizens in Israel*, que está passando por uma profunda revisão.

[93] Por exemplo, Ruvik Rosenthal, *Kaffer Kassem*, cit.

Acréscimo de elementos

O acréscimo de pensamentos, intenções e situações que legitimem ou ao menos exonerem os assassinos é um recurso utilizado com frequência nos relatos de massacres. Por exemplo: "O megafone que pedia aos habitantes de Deir Yassin que deixassem a aldeia não funcionou [...] os habitantes não deixaram a aldeia e por isso o número de mortes foi tão grande" (Naveh et al., p. 113); ou: "Os soldados não sabiam que as pessoas estavam escondidas em casa" (*50 Years*, p. 244, massacre de Qibya), um argumento apresentado pelo primeiro-ministro na época e utilizado com muito menos empenho em Domka et al.: "A alegação de Israel era que os soldados não sabiam que os habitantes estavam escondidos em casa e pensaram que estavam bombardeando casas vazias" (Domka et al., p. 162). Embora esse argumento dificilmente soe válido, tendo em vista que o ataque ocorreu durante a noite, ele é utilizado em especial nos livros mais recentes.

Mudança de informação

Embora *Modern Times II* (1999) e *Building a State* (2009) tenham sido escritos pelo mesmo autor (o professor Eyal Naveh), no primeiro Deir Yassin é descrita como "uma aldeia amistosa cujos habitantes fizeram por iniciativa própria um acordo de não agressão com o Haganá e cumpriram-no escrupulosamente, apesar da pressão das 'gangues' [árabes]", e no segundo é "uma das bases das forças árabes que atacavam a estrada para Jerusalém". Essa mudança de informação contribui para a legitimação do massacre e aponta uma nova direção no ensino israelense, que também se manifesta em *50 Years* (2004) e *Face* (2006): apresentar o massacre de Deir Yassin como uma batalha justificada que fugiu ao controle em virtude de "uma série de acasos [que] fez [a batalha] se tornar uma matança de árabes inocentes" (Naveh et al., p. 112-3).

Abstração e generalização

Esses dispositivos são típicos das questões apresentadas no fim de alguns relatos. Em *AHH*, a questão "Quais foram os resultados da operação Nachshon?" vem logo após o relato sobre Deir Yassin, ignorando ou então incluindo o massacre nos resultados obtidos pela operação oficial de limpeza étnica em larga escala. Depois do massacre de Qibya, *MTII* apresenta aos alunos as seguintes questões:

1) "Como se expressava a hostilidade árabe contra Israel?"

2) "Você acha que as reações de Israel a essas ações hostis foram eficazes e justificadas? Dê motivos."

Essas questões exprimem a mensagem educativa dos relatos: olhe além do (infeliz) incidente e, sob uma perspectiva mais ampla, veja os seus resultados (positivos) para nós. O leitor é obrigado a dar valor aos resultados militares e sociais obtidos com o massacre e se lembrar de suas vantagens, em detrimento das "eventualidades".

Modalidade

A modalidade desempenha um papel importante na representação, porque é pela modalidade que os autores aumentam e diminuem a força de suas afirmações[94]. Como lembra Van Leeuwen, "quem controla a modalidade controla qual versão da realidade será selecionada"[95].

Diferentes estratégias de legitimação utilizam diferentes expressões de modalidade[96]. Como vimos, a legitimação baseada na autoridade pessoal contém formas de modalidade de alta obrigação ("eu sei"); a legitimação baseada na conformidade pode conter modalidade de frequência implícita ou explícita, tal como "geralmente", "todo" (ou "muitos exércitos fazem essas coisas", "toda nação" etc.).

Esta "questão para reflexão" a respeito do massacre de Deir Yassin exemplifica a força da modalidade:

> Quais consequências políticas e morais poderia ter tido o caso de Deir Yassin em sua opinião? (*MTII*, p. 228.)

Nessa questão, os "recursos modais servem para introduzir negociabilidade explícita na proposição e assim, diferentemente da proposição declarativa positiva, não pressupõem nem simulam solidariedade entre autor e leitor"[97]. Hodge e Kress observam que "todo modal contém um elemento de negociação que é a chave para o seu significado [...]. A fonte da forma pré-modalizada subjacente está no enunciador ou então vem de fora e é considerada pelo enunciador um significado 'estranho'"[98]. O pressuposto por trás da questão acima, ou seu "significado

[94] Jim R. Martin e Peter R. R. White, *The Language of Evaluation*, cit., p. 13-4.

[95] Theo van Leeuwen, "Legitimation in Discourse and Communication", cit., p. 160.

[96] Ibidem, p. 94.

[97] Caroline Coffin, *Historical Discourse*, cit., p. 145.

[98] Gunther Kress e Robert Hodge, *Language as Ideology*, cit., p. 138.

pré-modalizado" – massacres devem ter consequências morais e políticas – é negado pela forma modal que sugere que um massacre pode não necessariamente ter consequências morais ou políticas, e que essas consequências são inter-relacionadas e negociáveis.

Fairclough assinala na mesma linha que proposições explicitamente modalizadas (pode, poderia) podem ser vistas como intermediárias entre asserção e negação categóricas e registram graus variáveis de comprometimento com a verdade[99]. Na presente questão, o *poderia* modal empurra o pressuposto subjacente à questão para mais perto da negação, sugerindo que o massacre (rebatizado de "caso") escapou tanto das consequências políticas quanto das morais.

A modalidade diferencia legitimação e deslegitimação. Quando os assassinos são incriminados ou totalmente justificados em suas ações, seus atos são representados em alta modalidade deôntica e asserções ativas; mas quando a responsabilidade dos assassinos é reduzida, os relatos utilizam a baixa modalidade ou a modalidade da possibilidade e do modo passivo, como no seguinte excerto: "Uma força mista da Unidade 101 e de paraquedistas *tomou de assalto* a aldeia de Qibya, que *era conhecida* como base de saída de terroristas, e *demoliu* 45 casas. [...] 70 homens, mulheres e crianças *foram mortos*" (*50 Years*, p. 244, grifo nosso).

O uso do modo passivo com a supressão do agente ("foram mortos") cria uma impressão de objetividade[100] e reduz a responsabilidade dos atores sociais; a aldeia "era conhecida como uma base de terroristas", mas o texto não especifica por quem, nem se isso era conhecimento geral, universal ou aceito. A mudança do modo ativo para o passivo reflete a posição do livro de que os soldados não foram inteiramente responsáveis pelas mortes, já que não sabiam que havia pessoas nas casas que eles demoliram naquela noite. No entanto, embora os atores estejam excluídos, eles são presumidos, porque "sua exclusão deixa rastro"[101], que depois é avaliado como um fenômeno independente.

A supressão ou a relegação dos atores sociais também podem ser realizadas por meio de metáforas gramaticais que transformam acontecimentos e processos

---

[99] Norman Fairclough, *Analyzing Discourse: Textual Analysis for Social Research* (Londres, Routledge, 2003), p. 219.

[100] Gunther Kress e Robert Hodge, *Language as Ideology*, cit., p. 134.

[101] Theo van Leeuwen, "The Representation of Social Actors", em Carmen Rosa Caldas-Coulthard e Malcolm Coulthard (orgs.), *Texts and Practices: Readings in Critical Discourse Analysis* (Londres, Routledge, 1996), p. 39.

em participantes independentes, como nos seguintes casos: "No decorrer da *tomada* das casas, as pessoas foram mortas" (*50 Years*); "*o ataque provocou* a *fuga em pânico*" (*AHH*); "*A fronteira* com a Jordânia, que foi desenhada de maneira arbitrária e separava aldeões árabes de suas terras, *tornou-se uma verdadeira linha de mira*" (*MTII*, p. 273, grifos nossos). A fronteira é apresentada aqui como se tivesse sido "desenhada de maneira arbitrária" por ninguém em particular ("Afinal, quem é que desenha as fronteiras?", poderiam perguntar os alunos) e tornou-se – por conta própria – uma linha de mira. A frase significa, no senso comum, que alguém (a ONU, o Estado, o governo, o Exército) estabeleceu a fronteira sem considerar as relações familiares, a propriedade ou os meios de subsistência, e assim gerou uma terrível miséria humana, separando famílias, agricultores de suas terras e colheitas etc. Essa situação intolerável foi o motivo dos constantes conflitos entre as pessoas que tentavam voltar para suas casas ou campos e os soldados que tinham de vigiar essa fronteira "arbitrária". Apresentar histórias tristes e cruéis por meio de metáforas e modos passivos, isto é, pela transformação de ações e processos em protagonistas independentes que agem por conta própria, sem agência humana, subtrai os traços humanos do drama e exime os responsáveis de qualquer culpa.

Baixa modalidade em relação ao outro

Todos os relatos manifestam um comprometimento muito baixo com fatos que dizem respeito às vítimas palestinas ou às versões palestinas. Como vimos, o número de mortos palestinos pode variar de um relato para outro e às vezes no mesmo relato. Quando as versões palestinas dos massacres são apresentadas, é sempre como uma probabilidade que existe apenas "para eles", no "setor" deles ou na "consciência" deles; por exemplo: "*no setor árabe* o massacre de Kafr Qasim *se tornou* o símbolo dos males da opressão" (*The 20th*, p. 121); "*Argumentou-se* que [em Deir Yassin] muitas pessoas não foram mortas durante a batalha e que os judeus cometeram um massacre dos aldeões" (Domka et al., p. 87); ou "Deir Yassin *se tornou um mito na narrativa palestina* [...] e criou uma imagem negativa horrível do conquistador judeu *aos olhos dos árabes de Israel*" (Naveh et al., p. 112-3, grifo nosso). À pergunta: "Quão verdadeiras são as verdades de cada uma das vozes representadas?"[102], certamente podemos responder que a voz árabe-palestina é representada como menos verdadeira.

[102] Theo van Leeuwen, *Introducing Social Semiotics*, cit., p. 160.

Em todos esses exemplos, as cruéis ações e seus efeitos são apresentados como argumentos das vítimas e não como fatos. É preciso lembrar que as frases "no setor árabe" ou "na narrativa palestina" e a repetição do verbo "se tornar" refletem a decisão do autor que, nas palavras de Hodge e Kress, "se eclipsa da elocução, mas deixa traços de juízo"[103].

Os gêneros da legitimação

Do ponto de vista sociossemiótico, a questão dos autores é: "o que queremos dizer, e quais modos e gêneros são mais apropriados para realizar esse significado?"[104]. Por isso, na análise textual, é preciso atentar não apenas para o que está sendo feito com palavras ou imagens, mas também para quem faz, para quem, onde e quando, e o que as pessoas estão fazendo umas com as outras por meio do texto[105].

Coffin sugere "ver o discurso histórico – no ensino médio – como um repertório de diferentes tipos de texto, ou 'gêneros', cada qual permitindo diferentes formas de pensar o passado"[106]. De acordo com o estudo de Coffin, a "prática discursiva principal da história é a interpretação e a construção de experiência social utilizando formas textuais e recursos linguísticos de narrativa, explicação ou argumentação como formas de posicionar e persuadir o leitor a aceitar a interpretação como fato ou 'verdade'"[107].

Os gêneros da narrativa ou registro, reconto e descrição são mais adequados para a elaboração de histórias simples que conduzem o leitor a aceitar uma única perspectiva. Nesses gêneros, o juízo é em larga medida "tecido no interior da estrutura e da léxico-gramática"[108]; portanto, são mais aptos à legitimação do que os gêneros argumentativos, que são mais abertos ao debate e "desnudam" o juízo. Como observa Habermas: "A consecução da legitimação torna-se contraproducente tão logo se descubra o modo da consecução"[109].

---

[103] Gunther Kress e Robert Hodge, *Language as Ideology*, cit., p. 136.

[104] Gunther Kress, *Literacy in the New Media Age* (Londres, Routledge, 2003), p. 88.

[105] Theo van Leeuwen, *Introducing Social Semiotics*, cit.

[106] Caroline Coffin, *Historical Discourse*, cit., p. 10.

[107] Ibidem, p. 44.

[108] Ibidem, p. 139.

[109] Jürgen Habermas, *Legitimation Crisis*, cit., p. 71.

Reconto

O reconto serve para informar ou recontar eventos passados que o historiador considerada importantes. Coffin observa que "nos livros didáticos tradicionais, o reconto histórico é usado em geral para apresentar versões dominantes do passado"[110]. Nesse sentido, os livros escolares israelenses ainda são muito "tradicionais". Em um reconto, "os acontecimentos são selecionados, editados e linearizados"[111], o que significa que obedecem a certas regras de recontextualização, distribuição e avaliação. O reconto histórico possui três etapas:

1) Contexto: resumir acontecimentos históricos ou condições anteriores.

2) Registro dos acontecimentos: ordenar os acontecimentos como eles se desdobram no tempo.

3) Dedução (opcional): evidenciar a importância histórica dos acontecimentos registrados. Coffin assinala que "em geral a dedução interpreta explicitamente o significado histórico dos acontecimentos"[112]. Na presente análise, a dedução pode conter a proposição legitimadora do autor a respeito do massacre.

Em termos de contexto, o campo do reconto histórico concerne ao "contato entre diferentes povos, conflito e guerra"[113]. A ênfase, diz Coffin, está nos grupos de pessoas e realiza-se por participantes genéricos, como nos textos aqui estudados, em que os "dissidentes", os "soldados", "as autoridades judaicas" ou o "Yishuv" (comunidade judaica na Palestina pré-Israel) agem como protagonistas no drama do massacre. Embora possa haver referência a indivíduos no reconto histórico, sua finalidade é geralmente exemplificar e possivelmente glorificar as atividades coletivas. Tanto indivíduos quanto grupos são definidos por seus papéis "institucionais", e não por suas relações domésticas ou pessoais – o juiz, o comandante etc. O reconto inclui também participantes não humanos, geralmente materializados por grupos nominais densos, tais como "o ataque", "a tomada das casas", "a fuga em pânico" ou "a vitória esmagadora" etc.

A "voz" nos recontos é a do "registrador". Coffin alerta, contudo:

> o rótulo de voz registradora designa a intrusão autoral, não é um indicador de objetividade em sentido absoluto [...] a objetividade é de certo modo uma ilusão retórica.

---

[110] Caroline Coffin, *Historical Discourse*, cit., p. 56.

[111] Idem.

[112] Ibidem, p. 56

[113] Ibidem, p. 57.

> [...] A voz do registrador, embora aparentemente neutra e objetiva, não é isenta de valores. Na verdade, a voz registradora captura a forma pela qual os autores criam sua posição interpessoal ou interpretação particular dos acontecimentos de maneira relativamente indireta – por meio da seleção (ou omissão) e do arranjo de [...] marcadores de juízo. [...] Esse estilo pode resultar em um texto com uma "pegada" factual, neutra. Em outras palavras, "objetividade" e "factualidade" podem ser construídas pela ausência de formas diretas e explícitas de avaliação e pela exclusão de interpretações alternativas e concorrentes.[114]

A voz registradora "assume ou simula o alinhamento do leitor com a visão de mundo do autor, minimizando assim o trabalho interpessoal explícito que deve ser realizado, em termos de negociação dos posicionamentos diversos do público"[115]. Portanto, nos recontos "há uma ausência de negociação e argumentação e o escritor não convida o leitor a desafiar a perspectiva dos eventos que é apresentada"[116]. Embora na etapa dedutiva dos recontos haja "um juízo acerca da importância histórica dos acontecimentos registrados, tais juízos costumam emergir 'naturalmente' do registro que se fez dos acontecimentos"[117]. No reconto, a avaliatividade se "eclipsa" e "transmite-se uma série de técnicas linguísticas que comunicam valores, criam vieses e persuadem o leitor da veracidade de qualquer mensagem"[118].

Por conta desse estilo aparentemente não invasivo, o reconto parece mais uma crônica do que uma narrativa histórica, embora o autor escreva enquanto historiador e isso faça uma grande diferença, pois, como explica Ricoeur, o "cronista, ao contrário do historiador, não possui conhecimento do futuro", portanto as frases narrativas "descrevem acontecimentos passados à luz de acontecimentos subsequentes que são desconhecidos dos atores"[119]. No caso dos massacres, o reconto pode descrever o acontecimento à luz de consequências que com frequência não foram previstas pelos perpetradores, mas são evocadas para legitimar retrospectivamente sua ação.

O tempo é o principal princípio organizador do reconto: expressões temporais funcionam como ponto de partida de cada parágrafo. Conjunções aditivas ou

[114] Ibidem, p. 151.

[115] Ibidem, p. 151-2.

[116] Ibidem, p. 58.

[117] Ibidem, p. 57.

[118] Ibidem, p. 140.

[119] Paul Ricoeur, *Time and Narrative*, cit.

temporais podem assumir a função de ligações causais. Por exemplo, "nos meses seguintes [ao massacre de Deir Yassin] o Yishuv foi privilegiado com muitos êxitos militares".

No que diz respeito a essa causalidade, Kress explica que "o fato simples e, no entanto, profundo da sequência temporal nos conduz a um mundo de causalidade [...] e o gênero da narrativa é a expressão formal mais culturalmente potente disso"[120].

Wertch acredita que os textos narrativos nos livros escolares, "em vez de conter informação precisa e imutável [...] parecem desempenhar um papel na memória servindo de indicadores do 'tipo de coisa' que um indivíduo ou grupo diria"[121]. Nos relatos dos massacres encontramos "o tipo de coisa" que a sociedade israelense diria a respeito dos massacres dos palestinos. A seguir, dois exemplos de reconto.

1) Massacre de Deir Yassin (*50 Years*, p. 180, tópicos acrescentados por mim):

   a. **Registro dos acontecimentos**: na noite do dia 9 de abril, Deir Yassin, uma aldeia árabe a oeste de Jerusalém, foi atacada por forças conjuntas do Irgun e do Lehi.

   b. **Motivo**: o objetivo era tomar a aldeia e expulsar seus habitantes.

   c. **Registro dos acontecimentos, continuação**: na batalha que ocorreu em solo, entre 100 e 250 pessoas foram mortas, inclusive mulheres e crianças.

   d. **Consequências**: o caso desencadeou um debate público a respeito das normas de guerra e da forma de se tratar a população nativa.

Martin Rojo e Van Dijk afirmam que, socialmente, a legitimação pressupõe acusações ou dúvidas, "se as normas sociais ou culturais, os valores ou a própria ordem moral são violados pela ação"[122]. O relato não parece pressupor acusação, mas pressupõe dúvidas, às quais ele contravém com a inserção de um objetivo legítimo (a expulsão da população árabe) no ponto em que poderiam surgir dúvidas a respeito do intuito do massacre, logo depois de mencionar o ataque, que parece ter começado sem nenhum motivo aparente. A expulsão da população árabe não necessita de legitimação, porque essa era a causa mais legítima na época; elaborá-la e justificá-la explicitamente seria "*overcommunicate*" [sobrecomunicar][123], pois sua legitimidade já estava estabelecida e inculcada

---

[120] Gunther Kress, *Literacy in the New Media Age*, cit., p. 1.

[121] James V. Wertsch, *Voices of Collective Remembering*, cit.

[122] Luisa Martin Rojo e Teun A. van Dijk, "'There Was a Problem, and It Was Solved!'", cit., p. 532.

[123] Theo van Leeuwen, "The Representation of Social Actors", cit., p. 41.

nos estudantes judeus, que aprendem que os palestinos são uma ameaça demográfica à maioria judaica (o termo popularmente utilizado é "demônio demográfico"). Rebatizar o massacre de "batalha" e "caso" é um ato de juízo e uma expressão de opinião no debate a respeito desse massacre[124], mas no reconto o ato de juízo não costuma ser explícito. O relato omite as consequências sobre as vítimas e suas famílias e menciona apenas o debate moral que "desencadeou" entre os judeus; dessa forma, ele legitima o público israelense e, ao mesmo tempo, insinua que para algumas pessoas essa era a forma correta de "tratar a população nativa".

2) Massacre de Deir Yassin (Domka et al., p. 87, acrescentamos tópicos):

a. **Registro dos acontecimentos**: enquanto o Haganá punha fim ao cerco da estrada para Jerusalém com a operação Nachshon, o Irgun, com a cooperação de integrantes do Lehi de Jerusalém, realizou uma ação contra a aldeia de Deir Yassin, localizada na entrada oeste de Jerusalém.

b. **Motivo**: a aldeia era considerada neutra e até assinou um acordo de não agressão com o assentamento judeu de Givat Shaul. No entanto, a tomada da aldeia estava no plano da operação Nachshon e o quartel-general do Haganá aprovou a ação e auxiliou logisticamente o ataque.

c. **Registro dos acontecimentos, continuação**: durante a batalha, na qual alguns combatentes do Irgun foram mortos, muitos aldeões foram mortos e os sobreviventes foram conduzidos a Jerusalém Oriental.

d. **Consequência 1**: O grande número de mortes de civis, inclusive mulheres e crianças mortos durante a batalha, teve enorme repercussão na opinião pública judaica e ocidental. Afirmava-se que muitos não haviam sido mortos em batalha e que os judeus haviam cometido um massacre em Deir Yassin. A liderança judaica em Israel denunciou a ação do Irgun e a liderança palestina espalhou notícias e boatos sobre os acontecimentos em Deir Yassin que incitaram medo e raiva em Israel e nos países árabes.

e. **Consequência 2**: O caso serviu, aparentemente, para acelerar a fuga dos palestinos das aldeias e das cidades situadas nas áreas conquistadas pelas forças judaicas.

---

[124] O mais conhecido defensor da tese de que não houve massacre em Deir Yassin é o historiador Uri Milstein. Ver Uri Milstein, *History of the War of Independence: Out of Crises Came Decision* (trad. A. Sacks, Nova York, University Press of America, 1996), v. 4, p. 376-96; *Blood Libel: The True Story of the Massacre of Deir Yassin* (Israel, Survival Institute, 2007).

f. **Consequência 3**: De modo semelhante, o caso gerou pressão por parte dos árabes de todo o mundo sobre os seus Estados para interferir a favor dos árabes de Israel e contra o Yishuv.

Esse reconto menciona as ligações causais entre os acontecimentos, mas não as explica; ele confirma a conexão estreita entre o massacre e a operação de limpeza étnica Nachshon, que em outros livros é bastante obscura, e a cooperação entre os "dissidentes" e o Haganá oficial. Ao mencionar o acordo de não violência entre a aldeia e o Haganá, ele culpa implicitamente as autoridades que, não obstante, incluíram na ação a limpeza étnica de uma aldeia amistosa. Ele rebatiza o massacre de "batalha" e apresenta fato de que houve uma carnificina como argumento de alguém ("afirmou-se que") sem especificar quem emitiu essa opinião. Ele não denuncia nem elogia os soldados e fornece informação equilibrada sobre as reações no mundo e em Israel/Palestina, permitindo que o leitor julgue por conta própria.

Descrição

A descrição histórica possui um duplo objetivo: registrar e explicar por que os acontecimentos ocorreram em uma sequência particular. Coffin explica que "a descrição faz ligações causais entre os acontecimentos [...] em vez de um acontecimento apenas suceder ao outro; os acontecimentos têm um papel agentivo e produzem ou causam eventos subsequentes"[125]. Por exemplo, "o ataque *causou* um choque entre os árabes de Israel e *acelerou* sua fuga em pânico" (*The 20th*, grifo nosso).

Nas descrições, o autor se intromete mais em termos de juízo e valoração do passado. Sua posição é em geral mais "à vista". A voz da descrição é a "voz avaliativa", na qual os autores dão preferência a diferentes seleções de recursos para "administrar" o posicionamento dos leitores.

> A seleção e a construção dos acontecimentos servem para posicionar o leitor (complacente) de modo a fazê-lo compartilhar a perspectiva do autor a respeito dos acontecimentos passados. O leitor é posicionado para avaliar positiva ou negativamente os protagonistas, assim como faz o autor.[126]

Visto que o autor presume anuência, os enunciados tendem a empregar afirmações, como no exemplo acima.

---

[125] Caroline Coffin, *Historical Discourse*, cit., p. 58.

[126] Ibidem, p. 152.

Coffin observa que a avaliatividade nas descrições é explícita e implícita, como no exemplo a seguir, extraído do relato do caso Altalena, em que as forças de defesa israelenses bombardearam um navio que transportava refugiados judeus e munição para a organização militar "dissidente" Etzel, também conhecida como Irgun[127]:

> Diante dos *olhos descrentes* dos observadores da ONU, o Exército israelense bombardeou um navio que trazia a munição da qual *Israel precisava tanto quanto o ar* e matou *voluntários judeus* que vinham *para ajudar Israel* a se defender do *violento ataque* árabe. (*MTII*, p. 233, grifos nossos.)

O juízo do autor fica bastante óbvio pela escolha de substantivos, adjetivos e símiles avaliativos.

Modo

Coffin assinala que, além do tempo, a causa é uma maneira de organizar o texto na descrição, e é utilizada geralmente como ponto de partida tanto do parágrafo quanto da frase. A descrição faz um uso maior da nominalização e das metáforas, que tornam o discurso mais denso e permitem a construção de um argumento que cobre longos períodos. Elas também tornam o texto mais técnico e, portanto, mais "científico" e "objetivo", quase sem agência humana. Por exemplo: "A maior parte dos *ataques visava civis* e previa *monitoramento* e *incursões* muito atrás das linhas de fronteira" (*50 Years*, p. 244, sobre o massacre de Qibya, grifos nossos).

"Alvos civis", "monitoramento" e "incursões" são termos técnicos para "soldados israelenses matando civis palestinos". Similares a termos como "imigração", "explosão populacional" e "problema dos refugiados", eles reificam as ações humanas e as transformam em objetos técnicos para observação e análise. A linguagem técnica permite condensar um grande número de acontecimentos em uma única categoria, como "monitoramento" ou "incursões", que abarca longos períodos de atividade e transforma a multiplicidade de acontecimentos em elementos de um argumento lógico. Além disso, ao distanciá-los de expressões e valores do dia a dia, a linguagem técnica esvazia o ato de matar de qualquer característica humana, reação ou empatia.

---

127 Esse acontecimento em particular não é discutido neste capítulo porque não envolveu o assassinato de palestinos, mas de judeus. No entanto, a retórica é idêntica.

Etapas da descrição

As etapas da descrição são muito semelhantes às do reconto: contexto, sequência que ilustra os acontecimentos à medida que eles se desdobram no tempo e, opcionalmente, dedução. Como vimos no reconto anterior, as etapas nem sempre seguem essa ordem e o motivo pode aparecer como causa e ser inserido no meio do relato, quando surge a questão da legitimação, o "por quê?". Exemplo:

1) Massacre de Kafr Qasim (Naveh et al., p. 213, acrescentamos tópicos):

   a. **Registro dos acontecimentos**: "No primeiro dia da Guerra do Sinai, houve um evento horrível [...]. Devido à deflagração da guerra, o toque de recolher foi antecipado [...] sem que as pessoas que trabalhavam fora da aldeia fossem avisadas".

   b. **Motivo**: Os aldeões estavam acostumados com o toque de recolher noturno, por isso retornaram do trabalho depois do início do toque de recolher.

   c. **Registro dos acontecimentos, continuação**: "Em Kafr Qasim um oficial obedeceu às ordens que recebera: atirar e matar qualquer um que violasse o toque de recolher. Os soldados fuzilaram as pessoas que voltavam dos campos. É importante sublinhar que nas outras aldeias, mesmo os camponeses chegando depois do toque de recolher, os comandantes foram compreensivos, agiram com compaixão e não acataram a ordem de atirar. A matança [...] só foi revelada ao público muito tempo depois, em razão da censura e do 'governo militar', que barraram a informação [...]. Os réus foram condenados a longas penas de prisão, mas todos foram soltos por anistia presidencial um ano depois, em função de diversos tipos de pressão".

   d. **Dedução**: "O massacre de Kafr Qasim serve de alerta para o Estado de Direito em Israel; foi esse massacre que engendrou o termo 'uma ordem flagrantemente contrária ao espírito da lei' [...]".

Esse relato cria, ou melhor, sugere a existência de ligações causais entre a guerra contra o Egito e o toque de recolher, embora as mantenha tão obscuras quanto possível. No entanto, a visão dos autores sobre a ordem, o ato, os atores e as consequências é explícita. As ligações causais apresentam as condições sem revelar os motivos das diferentes ações. O texto não explica por que o toque de recolher nas aldeias situadas no centro de Israel teve de ser antecipado por conta da guerra no Sinai. Por que as pessoas não foram avisadas? Por que a censura e o governo militar barraram a informação? Que tipo de "pressão" fez com que os criminosos fossem soltos antes de cumprir as sentenças originais?

Um dos motivos dessa obscuridade talvez seja que, se fosse mais clara, a descrição mancharia a reputação do Exército e do governo israelense, e isso provavelmente redundaria na desautorização do livro pelo Ministério da Educação. No entanto, parece bastante revelador fazer com que o leitor pense, busque respostas e chegue ao seu próprio julgamento.

Explicação

Coffin vê a explicação nos livros didáticos de história como uma categoria que forma uma ponte linguística entre a narrativa e o argumento e é usada para justificar a interpretação que o texto advoga[128].

Dray afirma que explicar é "justificar com uma nuance de avaliatividade relacionada ao termo". Na explicação, diz ele, os "historiadores [...] arregimentam detalhes para justificar suas teses. [Eles] buscam elementos de comprovação, pesando e avaliando causas, testando candidatos ao papel de causa e todas essas atividades são próprias do juízo"[129].

Como vimos anteriormente, os livros nunca mencionam os motivos por trás dos massacres para não ter de apresentá-los como ações propositais, mas podem apresentar razões ou intenções com propósito de legitimação que geralmente justificam o massacre como parte de operações justificadas e propositadas. Por exemplo:

> Essas ações [uma das quais o massacre de Qibya] tinham a intenção de transmitir aos países que acolheram os refugiados (especialmente a Jordânia e o Egito) a mensagem de que eles precisavam coibir a infiltração proveniente de seus territórios. Caso contrário, eles seriam atacados. As ações também tinham a intenção de fortalecer a sensação de segurança e o moral dos cidadãos de Israel. (Domka et al., p. 160.)

Ou: "A unidade [101] agiu durante meses e realizou represálias além das fronteiras de Israel com o objetivo de transmitir a mensagem de que, se o lado israelense não gozasse de paz e tranquilidade, não haveria paz e tranquilidade do lado árabe" (*AHH*, p. 331).

50 Years também fornece como explicação a desculpa que o primeiro-ministro Ben-Gurion deu na época: "a unidade não sabia que muitos aldeões tinham se escondido em suas casas" naquela noite (*50 Years*, p. 244). Mas os reais motivos,

---

[128] Caroline Coffin, "Constructing and Giving Value to the Past", cit., p. 202-3.

[129] William H. Dray, *Laws and Explanations in History*, cit., p. 124.

os que podem ser encontrados nos livros regulares de história, geralmente permanecem obscuros.

Propósito legitimador

No que diz respeito ao propósito, Van Leeuwen escreve que, para "servir de legitimação, é preciso que as construções de propósito contenham um elemento de moralização"[130]. Em ambos os relatos supracitados, o propósito era proteger os cidadãos (judeus) contra atos de terror e punir aqueles que não agissem da mesma maneira. Embora as "intenções" e os "objetivos" não sejam motivos suficientes para o massacre em questão, eles constituem uma espécie de explicação moral segundo as normas israelenses do olho por olho, da retaliação e da dissuasão. Essa justificação é necessária primeiro porque os mesmos argumentos legitimam hoje as ações contra os palestinos em Gaza e na Cisjordânia, e segundo porque os estudantes sabem que os perpetradores do massacre de Qibya nunca foram punidos, muito pelo contrário – Ariel Sharon e Raphael Eitan, por exemplo, chegaram aos mais altos cargos do Exército e do governo israelenses. E pessoas que chegaram tão alto não podem ser apresentadas como "dissidentes" ou criminosos que cometeram atos injustificados.

Condições de legitimação

Como vimos, os relatos podem apresentar, além dos efeitos, as condições que permitiram o massacre e poderiam legitimá-lo (isto é, "no calor da batalha", "a fronteira foi desenhada arbitrariamente", "os israelenses sentiam medo em casa, nos campos, na rua, em excursões", "os aldeões não foram avisados" etc.). Essas condições são em geral o "motivo" dos acontecimentos que levaram ao massacre, e não as suas causas diretas. Coffin distingue entre condições suficientes, ou "causas possibilitadoras", e "condições determinantes". Ela explica que relações possibilitadoras respondem à pergunta "como?" (por exemplo, eles viviam da caça), uma questão que a legitimação dos massacres pode querer evitar. Já a relação determinante é expressa por conjunções e preposições de consequência (em função de, para que, com o intuito de), que ligam uma condição a um resultado, e responde à pergunta "por quê?"[131] (pergunta a que a legitimação tenta responder)[132].

---

130 Theo van Leeuwen, "Legitimation in Discourse and Communication", cit., p. 101.

131 Caroline Coffin, *Historical Discourse*, cit., p. 122

132 Theo van Leeuwen, "Legitimation in Discourse and Communication", cit., p. 91-112.

Nos livros didáticos de história, Coffin constatou que "a tendência geral é que a causalidade seja expressa, em cada um dos gêneros, no tipo determinante, e que as relações possibilitadoras sejam relativamente raras"[133]. Essa constatação reforça a hipótese de que a intenção principal dos livros didáticos de história é legitimar as ações do Estado, ou servir como uma espécie de "corte suprema histórica" cuja tarefa é transmitir "as memórias coletivas 'verdadeiras' que são apropriadas para constar na narrativa histórica nacional canônica"[134]. Assim, os massacres podem se tornar os "crimes fundadores" da nação.

No que diz respeito ao massacre de Qibya, por exemplo, *The 20th* e *MTII* não legitimam nem o ato nem a política que o engendraram; não fornecem nenhuma causa razoável, não elencam consequências positivas como fazem os livros posteriores (restaurar o moral, fortalecer o Exército etc.) e não justificam o massacre por seus efeitos. No entanto, eles apresentam as condições determinantes da ação que respondem à pergunta "por quê?". Assim, sugerem a possibilidade de que essas condições sejam concebidas como explicação suficiente para o massacre, mas deixam o julgamento a cargo do leitor. Por exemplo:

> **Condições**: "A fronteira com a Jordânia, que foi desenhada de maneira arbitrária e separava aldeões árabes de suas terras, tornou-se uma verdadeira linha de mira. [As infiltrações foram] tentativas dos aldeões de retornar a suas casas [...] somente uns poucos eram *fedayin* – palestinos armados enviados para realizar atividade terrorista e de inteligência. [...] Mas Israel se recusou a reconhecer a diferença e foram duras as represálias" (*MTII*, p. 273).

O capítulo se encerra com uma reflexão que reitera as condições e acrescenta uma racionalização teórica à legitimação: "a única coisa que os árabes entendem é a força".

> Havia alternativa à política israelense? É difícil saber, pois nunca se considerou seriamente uma política alternativa. Na liderança nacional, Abba Even e Sharet questionaram a eficácia das represálias, mas o primeiro-ministro [...] e os líderes do *establishment* da segurança, bem como alguns políticos, aceitaram a posição [...] de que a única coisa que os árabes entendem é a força e viram as FDI como o principal instrumento para enfrentar os problemas na região. (*MTII*, p. 273.)

Naveh et al. apresentam as condições que possibilitaram o massacre de Qibya por justaposição das duas percepções do governo israelense: a política, que defendia uma

---

[133] Caroline Coffin, *Historical Discourse*, cit., p. 122.

[134] Elie Podeh, *The Arab-Israeli Conflict in Israeli History Textbooks, 1948-2000*, cit., p. 3.

solução para as infiltrações por meios políticos, e a "securitária", que defendia a aplicação de duras represálias. O texto explica que, "nas condições do conflito árabe-israelense, tal como ele se desenvolveu em meados da década de 1950, a percepção política representada por Moshe Sharet tinha poucos apoiadores e a percepção 'securitária', de Ben-Gurion e Moshe Dayan, prevaleceu" (Naveh et al., p. 204).

Ao se colocar em primeiro plano as condições do massacre, e ao se ocultar os motivos por trás dele, a resposta à pergunta "por quê?" é invariavelmente parcial. Por exemplo: por que as famílias dos agricultores de Kafr Qasim, Qibya e Deir Yassin foram assassinadas com eles? As condições apresentadas para o massacre de Kafr Qasim são que, como permaneceram o dia todo no campo, os agricultores não ficaram sabendo da alteração do toque de recolher. Da forma como os livros didáticos as apresentam, essas condições parecem ser causa suficiente para os soldados para assassinar os trabalhadores e seus filhos, mas evidentemente eram insuficientes para a Corte. As condições para matar famílias inteiras em Qibya (a supracitada atitude do governo e o assassinato de uma mãe e dois filhos em Yahud) foram suficientes para Ariel Sharon e seus soldados, mas pareceram absurdas para a comunidade internacional.

Explicação consequencial

A explicação consequencial é o melhor gênero explicativo para a legitimação baseada nos efeitos, e a mais recorrente nos relatos analisados aqui. Já que os livros escolares não podem apresentar os massacres como ações intencionais, na maior parte dos relatos analisados aqui os motivos e as condições são menos ressaltados que os efeitos, que geralmente assumem *a posteriori* o lugar da causa, como em: "A fuga em massa dos árabes [provocada pelo massacre de Deir Yassin] resolveu um terrível problema demográfico". O terrível problema demográfico não é apresentado como o motivo do massacre, mas torna-se *a posteriori* sua causa legitimadora. Esse tipo de explicação não autoriza predição, mas retrodição[135]. Partindo do fato de que o massacre ocorreu e seus efeitos são visíveis, inferimos retroativamente as condições necessárias que devem ter possibilitado, facilitado ou permitido que ele ocorresse, e transformamos *a posteriori* essas condições em causa. Como em conversas corriqueiras, "motivos" ou fatores que levam a consequências infelizes são reconstruídos retrospectivamente, em geral na forma de hipóteses pós-fato (por

---

[135] William H. Dray, *Laws and Explanations in History*, cit., p. 134.

exemplo, ele caiu porque eles não tinham consertado a rua), de forma que textualmente eles aparecem no final, como informação "nova", depois que o evento foi descrito. Como Van Leeuwen especifica: "O porquê da ação nunca é intrínseco à prática, mas precisa ser construído no discurso"[136].

Por exemplo, no relato de *The 20th* sobre o massacre de Deir Yassin, Nathan Yellin Mor, o comandante dos soldados do Lehi que participaram do massacre, aparentemente não sabia da "operação", mas tentou desculpar a conduta de seus camaradas ou subordinados, conjecturando retrospectivamente seus motivos depois de denunciar o massacre: "Sei que as pessoas não planejam essas coisas, elas matam porque seus amigos foram mortos". Vale dizer que nenhum dos relatos sobre o massacre apresenta esse argumento como motivo. Mas, como diz Dray, "procuramos uma explicação precisamente quando não vemos relação entre o que foi feito e o que pensamos saber sobre os agentes envolvidos. [...] Na ausência desse equilíbrio lógico, procuramos reconstituí-lo"[137]. E a explicação consequencial é o gênero mais apto para essa tarefa.

Na explicação consequencial, os protagonistas são geralmente abstrações. Portanto, "há uma passagem da linguagem concreta para as metáforas e a apresentação abstrato-conceitual"[138]. As metáforas, geralmente gramaticais, condensam processos em substantivos, e esse deslocamento "permite ao escritor construir experiência como uma coisa abstrata que pode ser posta em relação com outras coisas abstratas e, dessa maneira, servem de fundamento para análise posterior e elaboração da consequência em questão"[139]. O exemplo a seguir – que já foi parcialmente citado anteriormente – foi tirado do relato de *The 20th* sobre o massacre em Kafr Qasim:

> A guerra de 1956 foi um momento decisivo para os árabes de Israel, embora tenha começado com a tragédia de Kafr Qasim. Mas no longo prazo a vitória esmagadora, a autoconfiança dos cidadãos judeus e a relativa paz nas fronteiras tornou o governo militar um intolerável fardo político e moral, e dez anos depois ele foi abolido.

Essa explicação consequencial une "causas estruturais de longo prazo com acontecimentos repentinos de curto prazo, [...] e os recria como um sistema de causas

[136] Theo van Leeuwen, "Legitimation in Discourse and Communication", cit., p. 97.

[137] William H. Dray, *Laws and Explanations in History*, cit., p. 122, citado em Paul Ricoeur, *Time and Narrative*, cit.

[138] Caroline Coffin, "Constructing and Giving Value to the Past", cit., p. 209.

[139] Ibidem, p. 217.

com efeito, obtendo uma estrutura lógica onde não existia nenhuma, e um processo pelo qual formas incongruentes de causa podem se tornar congruentes pelo uso do 'conduziu a', 'resultou em', ou 'transformou x em y'"[140].

A explicação consequencial apresenta o massacre (rebatizado de tragédia) como o ponto de partida de um processo positivo. Consequências de duas guerras diferentes – distantes nove anos uma da outra, e uma (a de 1967) não tem nada a ver com Kafr Qasim – são condensadas em uma única sequência causal reconstruída pelo autor por uma série de processos – transformados em "coisas" – que trouxeram uma transformação positiva para as vítimas. Embora a conexão entre as diferentes causas e a mudança positiva seja a conjunção "e", ela possui "um efeito pragmático de continuação"[141] e parece assumir o lugar de conectivos como "portanto", "assim" ou "então". A conexão causal obtida com o uso da conjunção aditiva "e" que precede o "dez anos depois" cria o elo entre as causas abstratas e a revogação do governo militar.

Os protagonistas abstratos do relato – a vitória esmagadora, a paz relativa, a autoconfiança da população judaica, o intolerável fardo moral e político – são apresentados retrospectivamente como as causas pelas quais a guerra de 1956 foi um momento decisivo para os cidadãos palestinos. A revogação do governo militar que oprimia os cidadãos palestino-israelenses desde 1948 serve de causa para a afirmação de que 1956 foi um ponto de virada positivo, pois esse longo processo (dez ou doze anos) teve início em 1956[142].

Repare que o texto toma muito cuidado para não dar a impressão de que o massacre ou a empatia com as vítimas foi a causa direta ou teve alguma relação direta com o fim do governo militar, enfatizando que isso foi resultado das circunstâncias e do estado de espírito daqueles que o impuseram, após as "vitórias esmagadoras" sobre os "árabes". Essa postura é compatível com a atitude geral em Israel

140 Idem, *Historical Discourse*, cit., p. 70-2.

141 Deborah Chiffrin, *Discourse Markers* (Cambridge, Cambridge University Press, 1988), p. 130.

142 Y. Boymel explica que o governo militar só foi abolido depois da guerra de 1967, quando Israel se sentiu mais seguro e o pretexto de que os cidadãos árabes eram "um inimigo interno" perdeu força. Outro fator importante foi a entrada de mão de obra proveniente dos territórios ocupados, que se tornou a nova ameaça securitária e passou a ser o foco do controle militar. Além disso, a essa altura, Israel já sabia que não realizaria o principal objetivo do governo militar, a saber, "estimular" a transferência espontânea dos palestinos para a Jordânia. O último e mais decisivo fator foi a aposentadoria de Ben-Gurion em 1963 e sua substituição por Levi Eshkol, que nunca apoiou a ideia de um governo militar. Ver Y. Boymel, "The Military Government on the Israeli Arabs and its Cancellation, 1948--1968", *Hamizrach Hachadash: The New Orient*, v. 43, 2002, p. 156.

na época. Como observou Boymel[143], as críticas ao governo militar na sociedade israelense, "em vez de enfocar as imensas dificuldades dos cidadãos árabes que viviam sob as regulações do governo militar ou a necessidade de interromper a discriminação institucional contra esses cidadãos, centravam-se na necessidade de desfazer a imagem negativa do jovem Estado judeu como um Estado militar não democrático que havia colado nele".

Como mencionamos anteriormente, em termos da relação entre autor e leitor, a voz da explicação é a "voz avaliativa" e, mais especificamente, a "voz interpretativa", que implica uma ausência de julgamento explícito, mas com um alto grau de valoração implícita, especialmente de valoração social, apreciação e juízo[144]. Portanto, na explicação consequencial, assim como nos gêneros de registro, embora razões e consequências sejam selecionadas e geralmente avaliadas pelo autor, "elas são apresentadas como 'fatos' objetivos categóricos, e não como um conjunto de proposições que precisam ser sustentadas por argumentos. Portanto, pressupõe-se solidariedade entre autor e leitor e o processo de interpretação não é explicitado, a avaliação permanecendo frequentemente oculta nos grupos nominais", isto é, a vitória *esmagadora*, a paz *relativa*, o *intolerável fardo* político e moral[145].

Argumento

"A argumentação histórica consiste em larga medida em se estabelecer uma interpretação particular de acontecimentos passados e sustentá-la com provas."[146]

Embora o argumento enquanto gênero seja raro em todos os relatos, os argumentos que legitimam o massacre estão presentes neles – mais ou menos explicitamente – como "ponto alto", isto é, como "o resumo de tudo, ou melhor, a tese da narrativa"[147].

As principais partes lógicas de qualquer argumento são fundamentação, evidências, corroborações opcionais e afirmação[148]. No entanto, essas partes "são geralmente

---

143 Y. Boymel, "The Military Government on the Israeli Arabs and its Cancellation", cit., p. 135.

144 Caroline Coffin, *Historical Discourse*, cit., p. 150.

145 Ibidem, p. 150.

146 Ibidem, p. 66.

147 Hayden White, *Metahistory: The Historical Imagination in Nineteenth-Century Europe* (Baltimore, Johns Hopkins University Press, 1973), p. 11.

148 Norman Fairclough, *Analyzing Discourse*, cit., p. 81.

implícitas, naturalizadas ou pressupostas"[149]. Fairclough acrescenta que, "quando isso ocorre, pode-se considerar o trabalho ideológico que o texto está realizando"[150].

A *fundamentação* consiste nas premissas do argumento. Pode ser um pano de fundo histórico ou uma base moral, ou ambos. Por exemplo, o fundamento do massacre de Deir Yassin *JIP* é: "No calor da operação Nachshon, ocorreu um grave evento que teria muita importância no futuro". Essa fundamentação situa o massacre historicamente no contexto da operação oficial de limpeza étnica e constitui a base moral de sua legitimação por meio da naturalização (é bastante comum que eventos graves ocorram no calor da batalha). Além disso, essa fundamentação afirma de maneira um tanto explícita que a importância do massacre repousa naquilo que ele traria futuramente, o que significa que ele deve ser julgado em termos de efeito e utilidade.

As *evidências* justificam a inferência da afirmação a partir da fundamentação. Por exemplo: "O primeiro-ministro queria uma ação dissuasiva: há um único governo em Israel e ele não admitiria concorrência" (*The 20th*, caso Altalena).

As *corroborações* são reforços ou apoios opcionais às evidências, por exemplo: "O caso Altalena foi o ingresso de Israel para entrar no clube dos Estados organizados" (*The 20th*, caso Altalena).

A *afirmação* é a tese do argumento. Nos relatos aqui analisados, a afirmação legitimadora ou deslegitimadora implícita pode ser inferida de títulos tais como: "Uma ordem flagrantemente contrária à lei" e "Israel age contra o terror", ou pode aparecer na dedução. Por exemplo: "Essa tática ostensiva isolou Israel na arena internacional e destruiu o consenso natural em Israel, mas parecia valer a pena [...]" (*The 20th*, p. 250).

Embora a ideologia que constrói e dá valor a argumentos históricos deva normalmente ser uma elaboração complexa, que leve em conta ambos os lados e sopese as coisas[151], "traga à tona a diferença [...] e portanto a abertura"[152], nos livros didáticos de história os argumentos podem frequentemente "operar no sentido de um maior fechamento"[153]. Consequentemente, o leitor é persuadido a aceitar

---

149 Ibidem, p. 81.

150 Ibidem, p. 82.

151 Keith Jenkins, *Re-thinking History* (Londres, Routledge, 1991), p. 38.

152 Gunther Kress, *Linguistic Processes in Sociocultural Practice* (Oxford, Oxford University Press, 1989), p. 12.

153 Caroline Coffin, *Historical Discourse*, cit., p. 199.

uma perspectiva como tendo maior poder explicativo ou mais "verdade" do que outra. Isso vale especialmente para os dois subgêneros da argumentação, o desafio e a exposição, que introduzem interpretações concorrentes a fim de obscurecer ou contradizer uma determinada interpretação. Os relatos analisados aqui frequentemente recorrem a esses subgêneros, mas não ao subgênero "discussão", que "apresenta um leque mais equilibrado de perspectivas sobre o passado, com a finalidade de chegar a uma interpretação baseada em uma consideração cuidadosa de todas as evidências disponíveis"[154].

O *desafio* é "um texto analítico que argumenta contra interpretações comuns", chamando atenção para o fato de que um acontecimento pode ser interpretado de diferentes maneiras[155].

As etapas do desafio são:

1) Apresentação da posição desafiada.

2) Refutação dos argumentos.

3) Arregimentação de evidências e argumentos contrários.

4) Dedução que resume o argumento em uma antítese. Essa antítese, ou interpretação alternativa, é lida como a conclusão lógica e uma nova ideia.

50 Years utiliza o desafio ao fim do relato sobre Qibya (minhas observações estão entre colchetes e em itálico):

> Alguns sustentam que as represálias [...] aumentaram as infiltrações de *fedayin*, ao invés de interrompê-las como era esperado [*posição desafiada*]. No entanto, depois da guerra de 1956, as infiltrações cessaram e cresceu a sensação de segurança pessoal entre os cidadãos israelenses [*refutação e antítese*].

A opinião positiva a respeito das consequências eficazes/efetivas do massacre de Qibya e outras "represálias" semelhantes é apresentada como um fato e tem a finalidade de refutar ou desacreditar a opinião negativa, apresentada como uma suposição e, portanto, uma assunção mais fraca.

Exposição: Como vimos anteriormente, no que diz respeito à criação daquilo que se denomina "o problema dos refugiados", alguns livros utilizam a exposição para apresentar interpretações alternativas sem discuti-las ou refutá-las explicitamente,

154 Ibidem, p. 80.

155 Idem.

criando assim uma impressão de equilíbrio e debate, ainda que o texto conduza o leitor à aceitação de um único ponto de vista. Em Naveh et al., no fim do capítulo que aborda o massacre de Deir Yassin, encontramos a seguinte exposição a respeito da "fuga" dos palestinos acelerada por esse e outros massacres:

> Para Israel, esse fenômeno possibilitou a implementação do domínio judeu e resolveu muitos problemas, tais como segurança, habitação e falta de terras, determinando assim o caráter judaico do Estado de Israel. Por outro lado, muitos palestinos perderam suas casas, suas terras e o Estado palestino que poderiam ter recebido após as decisões da ONU. (Naveh et al., p. 142)

Essa exposição apresenta as consequências da guerra como um dilema trágico, e o texto não determina o peso de cada uma de suas partes. No entanto, de acordo com a narrativa sionista-israelense, as duas partes da exposição – ou do dilema – não podem existir lado a lado e uma precisa destruir a outra a fim de sobreviver. Na medida em que a "redenção" da terra, isto é, sua "judaização", ou o "caráter" judaico, é o objetivo último do projeto sionista, e na medida em que, segundo essa ideologia, um Estado palestino é a ameaça mais temida, essa exposição conduz à legitimação da limpeza étnica da Palestina através de seu resultado: a aceleração da fuga dos palestinos, que possibilitou o estabelecimento de um Estado judaico e ao mesmo tempo afastou a ameaça de um Estado palestino.

Como discutimos no capítulo 1, *Face* (p. 323) utiliza a estrutura da exposição como um artifício retórico, apresentando, estruturalmente, dois pontos de vista, o "judeu" e o "árabe", a respeito das operações de limpeza étnica do Plano D.

Enquanto esse tipo de exposição postiça é aceitável e aprovado, a presença de uma "verdadeira" exposição – que não tem a finalidade de fechar, mas a de abrir o debate – foi um dos motivos pelos quais Domka et al. foi "recolhido das prateleiras" logo depois que foi publicado. O livro apresentava a versão palestina da limpeza étnica de 1948, junto com a versão israelense, valendo-se tanto de fontes israelenses quanto de fontes palestinas (como os livros de Walid Khalidi). A alteração solicitada pelo Ministério da Educação foi, em primeiro lugar, a remoção de todas as fontes palestinas da versão palestina e sua substituição por textos palestinos que fossem mais "fiéis à realidade" ou então por fontes israelenses. O motivo apresentado foi que os autores não consideraram a força dos textos palestinos e o efeito que poderiam ter sobre os alunos[156]. Um dos argumentos foi

[156] Tzafrir Goldberg (um dos autores), comunicação pessoal.

o de que "apresentar propaganda árabe como equivalente em valor à versão israelense é como apresentar a versão nazista do Holocausto como equivalente à dos judeus"[157]. Para conseguir que o livro fosse republicado, os autores substituíram as fontes palestinas por fontes israelenses na seção intitulada "A versão Palestina" e lhe deram menos peso, mas não alteraram a estrutura; em outras palavras, eles reproduziram uma "exposição postiça" como a de *Face*. Esse incidente evidencia a importância social do gênero.

Como dissemos anteriormente, o gênero do argumento suscita debate e discussão, e isso pode ajudar a explicar por que ele é tão raro nos livros escolares israelenses. O único livro que apresenta uma discussão a respeito de um massacre é o livro de educação moral e cívica *Being Citizens in Israel* (2001), que está passando por uma revisão profunda por ordem do Conselho Pedagógico do Ministério da Educação, justamente por promover "críticas contra o Estado"[158]. Esse livro oferece uma descrição muito mais detalhada do massacre de Kafr Qasim e não oculta a existência da ordem de matar qualquer um que violasse o toque de recolher. Em seguida, ele discute a natureza das "ordens flagrantemente contrárias ao espírito da lei" – um termo cunhado nos julgamentos de Nuremberg e utilizado em Israel desde o massacre de Kafr Qasim – e a capacidade dos soldados de identificar tais ordens. Vejamos alguns excertos do relato do massacre de Kafr Qasim conforme é reproduzido nesse livro e a discussão que se segue (acrescentamos tópicos e comentários):

> **Título do capítulo**: Os limites da obediência à lei em um regime democrático.
>
> **Subcapítulo**: O dever de desobediência à lei.
>
> **Afirmação**: É importante notar que nem toda desobediência a uma lei, ordem ou decreto é considerada um delito. Há casos – especialmente no sistema militar – em que o soldado é obrigado a desobedecer a ordens ou decretos que sejam flagrantemente contrários à lei.
>
> **Explicação**: Uma ordem flagrantemente contrária à lei é um caso raro de lei ou decreto cujo conteúdo contradiz os valores fundamentais de uma sociedade bem formada e é totalmente imoral. O indivíduo é obrigado a desobedecer à ordem contrária à lei e aqueles que obedecerem a ela serão submetidos a julgamento.

---

157 Or Kashti, *Haaretz*, 16 nov. 2009.

158 Idem, *Haaretz*, 1º set. 2010. Disponível em: <http://www.haaretz.co.il/hasite/spages/1187466.html>.

Na sequência dessa explicação há uma descrição:

Introdução: O exemplo de uma ordem manifestamente contrária à lei foi dado em Kafr Qasim, uma grande aldeia árabe-israelense a leste de Rosh ha Ayin, próxima da fronteira com a Jordânia.

Registro dos eventos: No dia 29 de outubro de 1956, com o início da campanha de Kadesh, um toque de recolher foi imposto [*por quem?*] às aldeias árabes entre 17 horas e 6 horas da manhã. Todos os habitantes das aldeias árabes entre Petah-Tikvah e Natanya eram obrigados a permanecer em casa durante o toque de recolher. A ordem [*dada por quem?*] era bastante rigorosa: não haveria prisões, quem violasse o toque de recolher seria fuzilado. A ordem foi publicada na mesma tarde e os aldeões árabes que foram trabalhar nos campos logo de manhã não tinham conhecimento dela. Terminada a jornada de trabalho, eles retornaram para casa como de costume, depois das 17 horas. Eles foram fuzilados por uma unidade de guardas de fronteira estacionados na aldeia. 47 pessoas, das quais 15 mulheres e 11 crianças de 8 a 15 anos de idade, foram mortas pelos soldados, por ordem de seu oficial superior [*repetição como ênfase; menção a um ator social por sua função*]. É importante notar que os moradores das aldeias vizinhas a Kafr Qasim que retornaram a suas casas depois das 17 horas foram presos por violação do toque de recolher, mas não foram mortos. Os guardas de fronteira entenderam que não deveriam executar os aldeões que não sabiam do toque de recolher imposto à região [*mais deslegitimação e marginalização dos assassinos*] [...].

Discussão: A definição da Corte de ordem flagrantemente contrária ao espírito da lei é problemática, porque não define de maneira clara e precisa no que ela consiste. A definição determina a contrariedade ao espírito da lei de forma muito ambígua: "contrariedade que salta aos olhos e revolta o coração". O resultado é que essa ambiguidade frequentemente coloca muitos soldados diante de um grave dilema. A dificuldade repousa no fato de que a lei militar distingue entre uma ordem ilegal (que os soldados têm de obedecer) e uma ordem contrária à lei (que eles têm de desobedecer); por exemplo, quando um comandante ordena que um soldado realize uma busca em uma casa sem um mandado [...], embora tal ordem seja ilegal, o soldado é obrigado a lhe obedecer. Um soldado que se recuse a obedecer a uma ordem ilegal estará sujeito a julgamento. No entanto, quando a ordem é flagrantemente contrária à lei, o soldado deve lhe desobedecer, pois, se lhe obedecer, terá de enfrentar julgamento. Os soldados, obrigados a realizar uma deliberação moral, enfrentam um enorme dilema: deveriam obedecer a uma ordem que lhes parece ilegal porque a lei militar os obriga a obedecer a leis ilegais, ou deveriam se recusar a lhe obedecer, pois a ordem é flagrantemente contrária à lei e a lei militar exige que eles desobedeçam a uma ordem como essa?

O soldado, que está muitas vezes sob estresse e pressão, nem sempre sabe como agir. Um soldado que tenha uma consciência sensível pode se arriscar a desobedecer a uma ordem que provoca revolta em sua consciência e é de fato legal ou ilegal, mas não flagrantemente contrária à lei. Em contraposição, um soldado pode obedecer a uma ordem flagrantemente contrária à lei que não provocou revolta em sua consciência, ao menos não no momento da ação[159].

Conclusão: meios semióticos de legitimação em relatos sobre massacres

A legitimação de massacres nos livros didáticos aqui analisados é baseada em larga medida no efeito e na utilidade. Alguns livros apresentam o ato de massacrar como uma batalha justificada, um mal necessário, ou uma transgressão da norma israelense oficial. Outros livros especificam que o massacre foi cometido por ordem de oficiais do Exército. Em todos os relatos, ele aparece como ponto de partida para mudanças positivas para o *ingroup* dos assassinos.

Os principais tipos de legitimação utilizados nos relatos são a *mitopoese*, com sua lógica mitológica, e a *legitimação baseada nos efeitos*, sustentada pela *conformidade* a normas universais e pela *naturalização.* As vítimas são apresentadas como "objetos cuja dor é neutralizada" e devem ser abordadas "por meio de um cálculo utilitarista"[160]. Assim, o argumento implícito do relato parece ser o de que os massacres, por mais lamentáveis que sejam, foram benéficos para Israel, e outras nações e exércitos teriam feito o mesmo sob circunstâncias semelhantes.

---

[159] À medida que este livro chega ao fim, o recém-empossado líder do Conselho de Segurança Nacional, major-general (res.) Yaacov Amidror, define a ordem de lutar com cautela como uma ordem flagrantemente contrária ao espírito da lei. "A ideia é matar o maior número possível de desgraçados do lado de lá. Temos de vencer, e ponto final". Ele acrescentou que os soldados devem matar quem quer que se coloque entre eles e o cumprimento de sua missão. Disponível em: <http://www.haaretz.co.il/hasite/spages/1218121.html>.

[160] Slavoj Žižek, *Violence* (Nova York, Picador, 1989) [ed. bras.: *Violência: seis reflexões laterais*, trad. Miguel Serras Pereira, São Paulo, Boitempo, 2014].

Considerações morais, que desempenham um papel marginal nesses relatos, são vinculadas em geral a considerações políticas. Os relatos advogam a visão de que, sob as circunstâncias em questão, os massacres podem ser legitimados por suas consequências, e são compatíveis com os objetivos sionistas e as convicções judaicas. Alguns são explicitamente aprovados ou perdoados por figuras públicas de destaque. A representação dos perpetradores dos massacres como modelos de conduta sustenta as proposições legitimadoras.

A fim de construir uma narrativa governada por uma lógica mitológica e apresentar o massacre como um ponto de partida para mudanças positivas, os relatos se valem dos gêneros narrativos *reconto* e *descrição*, que criam um efeito retórico de objetividade e levam o leitor a aceitar uma única perspectiva como fato.

O esquema-padrão dos relatos segue as seguintes etapas:

1) Fundamentação legitimadora ou deslegitimadora.
2) O ato do assassinato (legitimado ou deslegitimado pela avaliação positiva/negativa dos assassinos e das vítimas).
3) Consequências legitimadoras.
4) Dedução (opcional), que inclui uma proposição legitimadora em nome do contexto mais amplo e das consequências de longo prazo.

Essa estrutura atende ao tom dos livros, que é em larga medida autoritário e convida a um debate limitado. É por isso que dificilmente esses relatos utilizam gêneros adequados ao debate, tais como o argumento ou a discussão. Dos gêneros argumentativos, os relatos utilizam os subgêneros *desafio* e *exposição*, que são ambos concebidos para introduzir interpretações concorrentes a fim de ofuscar ou descartar uma delas. Assim como no *reconto* e na *descrição*, esses gêneros frequentemente incluem "deduções" que reforçam uma única interpretação e criam uma ideia de fechamento. Relatos para os alunos mais velhos utilizam o gênero das questões a fim de estabelecer uma posição legitimadora de leitura, principalmente pelo recurso à abstração, generalização e modalidade.

Meios sociossemânticos utilizados nos relatos

Como mencionamos anteriormente, Van Leeuwen define os meios discursivos e linguísticos pelos quais os significados sociais são transmitidos como meios sociossemânticos, pois, embora sejam parte de um sistema linguístico, "os significados são culturais e não linguísticos"[161]. Um dos mais importantes é a modalidade, que diferencia legitimação e deslegitimação e é utilizada para apresentar as versões palestinas (isso quando são apresentadas) como menos verdadeiras que as israelenses; também é utilizada para reduzir a responsabilidade de Israel pelas mortes e sugerir que os massacres nem sempre precisam ter consequências morais ou políticas.

O modo passivo ajuda a suprimir os atores sociais, ou colocá-los em segundo plano, e transformar a ação humana em um fenômeno independente, objetivo, "natural" ou autônomo. A metáfora gramatical é utilizada para a construção de argumentos legitimadores pseudológicos, cobrindo longos períodos pela condensação de processos e eventos em substantivos ou grupos nominais desprovidos de elementos humanos.

Do sistema de avaliatividade, a valoração social negativa explícita e a sanção social são utilizadas para deslegitimar os assassinos ou o ato de massacrar, e são obtidas em geral mediante juízos extravocalizados de autoridades pessoais e impessoais, tais como líderes e instituições militares, religiosos ou políticos. Estimação social e valoração social positivas servem para enaltecer os assassinos e apresentá-los como modelos que não poderiam cometer atos injustificados.

Os livros se valem de recursos multimodais para apresentar os perpetradores como modelos e criar o mito dos belos assassinos.

Em resumo, os relatos explorados aqui reproduzem aquilo que Ricoeur denominou "narrativas ideologizadas", que são configuradas "suprimindo[-se], deslocando[-se] as ênfases, refigurando[-se] diferentemente os protagonistas da ação, assim como os contornos dela"[162].

Implicações

Os relatos dos massacres comprovam a opinião de Wertsch de que os livros didáticos de história preferem a criação de um "passado aproveitável" à precisão[163] e geralmente fazem os estudantes esquecer aquilo que Ricoeur denomina "o outro drama"[164] – o das vítimas e suas circunstâncias – e enxergar além dos massacres as

---

[161] Theo van Leeuwen, *Discourse and Practice*, cit., p. 24.

[162] Paul Ricoeur, *A memória, a história, o esquecimento* (trad. Alain François et al., Campinas, Editora da Unicamp, 2007), p. 455.

[163] James V. Wertsch, *Voices of Collective Remembering*, cit., p. 45.

[164] Paul Ricoeur, *A memória, a história, o esquecimento*, cit.

consequências positivas para a nação judaico-israelense. A maior parte dos relatos "simplifica a experiência social como um experimento científico controlado"[165] e posiciona os leitores de modo a aceitar os valores e os juízos do discurso dominante. Dessa forma, eles ensinam aos estudantes o discurso do poder, dos políticos e dos generais, e colocam em jogo "a política disciplinar da verdade"[166].

Os massacres são inseridos na memória coletiva sionista-israelense como "crimes fundadores" da nação, de uma maneira digerível, eximindo o Estado de Israel de qualquer culpa no que diz respeito à Nakba palestina, que continua acontecendo.

A proposição geral de todos os relatos sobre os massacres é: o resultado positivo (para nós) pode perdoar ou relegar o mal (feito a eles), ou, como diria Žižek, certa dor (infligida a eles) é tolerável, contanto que previna uma dor (nossa) muito maior.

A determinação dos livros de justificar o erro pela criação de narrativas legitimadoras também pode explicar por que não encontrados em nenhum dos relatos aquilo que La Capra denomina inquietação empática[167]. No contexto israelense, tal inquietação pode ser interpretada como insegurança e empatia com os palestinos e, portanto, é inadmissível[168].

Os estudantes israelenses ingressam no serviço militar com a convicção de que a empatia está vinculada à raça ou à religião, e não se aplica às relações que eles têm com seus vizinhos, que devem se submeter à vontade deles, e a utilidade é o único critério que deve guiar sua conduta. Essa crença era manifesta nas palavras de Yossi Bailin, um dos líderes da esquerda sionista, que, ao suplicar ao governo que cessasse a carnificina em Gaza em 2009, disse: "É inumano, é não judaico, mas sobretudo é ineficaz"[169].

---

[165] Caroline Coffin, "Constructing and Giving Value to the Past", cit., p. 220.

[166] Ibidem, p. 201.

[167] Dominick La Capra, *Writing Shoa, Writing Trauma* (Baltimore, Johns Hopkins University Press, 2001), p. 125.

[168] Assim como se está expresso na lei – endossada pelo Comitê Parlamentar de Legislação e Constituição no dia 23 de fevereiro de 2010, para retirar verba de municípios que permitam atos públicos em homenagem à catástrofe palestina em 1948.

[169] Entrevista televisiva, 25 jan. 2008. Disponível em: <http://www.ynet.co.il/articles/0,7340,L-3852834,00.html>.

5
Conclusões

Parafraseando Max Weber, Ernest Gellner escreve que na base do Estado moderno está o professor, não o carrasco, pois o monopólio do uso legítimo da educação é mais importante do que o monopólio do uso legítimo da violência[1].

Este livro elaborou um aspecto da narrativa nacional israelense como ela é ensinada nas escolas israelenses: a representação dos palestinos nos livros didáticos de geografia, história e educação moral e cívica. As principais questões deste livro foram: (1) a representação verbal e visual dos palestinos e de sua vida nos livros didáticos israelenses e (2) os meios discursivos e visuais que legitimam a exclusão, a discriminação e até mesmo o assassinato de cidadãos e não cidadãos palestinos.

A análise dos textos foi de caráter multimodal, e o modo de investigação fundamentou-se na teoria da semiótica social, que afirma que a representação nunca é neutra, e sim sempre "engajada", isto é, ideológica[2].

Este último capítulo resume os achados deste estudo e discute suas implicações pedagógicas.

---

1 Ernest Gellner, *Nations and Nationalism* (Ithaca, Cornell University Press, 1983), p. 34.

2 Gunther Kress, *Literacy in the New Media Age* (Londres, Routledge, 2003).

Livros didáticos israelenses entre a história e a memória coletiva

O estudo mostrou que as principais características da memória coletiva apontadas por Wertsch[3] nos livros didáticos soviéticos também podem ser identificadas nos livros escolares israelenses aqui examinados:

1) Os livros possuem uma "voz celebratória" que transmite narrativas incontestes, em especial trágicas e heroicas.

2) Tendem a apresentar acontecimentos "a partir de uma única perspectiva comprometida; [são] impacientes com ambiguidades e reduzem acontecimentos a arquétipos míticos"[4].

3) Simplificam a história e se concentram em uma essência estável e imutável de grupo[5].

4) São comprometidos com a construção de uma identidade individual e grupal coerente.

5) Comandam o esquecimento, baseando-se em uma seleção bastante restrita de fatos.

6) Dão mais preferência à criação de um passado utilizável do que à precisão, e frequentemente se apropriam do passado e o manipulam a fim de justificar o presente. Nas palavras de Nora, "pegamos cacos do passado e tentamos colá-los na esperança de que a história que reconstruímos se pareça mais com a história que experimentamos"[6].

Os livros aqui analisados se apropriam do passado em benefício do presente e do futuro da política israelense de expansão, independentemente do fato de terem sido publicados sob ministérios de esquerda ou direita.

O presente estudo mostrou que livros didáticos israelenses de diversas matérias são governados pelo regime de verdade – ou, como diz David Tyack, que estuda o

---

[3] James V. Wertsch, *Voices of Collective Remembering* (Cambridge, Cambridge University Press, 2002).

[4] Peter Novick, *The Holocaust in American Life* (Boston, Houghton Mifflin, 1999), p. 3-4.

[5] James V. Wertsch, *Voices of Collective Remembering*, cit., p. 47.

[6] Pierre Nora, "General Introduction: Between Memory and History", em Pierre Nora (org.), *Realms of Memory: Rethinking the French Past*, v. 1: *Conflicts and Divisions* (Nova York, Columbia University Press, 1996), p. 13.

ensino estadunidense, pela Polícia da Verdade[7], que controla os livros e se certifica de que inculquem a memória coletiva fundada na verdade cívica aprovada pelo Estado. Jenkins explica que a verdade do poder "age como censor – ela traça a linha" – e argumenta que "sabemos que tais verdades são ficções úteis que estão no discurso em virtude do poder (alguém precisa colocá-las e mantê-las ali) e o poder utiliza o termo 'verdade' para exercer controle: regimes de verdade"[8]. Jenkins afirma que o objetivo de tal regime de verdade é prevenir a desordem "e é o medo da desordem (do desordeiro) [...] o medo da liberdade (para os não livres) que o liga funcionalmente aos interesses materiais"[9].

A narrativa reproduzida nos livros didáticos aqui estudados possui outro traço típico: ela não possui senso de passagem do tempo. Trata-se daquilo que Maurice Halbwachs denomina um retrato das semelhanças, diferente da história, que seria um retrato das mudanças[10].

Na composição desse retrato das semelhanças, os livros didáticos israelenses expressam "verdades" eternas a respeito dos judeus – geralmente verdades trágicas, tais como a perseguição e a vitimização – e "verdades" eternas a respeito dos não judeus, que nesse caso são os "árabes". Desafiando as evidências factuais, os livros didáticos israelenses ainda apresentam os palestinos como "bandidos" e os israelenses como vítimas e protetores da terra. O antigo ditado judeu repetido a cada Pessach – "A cada geração eles se levantam para nos exterminar", recordando a constante perseguição dos judeus – ainda hoje é apresentado nos livros escolares israelenses, assim como nos discursos políticos, como um fato real do presente, ignorando as mudanças significativas que houve nessa realidade, tais como o fato de Israel ser um Estado forte, com força militar muito maior, que domina 4,5 milhões de palestinos, boa parte dos quais são refugiados, filhos ou netos de refugiados que não possuem poder militar, tampouco direitos civis ou humanos.

O historiador Alon Confino explica a *raison d'être* dessa narrativa:

> A memória coletiva de vitimização se tornou central na explicação que a sociedade israelense fornece a si mesma para as suas ações nos territórios [ocupados]. [...] A

7 David Tyack, "Patriotic Literacy: History Textbooks in the Nineteenth Century", em *Seeking Common Ground: Public Schools in a Diverse Society* (Harvard, Harvard University Press, 2003), p. 3.

8 Keith Jenkins, *Re-thinking History* (Londres, Routledge, 1991), p. 39.

9 Idem.

10 Maurice Halbwachs, *On Collective Memory* (Chicago, The University of Chicago Press, 1992).

> memória do Holocausto se tornou mais central, à medida que a ocupação se tornou mais cruel [...].
>
> Desde a década de 1970, em Israel, assim como no mundo em geral, houve uma mudança na memória da Shoá; [...] enfatiza-se mais a condição de vítima do que o heroísmo. Ao mesmo tempo, a ocupação se tornou mais dura e menos heroica [pois] não há heroísmo em invadir uma casa à noite, enquanto bebês choram, deter uma mulher grávida em pontos de checagem ou impor um toque de recolher a toda uma população para que os filhos de Israel possam celebrar o feriado da liberdade (Pessach).[11]

Outra verdade imutável reproduzida nos livros didáticos aqui analisados é a mensagem colonialista dos judeus de Israel como emissários do progresso e do esclarecimento em um ambiente em que árabes primitivos devem ser civilizados ou mais bem cultivados, tal como a paisagem "abandonada"[12]. Embora os cidadãos palestinos de Israel exerçam profissões modernas e levem vidas modernas, esses costumes nunca são representados verbal ou visualmente; ao contrário, os alunos israelenses aprendem que seus concidadãos palestinos estão se "desenvolvendo" lentamente, graças à proximidade das cidades, das aldeias e dos *kibutzim* judaicos.

Todas essas características fazem com que os livros escolares sejam propagadores da memória coletiva popular, em vez de produtos da investigação histórica ou geográfica. Os livros escolares aqui analisados, que são livros didáticos regulares, não introduzem os estudantes nos modos de investigação das disciplinas de história ou geografia, mas induzem-nos a "dominar" a narrativa principal. O tom dos livros didáticos é autoritário em geral e não convida ao debate, mesmo quando estruturalmente o texto dê a entender que sim. Os acontecimentos são relatados sob uma perspectiva militar-sionista, que é intolerante a ambiguidades e versões contraditórias, enquanto as versões palestinas são silenciadas ou "subcontadas"[13]. O caso de Domka et al., em que as versões palestinas tiveram de ser eliminadas do livro para que ele fosse autorizado, é um exemplo instrutivo. A narrativa sionista-israelense, como reproduzida nos livros escolares analisados aqui, reflete a opinião de que os palestinos não podem ser vistos senão como um obstáculo ou

[11] Alon Confino, "Before the Locked Gate: The History and Memory of the 1967 War", *Haaretz* (Sfarim: Book Review Supplement), 6 jun. 2007, p. 20-1.

[12] Gabriel Piterberg, "Erasures", *New Left Review*, n. 10, jul.-ago. 2001.

[13] Ver Rouhana e Korper, 1997, citado em Dan Rabinowitz, "Natives with Jackets and Degrees: Othering, Objectification and the Role of Palestinians in the Co-existence Field in Israel", *Social Anthropology*, v. 9, n. 1, 2001.

uma ameaça a ser superada ou eliminada. Por isso não podem entrar na narrativa as histórias, os sofrimentos, a verdade ou os rostos humanos do povo palestino.

Os livros escolares só recebem autorização para publicação quando reproduzem a narrativa patrocinada pelo Estado; por isso, apesar dos arquivos que atestam o plano sistemático de expansão e expulsão[14], a destruição sistemática das aldeias palestinas e os massacres, e apesar dos documentos que comprovam a transferência retroativa depois da guerra de 1948, boa parte dos livros didáticos ainda propaga a história de que os palestinos fugiram movidos por um pânico infundado, e de que a expulsão e os massacres do presente não passam de transgressões esotéricas ou casos raros de um mal necessário[15].

A exclusão dos palestinos nos livros didáticos israelenses pode ser resumida nas quatro seguintes categorias elencadas por John B. Thompson[16]:

1) **Legitimação**: representações destinadas a imortalizar a dominação apresentando-a como legítima. Tais representações consistem em mapas da grande Israel acompanhados de passagens bíblicas que reiteram a promessa divina a Abraão; a apresentação de práticas de confisco de terras, discriminação, marginalização, segregação, expulsão e aniquilação dos palestinos como legítimas, justificadas por reivindicações de segurança e louvadas como a realização das profecias bíblicas e o ideal sionista da redenção da terra.
2) **Dissimulação**: apresentação de eventos a partir de um único ponto de vista. No caso dos livros didáticos aqui estudados, trata-se da perspectiva sionista-militar. Outras versões ou pontos de vista relativos a fatos sociais e geográficos

[14] Oren Yiftachel, *Ethnocracy: Land and Identity Politics in Israel/Palestine* (Philadelphia: University of Pennsylvania Press, 2006); Benny Morris, *The Birth of the Palestinian Refugee Problem Revisited* (Cambridge, Cambridge University Press, 2000); Ilan Pappé, *The Ethnic Cleansing of Palestine* (Londres/Nova York, OneWorld, 2006).

[15] A reação de Ben-Dror Yemini ao meu trabalho expressa bem essa narrativa popular. O jornalista israelense escreveu o seguinte no NRG (Maariv *on-line*) no dia 27 de dezembro de 2008: "Ela escreve sobre um 'massacre de palestinos', embora saiba muito bem que Israel nunca cometeu um massacre ou nada que chegasse perto de um massacre em quarenta anos de ocupação". Uma ilustração do perigo de endossar a "narrativa do outro" é a interpretação equivocada que fiz do discurso do Estato de Israel: na manhã da invasão de Israel a Gaza, em 28 de dezembro de 2008, o ministro da Defesa, Ehud Barak, disse na televisão que "aqueles que ferirem civis terão de pagar", e eu compreendi suas palavras como uma ordem aos soldados para não obedecer a ordens flagrantemente contrárias ao espírito da lei e não ferir civis palestinos. No entanto, como descobri mais tarde, essa afirmação era parte do discurso racionalizador e legitimador que justamente permitiu a agressão contra civis palestinos em Gaza.

[16] John B. Thompson, "Language and Ideology: A Framework for Analysis", *The Sociological Review*, v. 35, n. 3, 1987, p. 516-35.

(tais como assentamento, direitos fundiários, disputas hídricas, estratificação social e cultural) raramente são considerados.

3) **Fragmentação**: separação de pessoas e lugares, na qual se descreve a terra ao mesmo tempo que se ignora ou oculta a existência da população nativa. Os livros analisados aqui fazem isso silenciando sobre a geografia, alterando os nomes dos lugares e ocultando nos mapas cidades, universidades, sítios históricos e culturais palestinos. A fragmentação também aparece quando se descreve a vida em Israel e na Palestina sem menção à existência de outras culturas, linguagens ou nacionalidades, com exceção da judaico-israelense, e quando se apresentam os palestinos como trabalhadores estrangeiros (*host workers*).

4) **Reificação**: "representar estados de coisas transitórios, históricos, como se fossem permanentes, naturais, exteriores ao tempo. Restabelecer a dimensão da sociedade sem 'história' no próprio cerne da sociedade histórica"[17]. Como mencionamos anteriormente, a imagem apresentada nos livros escolares de hoje é a de uma realidade imutável, em que judeus são perseguidos e precisam se defender contra a agressão não judaica. Outro "estado de coisas transitório apresentado como natural e exterior ao tempo" é a vida segregada dos árabes-palestinos e as difíceis condições em que vivem, retratadas como parte de sua sina natural imutável. Essa representação é alcançada através de diversos recursos multimodais: ícones racistas de nômades e agricultores atrasados, expressões que coisificam as pessoas e apresentam a discriminação e a segregação como um fenômeno inalterado que deve ser estudado, e não como um processo provocado por agentes humanos e circunstâncias sociopolíticas. Essas representações reforçam nas crianças israelenses a imagem dos palestinos como camponeses rudimentares e irracionais que, como diz Rabinowitz, "nutre um amálgama de raciocínios antiárabes de direita" e esconde uma imagem dos palestinos que os israelenses poderiam identificar como PLU (Person Like Us) [Pessoa Como Nós]):

> racionais e instruídos, com características positivas que os estudantes israelenses tendem a associar com seus próprios coletivos, um árabe racional, bem articulado, responsável – um nativo civilizado, que demole os estereótipos, de terno, diploma na mão e um sorriso compreensivo.[18]

[17] Ibidem, p. 521.

[18] Dan Rabinowitz, "Natives with Jackets and Degrees", cit., p. 76.

Contrariando as esperanças de Podeh no "surgimento de uma nova narrativa nos livros didáticos de história [...] que poderá, no longo prazo, facilitar o processo de reconciliação entre israelenses e árabes"[19], alguns livros escolares mais recentes (2003-2009) voltam aos relatos da "primeira geração" – quando a informação de arquivo era menos acessível – e são, como eles, "repletos de vieses, preconceitos, erros [e] representações equivocadas"[20]. Como o estudo apresentado aqui demonstrou, as diferenças entre os livros ou entre as "gerações" de livros são muito pequenas no nível ideológico, pois nenhum dos materiais analisados, inclusive os mais progressistas da década de 1990, recusa a incumbência de criar "um passado aproveitável" para a memória coletiva israelense; nenhum questiona a base ideológica sionista-israelense ou seus pressupostos básicos sobre o direito histórico dos judeus à terra ou a necessidade de uma maioria judaica que engendra a necessidade de marginalizar, segregar e controlar os cidadãos árabes e os não cidadãos. Como observa Yiftachel, o profundo abismo que é frequentemente retratado entre o campo judaico de direita e o campo judaico de esquerda diz respeito apenas à extensão e ao grau de brutalidade da judaização, e não à existência e à necessidade dessa estratégia, amplamente e irrestritamente aceita[21].

Em resumo, apesar dos argumentos dos pesquisadores acerca das tendências críticas da década de 1990, e apesar das tentativas de retratar as múltiplas facetas das intricadas relações entre israelenses e palestinos, os livros didáticos regulares que examinamos neste estudo apresentam um retrato simplista e, portanto, incompleto da situação, visto de uma perspectiva única e enviesada, e transmitem uma mensagem inequívoca e desprovida de ambiguidade: a terra de Israel sempre pertenceu aos judeus, mesmo nos 2 mil anos em que estiveram coletivamente ausentes da região, e, portanto, deve permanecer judaica a despeito das decisões e das leis internacionais, e independentemente do fato de que metade da população sob domínio israelense é árabe-muçulmana.

Como explica Yiftachel, isso é relativamente comum em novos Estados-nação e sobretudo em etnocracias. No entanto, no contexto israelense, essa narrativa, que é usualmente a única que os estudantes israelenses conhecem, pode explicar – embora parcialmente – o comportamento dos soldados israelenses diante de seus

[19] Elie Podeh, "History and Memory in the Israeli Educational System: The Portrayal of the Arab-Israeli Conflict in History Textbooks (1948-2000)", *History and Memory*, v. 12, n. 1, 2000, p. 29.

[20] Idem.

[21] Oren Yiftachel, *Ethnocracy*, cit., p. 133.

vizinhos subjugados e de seus concidadãos discriminados. Esse comportamento demonstra que de fato, como sustentou Allport, a narrativa de perspectiva única é especialmente eloquente em tempos de agressão, quando a nação se une contra os seus "inimigos". Em Israel, nem o discurso social nem o discurso educacional demonstram qualquer "inquietação empática" quando se trata de falar ou escrever a respeito da discriminação e da opressão dos palestinos, sejam eles cidadãos israelenses ou não.

Em nenhum dos livros analisados foi possível identificar nem sinal sequer de uma possibilidade, intenção e pensamento positivo no sentido de melhorar a situação, de conceder aos cidadãos palestinos direitos democráticos iguais ou aliviar a pressão sobre a Palestina ocupada em nome da paz, como se poderia esperar de um Estado democrático educando seus jovens de acordo com os valores humanistas. Quando se menciona a paz nos livros didáticos de história, ela "sempre aparece como um mal menor, uma capitulação, uma solução forçada, e nunca como uma chance de vida mais próspera e conexões mais próximas com os vizinhos"[22].

Representação racista dos palestinos nos livros escolares israelenses

"Historicamente, o racismo é uma crença para justificar empreitadas de expansão, conquista, colonização e dominação e anda de mãos dadas com a intolerância, a injustiça e a violência."[23]

Embora o comitê da ONU contra o racismo e a discriminação de minorias ou populações indígenas ainda não tenha conseguido incluir Israel na lista dos países racistas[24], é evidente a partir deste estudo que práticas racistas e discriminatórias contra os palestinos são apresentadas como legítimas aos estudantes israelenses.

Não é raro que os livros israelenses sejam impregnados de prejulgamentos e preconceitos étnicos em relação a um "inimigo" que engloba não apenas os não

---

[22] Ruth Firer, "The Presentation of the Israeli-Palestinian Conflict in Israeli History and Civics Textbooks", em Ruth Firer e Sami Adwan, *The Israeli-Palestinian Conflict in Israeli History and Civics Textbooks of Both Nations* (Hannover, Georg-Eckert-Institue fur Internationale Schulbuchforschung, Hahnsche Buchhandlung, 2004), p. 83.

[23] Rigoberta Menchú Tum, líder indígena guatemalteca, laureada com o Prêmio Nobel da Paz: "O problema do racismo no alvorecer do século XXI".

[24] Ver *Haaretz*, 1º jan. 2009, para a Conferência de Durban contra o Racismo. Disponível em: <http://www.haaretz.com/news/delegates-unanimously-adopt-durban-ii-anti-racism-declaration-1.266846>.

cidadãos subjugados e invisíveis dos territórios ocupados e em Gaza, mas também os próprios cidadãos palestinos de Israel, geralmente denominados pelos oficiais israelenses "o inimigo interno" ou "a quinta coluna".

Rigoberta Menchú Tum, citada anteriormente, fala de racismo como um "fenômeno que se apoia na crença de superioridade diante da diferença, na crença de que nossa cultura possui valores superiores aos de outras culturas"[25].

Os livros analisados aqui apresentam a cultura judaico-israelense como superior à árabe-palestina, conceitos judaico-israelenses de progresso como superiores ao modo de vida árabe-palestino e o comportamento judaico-israelense como alinhado aos valores universais. Valem-se de diversas modalidades de representação racista – tanto visual quanto verbal – e legitimam muitas formas inaceitáveis de discriminação que há muito tempo foram elencadas pela ONU[26]. Algumas delas são:

1) Reconhecimento desigual perante a lei e negação geral de direitos a grupos particulares.
2) Desigualdade de segurança pessoal: interferência, prisão, difamação e morte em razão de pertencimento a determinado grupo. Repare que, quando os livros escolares israelenses falam de segurança e proteção, eles se referem – assim como os discursos políticos e midiáticos – apenas à segurança dos judeus.
3) Desigualdade na liberdade de movimento e moradia: os livros apresentam como fenômenos normais e, portanto, legítimos a guetização da população árabe, a interdição de deslocamento dos palestinos, áreas restritas e toque de recolher.
4) Segregação: como vimos nos textos e nos mapas geográficos, a população israelense é dividida etnicamente e a segregação dos palestinos é apresentada como um fenômeno necessário e natural.
5) Desigualdade no gozo da livre escolha de emprego: os livros didáticos não explicitam a desigualdade oficial, mas o fato de apresentarem os cidadãos palestinos apenas como agricultores rudimentares, nômades e terroristas reforça esse aspecto.
6) Desigualdade na regulação e no tratamento da propriedade fundiária, isto é, o confisco de terras e a proibição de construir na própria terra, que é expressa pela definição das construções palestinas como "ilegais".

---

25 Rigoberta Menchú Tum, "O problema do racismo no alvorecer do século XXI", cit.

26 Gordon W. Allport, *The Nature of Prejudice* (Nova York, Doubleday Anchor, 1958), p. 51.

7) Desigualdade de oportunidades na educação ou no desenvolvimento de habilidades e talentos.

8) Desigualdade de oportunidades no compartilhamento dos benefícios da cultura: a cultura palestina nunca é mencionada e as necessidades culturais dos palestinos não são consideradas.

9) Desigualdade em serviços oferecidos, tais como habitação, transporte público, eletricidade e água, como demonstramos claramente no capítulo 2: "A geografia da hostilidade".

10) Desigualdade no gozo do direito à nacionalidade.

11) Desigualdade no direito de participação do governo.

12) Desigualdade no acesso a cargos públicos.

13) Leis suntuárias e difamação pública de grupos.

Todas essas desigualdades são apresentadas nos livros aqui estudados como "dadas" e nunca são contestadas.

Conclusão

Coffin afirma que, nos livros de história, os estudantes aprendem não apenas o discurso dos historiadores, como também o discurso dos políticos, advogados e outros manipuladores de discursos. Eles aprendem a apresentar interpretações como se fossem fatos, a inserir visões pessoais em representações aparentemente neutras, em suma, eles aprendem a linguagem do poder[27]. Essa imposição da "verdade" oficial não apenas aliena os alunos do discurso disciplinar e das modalidades de investigação, mas também, como alerta Ricoeur:

> o perigo maior [...] está no manejo da história autorizada, imposta, celebrada, comemorada – da história oficial. O recurso à narrativa torna-se assim a armadilha, quando potências superiores passam a direcionar a composição da intriga e impõem uma narrativa canônica por meio de intimidação ou de sedução, de medo ou de lisonja. Está em ação aqui uma forma ardilosa de esquecimento, resultante do desapossamento

[27] Caroline Coffin, "Constructing and Giving Value to the Past", em Frances Christie e James Robert Martin (orgs.), *Genres and the Institutions: Social Processes in the Workplace and School* (Londres, Continuum, 1997); idem, *Historical Discourse: The Language of Time, Cause and Evaluation* (Londres, Continuum, 2006).

> dos atores sociais de seu poder originário de narrarem a si mesmos. Mas esse desapossamento não existe sem uma cumplicidade secreta, que faz do esquecimento um comportamento semipassivo e semiativo [...] em suma [motivado] por um querer-não-saber.[28]

Esse "querer-não-saber" inculcado na juventude israelense através da educação[29] é, na verdade, um "querer-não-ensinar". O Estado de Israel jamais encorajou a "educação da paz" ou a mistura oficial de estudantes judeus e palestinos nas instituições de ensino. Muito pelo contrário, como Rabinowitz deixa claro, "não obstante [a] pletora de oportunidades, o tópico da paz e da coexistência nunca fez parte do currículo acadêmico e nunca teve qualquer crédito acadêmico em si"[30].

Como vimos ao longo deste estudo, apesar de servir como ferramenta para instilar ideias discriminatórias e atitudes racistas, a representação dos palestinos nos livros didáticos israelenses só faz crescer a ignorância a respeito tanto das situações sociais e geopolíticas reais quanto do discurso geográfico e histórico. Assumindo que alunos de escola não correm para as bibliotecas para verificar os fatos e preencher as lacunas dos livros didáticos, e que boa parte dos professores foi formada com livros semelhantes, somos obrigados a concluir que as últimas três gerações de israelenses, em larga medida, não estão a par das realidades geopolíticas ou sociais de seu país.

Com imagens desvirtuadas e mapas distorcidos firmemente plantados em sua mente, os estudantes judeus israelenses se alistam no Exército para levar a cabo a política israelense *vis-à-vis* os palestinos, cujo mundo-da-vida eles desconhecem e cuja própria existência eles foram ensinados a ressentir e temer. Essa doutrinação, ou melhor, essa "infecção mental", para usarmos a expressão de Dawkins, é realiza-

---

28 Paul Ricoeur, *A memória, a história, o esquecimento* (trad. Alain François et al., Campinas, Editora da Unicamp, 2007), p. 455.

29 Ver, por exemplo, a entrevista com a ex-ministra da Educação Shulamit Aloni. Disponível em: <http://www.axisoflogic.com/artman/publish/article_6869.shtml>.

30 Dan Rabinowitz, "Natives with Jackets and Degrees", cit., p. 65. Rabinowitz menciona três mudanças negativas na atitude dos diferentes governos israelenses ao longo dos anos: por exemplo, "no fim dos anos 1980 e início dos anos 1990, quando o governo de Yitzhat Shamir, do Likud, compôs um Ministério da Educação dominado pelo Partido Religioso Nacional e o fomento do Estado ao projeto de coexistência diminuiu em escopo e se tornou mais restritivo em termos ideológicos". A segunda mudança veio com a ascensão do governo de direita de Benjamin Netanyahu em 1996, que diminuiu vertiginosamente a alocação orçamentária para projetos de coexistência e em seguida reduziu acentuadamente essas atividades. Em 1993, o Ministério da Educação criou a Divisão para a Democracia e a Coexistência, que teve vida brevíssima e posteriormente se transformou na Divisão de Educação de Valores em um Estado democrático judeu.

da por meio da autoridade do discurso científico, tanto verbal quanto visual, considerado neutro, objetivo, não enviesado e, portanto, representativo da verdade[31].

A representação negativa dos outros, que também identificamos em países europeus no que diz respeito ao "Terceiro Mundo" e aos imigrantes[32], condiciona os estudantes à hostilidade e ao desprezo de seus vizinhos, de seu entorno imediato e dos acordos e leis internacionais.

Isso é um tanto contraditório com a persistente alegação dos israelenses, repetida por políticos estadunidenses e europeus que endossam a propaganda de Israel, de que "os palestinos ensinam suas crianças a nos odiar e nós ensinamos a 'amar o próximo'"[33].

Quanto aos motivos e à erradicação da discriminação, a Reunião do Grupo de Peritos sobre Gestão de Diversidade em Serviço Civil das Nações Unidas (2001) chegou à seguinte resolução sobre as causas sociais do preconceito racial, que refletem a realidade israelense:

> As causas sociais e econômicas do preconceito racial são especialmente observadas em sociedades de colonos em que existe grande disparidade de poder e propriedade, em [...] que indivíduos são privados de igual acesso a emprego, habitação, participação política, educação e aplicação da justiça [...]. A discriminação priva um grupo de tratamento equitativo e apresenta esse grupo como um problema. O grupo tende a ser culpado por sua própria condição, o que leva, por sua vez, a uma maior elaboração da teoria racista [...].

O Grupo de Peritos das Nações Unidas recomendou algumas "técnicas principais para lidar com o racismo [que] envolvem transformar essas situações sociais que engendram o preconceito, impedindo que os preconceituosos ajam conforme suas crenças e combatendo efetivamente essas falsas crenças". Eles reconheceram que:

> mudanças importantes na estrutura social que podem conduzir à eliminação do preconceito racial podem exigir decisões de natureza política. Reconhece-se também,

---

31 J. R. Martin, "A Contextual Theory of Language", em Bill Cope e Mary Kalantzis (orgs.), *The Powers of Literacy: a Genre Approach to Teaching Writing* (Londres/Pittsburg, Falmer/University of Pittsburg Press, 1993, Critical Perspectives on Literacy and Education/Pittsburg Series in Composition, Literacy, and Culture).

32 Ver, a respeito de livros didáticos holandeses, Theo van Leeuwen, "The Schoolbook as a Multimodal Text", *International Schulbuch Forschung*, v. 14, n. 1, 1992, p. 35-58.

33 Pronunciamento da ministra de Relações Exteriores, Tzipi Livni, durante o ataque de Israel a Gaza, *Haaretz*, 30 dez. 2008.

no entanto, que certos agentes do iluminismo, tais como educação e outros meios de desenvolvimento social e econômico, *mass media* e direito, podem ser imediata e eficazmente mobilizados para a eliminação do preconceito racial.

O Grupo de Peritos das Nações Unidas dá especial importância à educação, defendendo que:

> a escola, e outros instrumentos para o progresso social e econômico, pode ser um dos agentes mais eficazes para atingir um entendimento mais amplo e a realização mais plena das potencialidades do ser humano. Também pode servir para perpetuar a discriminação e a desigualdade. É, portanto, essencial que os recursos para a educação e a ação social e econômica de todas as nações sejam aplicados de duas maneiras: as escolas devem garantir que seus currículos contenham compreensões científicas a respeito de raça e unidade humana e que não sejam feitas em textos e salas de aula distinções injustas sobre povos. [...] Ademais, em casos em que se identifica que, por motivos históricos, certos grupos possuam em média níveis mais baixos de escolaridade e posição econômica, é responsabilidade da sociedade tomar medidas corretivas. Essas medidas devem garantir, tanto quanto possível, que não sejam transmitidas às crianças as limitações dos ambientes pobres. Em vista da importância dos professores em qualquer programa educacional, é preciso dar atenção especial ao seu treinamento. É preciso que os professores tenham consciência do quanto eles refletem preconceitos que podem eventualmente ser correntes na sociedade. Eles devem ser estimulados a evitar esses preconceitos.

Infelizmente, essas recomendações não chegaram aos formuladores de políticas, muito menos aos educadores israelenses, e não fazem parte da educação nem dos critérios de avaliação e autorização dos livros didáticos em Israel. A falta de contato entre a juventude judaico-israelense e a juventude palestino-israelense, agravada por barreiras físicas e mentais, mantém a ignorância desses jovens quanto à vida uns dos outros. A imagem dos palestinos como "facínoras sanguinários, ansiando por vinganças violentas, levados a agir contra seus próprios interesses diante da menor chance de ferir o maior número possível de israelenses"[34] é ainda preponderante nos livros didáticos e no discurso geral.

O discurso educacional israelense, como é manifesto nos livros didáticos regulares, geralmente apresenta como normativo o "estado de exceção" dos palestinos e sua condição de *homini sacer* – isto é, pessoas privadas de todos os direitos

---

[34] Dan Rabinowitz, "Natives with Jackets and Degrees", cit., p. 76.

humanos e tratadas como "vida nua" (Agamben), pessoas que carecem ou às quais é forçosamente negado todo e qualquer *status* social ou jurídico, e as quais qualquer um pode eliminar – como necessária à segurança de Israel, como deixam claro os testemunhos dos soldados[35].

Seria evidentemente presunçoso acreditar que os livros didáticos são o principal instrumento de doutrinação. No entanto, como espero que este livro tenha demonstrado, os livros didáticos israelenses refletem as circunstâncias sociais que os produziram, e seu discurso é alimentado em larga medida pelo discurso político e militar do Estado.

Sugestão para estudo posterior

O presente estudo concentrou-se nos meios semióticos utilizados pelos livros didáticos para transmitir suas mensagens, mas não analisou o efeito desses livros sobre os estudantes. Até agora, como demonstraram Porat[36] e Wertsch[37], "os livros didáticos não parecem ajudar a redefinir as perspectivas culturais e históricas que são moldadas de acordo com o contexto sociocultural mais amplo"[38]. Como acrescentam Beckerman e Zembylas:

> os livros didáticos e as bases curriculares são ferramentas políticas, mas sua influência não é necessariamente maior do que a de outros aparatos da *mass media*. Ademais, dado o contexto em que operam – as escolas –, eles perdem uma força que em outro contexto poderia ser percebida. [39]

A conclusão desses estudos e observações é a de que os livros didáticos concebidos para transformar ideias fixas nem sempre têm êxito, mas, como talvez prove a atitude da juventude israelense em relação aos palestinos, os livros didáticos que tentam incutir ideias dominantes, por mais enviesadas e fraudulentas que sejam, têm êxito na medida em que fazem parte de um grande projeto de propagação de um mito antiárabe.

---

35 Ver "Breaking the Silence – Testimonies from Gaza". Disponível em: <http://news.bbc.co.uk/2/shared/bsp/pdfs/14_07_09_breaking_the_silence_pdf>.

36 Dan A. Porat, "The Nation Revised: Teaching the Jewish Past in the Zionist Present (1890-1913)", *Jewish Social Studies*, v. 13, n. 1, 2006, p. 59-86.

37 James V. Wertsch, *Voices of Collective Remembering*, cit.

38 Dan A. Porat, "The Nation Revised", cit.

39 Zvi Beckerman e Michalinos Zembylas, *Teaching Contested Narratives: Identity, Memory and Reconciliation in Peace Education and Beyond* (Cambrige, Cambridge University Press, 2012), p. 112.

Um estudo posterior é necessário para determinar o papel dos livros didáticos na formação da consciência dos jovens israelenses, tal como ela se manifesta em seu comportamento como soldados e cidadãos.

Nota final:

"No fim de toda frase que você diz em hebraico há um árabe sentado com um narguilé. Mesmo que comece na Sibéria ou em Hollywood com o Hava Nagila." (Meir Ariel, "Uma canção de dor".)

Permissões

Três capítulos deste livro, em versões mais breves, foram publicados em revistas acadêmicas:

Nurit Peled-Elhanan, "Layout as Punctuation of Semiosis: Some Examples from Israeli School Books", *Visual Communication*, v. 8, n. 1, 2009, p. 91-116.

Idem, "The Geography of Hostility and Exclusion", *Visual Literacy*, v. 27, n. 2, 2009, p. 179-208.

Idem, "Legitimation of Massacres in Israeli School Books", *Discourse and Society*, v. 21, n. 4, 2010, p. 377-404.

Agradeço às revistas por permitir a reprodução dos artigos neste livro.

Agradeço também às editoras dos livros didáticos analisados por autorizar a reprodução de imagens e excertos de suas obras.

Apêndice

Livros didáticos analisados neste estudo: título original, em hebraico, e tradução para o português do título em inglês atribuído pela autora*.

Geografia

AHARONY, Y.; SAGI, T. *The Geography of the Land of Israel*: A Geography Textbook for Grades 11-12 [A geografia da terra de Israel: um livro didático de geografia para o 2º e o 3º anos do ensino médio]. Tel-Aviv, Lilach, 2003. לארשי ץרא לש היפרגואיג

FINE, T.; SEGEV, M.; LAVI, R. *Israel*: The Man and the Space – Selected Chapters in Geography [Israel: o homem e o espaço – capítulos selecionados de geografia]. Tel-Aviv, The Centre for Educational Technologies, 2002. *היפרגואיגב םיקרפ: בחרמהו םדאה -לארשי*

RAP, E.; FINE, T. *People in Space*: A Geography Textbook for 9th Grade [Pessoas no espaço: um livro didático de geografia para o 9º ano do ensino fundamental]. Tel-Aviv, The Centre for Educational Technologies, 1996/1998. *בחרמב םישנא*

RAP, E.; SHILONY-TZVIELI, I. *Settlements in Space*: Chapters in the Geography of Settlements in the World [Assentamentos no espaço: capítulos sobre a geografia dos assentamentos no mundo]. Tel-Aviv, The Centre for Educational Technologies, 1998. *תייפרגוריגב םיקרפ: בחרמב םיבושיי םלועב םיבושייה*

SEGEV, M.; FINE, Z. *People and Settlements* [Pessoas e assentamentos]. Tel-Aviv, The Centre for Educational Technologies, 2007. םיבושייו םישנא

VAADYA, D.; ULMAN, H.; MIMONI, Z. *The Mediterranean Countries for 5th Grade* [Os países do Mediterrâneo para o 5º ano do ensino fundamental]. Tel-Aviv, Maalot, 1994/1996. ארצות הים התיכון לכיתה ה

* Ao longo deste livro, optamos por manter em inglês o título das obras analisadas porque é assim que a autora faz referência a elas na edição original, em inglês, em que se baseia esta tradução. Por um lado, citá-las pelo título original, em hebraico, dificultaria a apreensão do texto para grande parte dos leitores brasileiros; por outro, citá-las em português, numa tradução de segunda mão de títulos de obras às quais não temos acesso, representaria um risco de distanciamento do original. Incluímos, então, este apêndice tendo em vista tanto os leitores que leem hebraico quanto aqueles que não têm familiaridade com o inglês. (N. E.).

História

AVIELI-TABIBIAN, K. *Journey into the Past*: Chapters in History for Grades 8-10 [Jornada ao passado: capítulos sobre história para o 8º e o 9º anos do ensino fundamental e o 1º ano do ensino médio]. Tel-Aviv, The Centre for Educational Technologies, 1999. מסע אל העבר: פרקים בהיסטוריה לכיתות ח-י.

AVIELI-TABIBIAN, K. *The Age of Horror and Hope*: Chapters in History for Grades 10-12 [A era do horror e da esperança: capítulos de história para os três anos do ensino médio]. Tel-Aviv, The Centre for Educational Technologies, 2001. עידן האימה והתקווה: פרקים בהיסטוריה לכיתות י-יב

BAR-NAVI, E. *The 20th Century*: A History of the People of Israel in the Last Generations, for Grades 10-12 [O século XX: uma história do povo de Israel nas últimas gerações, para os três anos do ensino médio]. Tel-Aviv, Sifrei Tel-Aviv, 1998. "המאה ה-20" תולדות עם ישראל בדורות האחרונים, לכיתות י-יב

BAR-NAVI, E.; NAVEH, E. *Modern Times Part II*: The History of the People of Israel, for Grades 10-12 [Tempos modernos Parte II: a história do povo de Israel, para os três anos do ensino médio]. Tel-Aviv, Sifrei Tel-Aviv, 1999. *זמנים מודרנים חלק ב – תולדות עם ישראל לכיתות י-יב*

BLANK, N. *The Face of the 20th Century* [A face do século XX]. Tel-Aviv, Yoel Geva, 2006. פני המאה ה-20

DOMKA, E., URBACH, H.; GOLDBERG, Z. *Nationality*: Building a State in the Middle East [Nacionalidade: construindo um Estado no Oriente Médio]. Jerusalém, Zalman Shazar Centre, 2009. לאומיות: בונים מדינה במזרח התיכון

ELDAR, T.; YAFE, L. *From Conservatism to Progress*: A History Textbook for Grade 8 [Do conservadorismo ao progresso: um livro didático de história para o 8º ano do ensino fundamental]. Tel-Aviv, The Ministry of Education/ Maalot, 1998. משמרנות לקידמה - ספר לימוד בהיסטוריה לכיתה ט -

INBAR, S. *50 Years of Wars and Hopes* [50 anos de guerras e esperanças]. Tel-Aviv, Lilach, 2004. חמישים שנות מלחמות ותקווה

NAVEH, E. *The 20th Century*: The Century that Changed the Order of the World [O século XX: o século que mudou a ordem do mundo]. Israel, Tel-Aviv Books/Mapa Publishers, 1994. המאה ה-20- מאה ששינתה סדרי עולם

NAVEH, E.; VERED, N.; SHAHAR, D. *Nationality in Israel and the Nations*: Building a State in the Middle East [Nacionalidade em Israel e nas nações: construindo um Estado no Oriente Médio]. Tel-Aviv, Rehes, 2009. לאומיות בישראל ובעמים: בונים מדינה במזרח התיכון

YAAKOBY, D. et al. *A World of Changes*: A History Book for 9th Grade [Um mundo de mudanças: um livro de história para o 9º ano do ensino fundamental]. Tel-Aviv, The Curriculum Centre in the Ministry of Education/Maalot, 1999. - עולם של תמורות ספר היסטוריה לכיתה ט

Educação moral e cívica

ADEN, H.; ASHKENAZI, V.; ALPERSON, B. *Being Citizens in Israel*: A Jewish Democratic State [Ser cidadão em Israel: um Estado democrático judeu]. Jerusalém, Maalot/Ministry of Education, 2001. להיות אזרחים בישראל – מדינה יהודית ודמוקרטית

Referências bibliográficas

Os livros didáticos

Geografia

AHARONY, Y.; SAGI, T. *The Geography of the Land of Israel*: A Geography Textbook for Grades 11-12. Tel-Aviv, Lilach, 2003.

FINE, T.; SEGEV, M.; LAVI, R. *Israel*: The Man and the Space: Selected Chapters in Geography. Tel-Aviv, The Centre for Educational Technologies, 2002.

RAP, E.; FINE, T. *People in Space*: A Geography Textbook for 9th Grade. Tel-Aviv, The Centre for Educational Technologies, 1996/1998.

RAP, E.; SHILONY-TZVIELI, I. *Settlements in Space*: Chapters in the Geography of Settlements in the World. Tel-Aviv, The Centre for Educational Technologies, 1998.

SEGEV, M.; FINE, Z. *People and Settlements*. Tel-Aviv, The Centre for Educational Technologies, 2007.

VAADYA, D.; ULMAN, H.; MIMONI, Z. *The Mediterranean Countries for 5th Grade*. Tel-Aviv, Maalot, 1994/1996.

História

AVIELI-TABIBIAN, K. *Journey into the Past*: Chapters in History for Grades 8-10. Tel-Aviv, The Centre for Educational Technologies, 1999.

______. *The Age of Horror and Hope*: Chapters in History for Grades 10-12. Tel-Aviv, The Centre for Educational Technologies, 2001.

BAR-NAVI, E. *The 20th Century*: A History of the People of Israel in the Last Generations for Grades 10-12. Tel-Aviv, Sifrei Tel-Aviv, 1998.

______; NAVEH, E. *Modern Times Part II*: The History of the People of Israel for Grades 10-12. Tel-Aviv, Sifrei Tel-Aviv, 1999.

BLANK, N. *The Face of the 20th Century*. Tel-Aviv, Yoel Geva, 2006.

DOMKA, E.; URBACH, H.; GOLDBERG, Z. *Nationality*: Building a State in the Middle East. Jerusalém, Zalman Shazar Centre, 2009.

ELDAR, T.; YAFE, L. *From Conservatism to Progress*: A History Textbook for Grade 8. Tel-Aviv, The Ministry of Education/Maalot, 1998.

INBAR, S. *50 Years of Wars and Hopes*. Tel-Aviv, Lilach, 2004.

NAVEH, E. *The 20th Century*: The Century that Changed the Order of the World. Israel, Tel-Aviv/ Mapa, 1994.

______; VERED, N.; SHAHAR, D. *Nationality in Israel and the Nations*: Building a State in the Middle East. Tel-Aviv, Rehes, 2009.

YAAKOBY, D. et al. *A World of Changes*: A History Book for 9th Grade. Tel-Aviv, The Curriculum Centre in the Ministry of Education/Maalot, 1999.

Educação moral e cívica

ADEN, H.; ASHKENAZI, V.; ALPERSON, B. *Being Citizens in Israel*: A Jewish Democratic State. Jerusalém, Maalot/Ministry of Education, 2001.

GELDI, B.; NAVE, N.; MATZKIN, A. *Going the Civilian Way*. Tel-Aviv, Reches, 2012.

Bibliografia geral

AGAMBEN, Giorgio. *Homo Sacer*: Sovereign Power and Bare Life. Meridian, Crossing Aesthetics, 1987. [Ed. bras.: *Homo sacer*: o poder soberano e a vida nua. Trad. Henrique Burigo. Belo Horizonte, Editora da UFMG, 2004.]

ALLPORT, Gordon W. *The Nature of Prejudice*. Nova York, Doubleday Anchor, 1958.

ANTAKI, Charles. *Explaining and Arguing*: The Social Organization of Accounts. Londres, Sage, 1994.

ARNHEIM, Rudolf A. *Art and Visual Perception*: A Psychology of the Creative Eye. Berkeley, University of California Press, 1974.

______. *The Power of the Centre*: A Study of Composition in the Visual Arts. Berkeley, University of California Press, 1988.

BAKHTIN, Mikhail M. *Problems of Dostoevsky's Poetics*. Org. e trad. Caryl Emerson. Minneapolis, University of Minnesota Press, 1984.

______. *Speech Genres and Other Late Essays*. Trad. Vern W. McGee. Austin, University of Texas Press, 1986.

BALIBAR, Étienne. Is There a "Neo-Racism"?. In: BALIBAR, Étienne; WALLERSTEIN, Immanuel. *Race, Nation, Class*: Ambiguous Identities. Londres, Verso, 2010.

BAR-GAL, Yoram. *Moledet and Geography in a Hundred Years of Zionist Education*. Tel-Aviv, Am Oved, 1993.

______. Boundaries as a Topic in Geographic Education: The Case of Israel. *Political Geography*, v. 12, n. 5, 1993. p. 421-35.

______. Ideological Propaganda in Maps and Geographical Education. In: VAN DER SCHEE, J.; TRIMP, H. *Innovation in Geographical Education*: Netherlands Geographical Studies. Haia, Commission on Geographical Education, 1996. p. 67-79.

______. Values and ideologies in place descriptions: The Israeli Case. *Erdkunde: Archive for Scientific Geography*, v. 54, 2000. p. 168-76.

______. *Geographic Politics and Geographic Education*: A Talk. Conference of the Geographic Society, Bar-Illan University, Tel-Aviv, 2003.

______. Unity–Transformation–Unity–Dissolution: Metamorphoses in the Country's Landscape. In: AYAL, Avishay. *Our Landscape*: Notes on Landscape Painting in Israel. Haifa: Art Gallery, Haifa University, 2004. p. 29-33.

BAR-TAL, Daniel. From Intractable Conflict through Conflict Resolution to Reconciliation: Psychological Analysis. *Political Psychology*, v. 21, 2000. p. 351-65.

______. Sociopsychological Foundations of Intractable Conflicts. *American Behavioral Scientist*, v. 50, 2007. p. 1.430-53.

______; NETS-ZEHNGUT, Rafi. Emotions in Conflict: Correlates of Fear and Hope in the Israeli-Jewish Society. *Peace and Conflict: Journal of Peace Psychology, 1532-7949*, v. 14, n. 3, 2008. p. 233-58.

BARTHES, Roland. *Mythologies*. Paris, Seuil, 1957. [Ed. bras.: *Mitologias*. Trad. Rita Buongermino, Pedro de Souza e Rejane Janowitzer. Rio de Janeiro, Difel, 2010.]

______. Le discours de l'histoire. In: ______. *Le bruissement de la langue*. Paris, Seuil, 1967. [Ed. bras.: *O rumor da língua*. Trad. Mário Laranjeira. Rio de Janeiro, Brasiliense, 1988.]

______. L'effet du reel. In: ______. *Le bruissement de la langue*. Paris, Seuil, 1967.

______. *Sur Racine*. Paris, Seuil, 1969.

______. *Image, Music, Text*. Londres, Fontana, 1977.

______. La chambre claire. In: ______. *Oeuvres Complètes*. Paris, Seuil, 1980. v. 5. [Ed. bras.: *A câmara clara*. Trad. Júlio Castañon Guimarães. Rio de Janeiro, Nova Fronteira, 2006.]

BAUDRILLARD, Jean. *Simulations*. Nova York, Semiotext(e), 1983.

BEGIN, Manhahem. *The Revolt*: Story of the Irgun. Nova York, Henri Schuman, 1951.

BEKERMAN, Zvi; ZEMBYLAS, Michalinos. *Identity, Memory, Reconciliation and Beyond*. Cambridge, Cambridge University Press, 2012.

BERNSTEIN, Basil. *Pedagogy, Symbolic Control and Identity*: Theory, Research, Critique. Londres, Taylor and Francis, 1996.

BLUM-KULKA, Shoshana. Hegemonic, Polysemic or Subversive Discourse? News and History. In: SWARZWALD, Ora; BLUM-KULKA, Shoshana; OLSHTAIN, Elite (orgs.). *The Rafael Nir Book*. Jerusalém, Carmel, 2000.

BOGGS, Samuel W. Cartohypnosis. *Scientific Monthly*, v. 64, 1947. p. 469-76.

BOYMEL, Y. The Military Government on the Israeli Arabs and its Cancellation, 1948-1968. *Hamizrah Hahadash*: *The New Orient*, v. 43, 2003. p. 133-56.

BYRNE, David. *Social Exclusion*. Londres, Open University Press, 1999.

CAZDEN, Courtney. *Classroom Discourse*: The Language of Teaching and Learning. Portsmouth, Heineman, 2001.

COFFIN, Caroline. Constructing and Giving Value to the Past. In: CHRISTIE, Frances; MARTIN, James R. (orgs.). *Genres and the Institutions*. Londres, Continuum, 1997.

______. *Historical Discourse*. Londres, Continuum, 2006.

CONFINO, Alon. Before the Locked Gate: The History and Memory of the 1967 War. *Haaretz* (Sfarim: Book Review Supplement), 6 jun. 2007. p. 20-1. Disponível em: <http://www.haaretz.co.il/hasite/pages/ShArtSR.jhtml?objNo=60104&returnParam=Y&itemNo=866884&objNo=60104&returnParam=Y>.

______. Changing Eternity with a Historical Modesty: History and Memory in Israel and Palestine. *Haaretz* (Sfarim: Book Review Supplement), 18 abr. 2007. p. 10-1. Disponível em: <http://www.haaretz.co.il/hasite/spages/849473.html>.

DAYAN, Daniel; KATZ, Elihu. *Media Events*: The Live Broadcasting of History. Cambridge-MA, Harvard University Press, 1992.

DE BEAUGRANDE, Robert. *New Foundations for a Science of Text and Discourse*: Cognition, Communication and the Freedom of Access to Knowledge and Society through Discourse. New Jersey, Ablex, 1997. (Advances in Discourse Processes, v. 61.)

DISKIN, Avraham. *Government and Politics in Israel*. Jerusalém, Maggie, 2011.

DRAY, William H. *Laws and Explanations in History*. Londres, Oxford University Press, 1957.

ESSED, Philomena. *Understanding Everyday Racism*: An Interdisciplinary Theory. Londres, Sage, 1991. (Sage Series on Race and Ethnic Relations, v. 2.)

FAIRCLOUGH, Norman. *Analyzing Discourse*: Textual Analysis for Social Research. Londres, Routledge, 2003.

FINLAYSON, James G. *Habermas*: A Very Short Introduction. Oxford, Oxford University Press, 2005.

FIRER, Ruth. *The Agents of Zionist Education*. Tel-Aviv, Hakibutz HaMeuhad/Sifriyat Poalim, 1985.

______. The Presentation of the Israeli-Palestinian Conflict in Israeli History and Civics Textbooks. In: FIRER, Ruth; ADWAN, Sami. *The Israeli-Palestinian Conflict in Israeli History and Civics Textbooks of Both Nations*. Hannover, Georg-Eckert-Institut für Internationale Schulbuchforschung, Hahnsche Buchhandlung, 2004.

GELLNER, Ernest. *Nations and Nationalism*. Ithaca, Cornell University Press, 1983.

GENETTE, Gérard. *Figures III*. Paris, Seuil, 1972. (Col. Poétique.)

______. *Palimpseste*: la littérature au second degré. Paris, Seuil, 1982.

GRICE, Paul. Logic and Conversation. In: GRICE, Paul. *Studies in the Way of Words*. Harvard, Harvard University Press, 1989. p. 1-138.

GROSSMAN, David; KATZ, Yossi. Patterns of Rural Settlements in the Land of Israel. In: SALOMON, Ilan; KARK, Ruth (orgs.). *Studies in the Geography of Israel*. Jerusalém, Israel Exploration Society, The Department of Geography, The Hebrew University of Jerusalem, 1993. v. 14.

GROUPE μ. *Traité du signe visuel*: pour une rhétorique de l'image. Paris, Seuil, 1992.

HABERMAS, Jürgen. *Legitimation Crisis*. Trad. Thomas McCarthy. Boston, Beacon Press, 1975. [Ed. bras.: *A crise de legitimação no capitalismo tardio*. Trad. Vamireh Chacon. Rio de Janeiro, Tempo Brasileiro, 2002.]

HAGILADI, N.; KASSEM, F. *The War of Independence/The Nakba*. Jerusalém, The Van-Leer Institute/Al-Quds University, 2007.

HALBWACHS, Maurice. *On Collective Memory*. Chicago, The University of Chicago Press, 1992. [Ed. bras.: *A memória coletiva*. Trad. Beatriz Sidou. 2. ed., São Paulo, Centauro, 2015.]

HALLIDAY, Michael A. K. *Language as Social Semiotic*: The Social Interpretation of Language and Meaning. Londres, Arnold, 1978.

______. *An Introduction to Functional Grammar*. Londres, Arnold, 1985.

HENRIKSON, Alan K. The Power and Politics of Maps. In: DEMKO, George J.; WOOD, William. B. (orgs.). *Reordering the World*: Geopolitical Perspective on the 21st Century. São Francisco, Westview, 1994. p. 50-70.

HICKS, David. Images of the World: An Introduction to Bias in Teaching Materials. *Accidental Paper*, n. 2. Centre for Multicultural Education. Londres, Institute of Education, 1980.

HODGE, Robert; KRESS, Gunther. *Language as Ideology*. Londres, Routledge, 1993.

HROCH, Miroslav. *Social Preconditions of National Revival in Europe*: A Comparative Analysis of the Social Composition of Patriotic Groups among the Smaller European Nations. Nova York, Cambridge University Press, 1985.

JENKINS, Keith. *Re-thinking History*. Londres, Routledge, 1991.

KIMMERLING, Baruch. *The Invention and Decline of Israeliness*: State, Society, and the Military. Berkeley, University of California Press, 2005.

KRESS, Gunther. *Linguistic Processes in Sociocultural Practice*. Oxford, Oxford University Press, 1989.

______. Against Arbitrariness: The Social Production of the Sign as a Foundational Issue in Critical Discourse Analysis. *Discourse in Society*, v. 4, n. 2, 1993. p. 169-91.

______. Text and Grammar as Explanation. In: MEINHOF, Ulrike H.; RICHARDSON, Kay (orgs.). *Text, Discourse and Context*: Presentations of Poverty in Britain. Londres, Longman, 1996. (Real Language Series.)

______. Text as the Punctuation of Semiosis. In MEINHOF, Ulrike H.; SMITH, Jonathan (orgs.). *Intertextuality and the Media*. Manchester, Manchester University Press, 2000.

______. *Literacy in the New Media Age*. Londres, Routledge, 2003.

______; VAN LEEUWEN, Theo. Critical Layout Analysis. *International Schulbuch Forschung*, Braunschweig, Zeitschrift des George-Eckert-Institut, v. 17, 1995. p. 25-43.

______; ______. *Reading Images*: The Grammar of Visual Design. Londres, Routledge, 1996/2006.

______; ______. Colour as a Semiotic Mode: Notes for a Grammar of Colour. *Visual Communication*. Londres/Nova York, Sage, v. 1, 2002. p. 343-69.

LA CAPRA, Dominick. *Writing Shoa, Writing Trauma*. Baltimore, Johns Hopkins University Press, 2001.

LEMKE, Jay L. Metamedia Literacy: Transforming Meanings and Media. In: REINKING, David et al. (orgs.). *Handbook of Literacy and Technology*: Transformations in a Post-Typographic World. Hillsdale, Erlbaum, 1998. p. 283-301.

LOTMAN, Yuri M. *Universe of the Mind*: A Semiotic Theory of Culture. Bloomington, Indiana University Press, 1990.

LUKE, Allan. *Literacy, Textbooks and Ideology*. Londres, Falmer Press, 1988.

______. Genres of Power: Literacy Education and the Production of Power. In: HASAN, Ruqalya; WILLIAMS, Geoffrey (orgs.). *Literacy in Society*. Nova York, Longman, 1996.

LYOTARD, Jean-François. *The Postmodern Condition*. Manchester, Manchester University Press, 1984. [Ed. bras.: *A condição pós-moderna*. Trad. Ricardo Corrêa Barbosa. Rio de Janeiro, José Olympio, 1986.]

______. *The Differend*: Phrases in Dispute. Minneapolis, University of Minnesota Press, 1988.

______. *The Postmodern Explained*: Correspondence 1982-1985. Minneapolis, University of Minnesota Press, 1992.

MARTIN, Jim R. A Contextual Theory of Language. In: COPE, Bill; KALANTZIS, Mary (orgs.). *The Powers of Literacy*: a Genre Approach to Teaching Writing. Londres/Pittsburg, Falmer/University of Pittsburg Press. p. 116-36. (Critical Perspectives on Literacy and Education/Pittsburg Series in Composition, Literacy, and Culture.)

______; WHITE, Peter R. R. *The Language of Evaluation*: Appraisal in English. Basingstoke, Palgrave Macmillan, 2005.

MARTIN ROJO, Luisa; VAN DIJK, Teun A. "There Was a Problem, and It Was Solved!" Legitimating the Expulsion of "Illegal" Immigrants in Spanish Parliamentary Discourse. *Discourse and Society*, v. 8, n. 4, 1997. p. 523-67.

MEMMI, Albert. *Racism*. Minneapolis, University of Minnesota Press, 1999.

MONMONIER, Mark. *How to Lie with Maps*. Chicago, University of Chicago Press, 1996.

MORGAN, John. Investigating Images. In: ROGERS, Alisdair; VILES, Heather A. (orgs.). *The Student's Companion to Geography*. 2. ed. Malden, Blackwell, 2003. p. 253-60.

MORRIS, Benny. *Israel's Border Wars, 1949-1956. Arab Infiltration, Israeli Retaliation, and the Countdown to the Suez War*. Oxford, Oxford University Press, 1993.

______. *The Birth of the Palestinian Refugee Problem Revisited*. Cambridge, Cambridge University Press, 2000.

NASSER, Riad; NASSER, Irene. Textbooks as a Vehicle for Segregation and Domination: State Efforts to Shape Palestinian Israelis' Identities as Citizens. *Journal of Curriculum Studies*, v. 40, n. 5, 2008. p. 627-50.

NITZAN, Tal. *The Limits of Occupation*: The Rarity of Military Rape in the Context of the Israeli--Palestinian Conflict. Dissertação de Mestre de Artes em Antropologia, 2006.

NORA, Pierre. *Les Lieux de mémoire*. Paris, Gallimard, 1984.

______. *Realms of Memory*. Nova York, Columbia University Press, 1992.

______. *Rethinking the French Past*: Realms of Memory, v. 1: *Conflicts and Divisions*. Nova York, Columbia University Press, 1996. [Ed. bras.: Entre memória e história: a problemática dos lugares. *Projeto História*, trad. Yara Aun Khoury, v. 10, dez. 1993.]

NOTH, Winifried. *Handbook of Semiotics*. Indianápolis, Indiana University Press, 1995.

NOVICK, Peter. *The Holocaust in American Life*. Boston, Houghton Mifflin, 1999.

OGBU, John U.; MATUTE-BIANCHI, Maria Eugenia. Understanding Sociocultural Factors: Knowledge, Identity, and School Adjustment. In: BILINGUAL EDUCATION OFFICE (org.). *Beyond Language*: Social and Cultural Factors in Schooling Language Minority Students. Sacramento, California State Department of Education, 1986. p. 73-142.

OLSON, David R. On the Language and Authority of Textbooks. In: DE CASTELL, Suzanne (org.). *Language, Authority and Criticism*: Reading on the School Textbooks. Londres, Falmer Press, 1989. p. 233-4.

OREN, Neta; BAR-TAL, Daniel. The Detrimental Dynamics of Delegitimization in Intractable Conflicts: The Israeli-Palestinian Case. *International Journal of Intercultural Relations*, v. 31, 2007. p. 111-26.

ORFORD, Scott; DORLING, Danny; HARRIS, Richard. Cartography and visualization. In: ROGERS, Alisdair; VILES, Heather A. (orgs.). The Student's Companion to Geography. 2. ed. Malden, Blackwell, 2003. p. 151-7.

PAGE, Ben. Critical Geography and the Study of Development. Showers of Blessings? In: ROGERS, Alisdar; VILES, Heather A. (orgs.). *The Student's Companion to Geography*. 2. ed. Malden, Blackwell, 2003. p. 97-103.

PANOFSKY, Erwin. *Meaning in the Visual Arts*. Princeton, Princeton University Press, 1974.

PAPPÉ, Ilan. *The Ethnic Cleansing of Palestine*. Londres/Nova York, Oneworld, 2006. [Ed. bras.: *A limpeza étnica da Palestina*. Trad. Luiz Gustavo Soares. São Paulo, Sundermann, 2016.]

PELED-ELHANAN, Nurit. Layout as Punctuation of Semiosis: Some Examples from Israeli Schoolbooks. *Visual Communication*, v. 8, n. 1,

PITERBERG, Gabriel. Erasures. *New Left Review*, v. 10, jul.-ago. 2001.

PODEH, Elie. History and Memory in the Israeli Educational System: The Portrayal of the Arab-Israeli Conflict in History Textbooks (1948-2000). *History and Memory*, v. 12, n. 1, 2000. p. 65-100.

______. *The Arab-Israeli Conflict in Israeli History Textbooks, 1948-2000*. Westport, Bergin and Garvey (Greenwood), 2002.

PORAT, Dan A. The Nation Revised: Teaching the Jewish Past in the Zionist Present (1890-1913). *Jewish Social Studies*, v. 13, n. 1, 2006. p. 59-86.

RABINOWITZ, Dan. Natives with Jackets and Degrees: Othering, Objectification and the Role of Palestinians in the Co-existence Field in Israel. *Social Anthropology*, v. 9, n. 1, 2001. p. 65-80.

RAZ-KRAKOTZKIN, Amnon. History Textbooks and the Limits of Israeli Consciousness. *Journal of Israeli History: Politics, Society, Culture*, v. 20, n. 2-3, 2001: *Israeli Historical Revisionism: From Left to Right*. p. 155-72.

REISIGL, Martin; WODAK, Ruth. *Discourse and Discrimination*: Rhetorics of Racism and Anti-Semitism. Londres/Nova York, Routledge, 2001.

RICOEUR, Paul. *Time and Narrative*. Chicago, Chicago University Press, 1983. v. 1. [Ed. bras.: *Tempo e narrativa*. Trad. Constança Marcondes Cesar; rev. técn. Marina Appenzeller. Campinas, Papirus, 1994.]

______. *Memory, History, Forgetting*. Chicago, Chicago University Press, 2004.

ROSENTHAL, Ruvik. *Kaffer Kassem*: Events and Myths. Tel-Aviv, Hakibbutz Hameuchad, 2000.

SAMOYAULT, Tiphaine. *L'intertextualité*: mémoires de la littérature. Paris, Armand Colin, 2003.

SCHIFFRIN, Deborah. *Discourse Markers*. Cambridge, Cambridge University Press, 1988.

SHAMIR, Shimon. How the Media Confuse between Palestinians and Philistinians and Why Is It Important. *Haayin Ha-Shviit*, 1º mar. 2005; *Haaretz*, 18 abr. 2009.

SHAHAR, David. *Israel*: A Jewish Democratic State. Tel-Aviv, Kinneret, 2010.

SHLAIM, Avi. *The Iron Wall*: Israel and the Arab World. 2. ed. Londres/Nova York, W. W. Norton and Company, 2001.

SHOHAT, Ella. Sephardim in Israel: Zionism from the Standpoint of its Jewish Victims. *Social Text*, n. 19-20, 1988.

SMOOHA, Sammy. Ethnic Democracy: Israel as an Archetype. *Israel Studies*, v. 2, n. 2, 1997. p. 198-241.

STOCK, Brian. *Listening for the Text*: On the Uses of the Past. Filadélfia, University of Pennsylvania Press, 1990.

THOMPSON, John B. Language and Ideology: A Framework for Analysis. *The Sociological Review*, v. 35, n. 3, 1987. p. 516-35.

TYACK, David. Patriotic Literacy: History Textbooks in the Nineteenth Century. In: ______. *Seeking Common Ground*: Public Schools in a Diverse Society. Harvard, Harvard University Press, 2003. p. 38-67.

VAN DIJK, Teun A. *Ideology*: A Multidisciplinary Approach. Londres, Sage, 1997.

VAN LEEUWEN, Theo. The Schoolbook as a Multimodal Text. *International Schulbuch Forschung*, Frankfurt, Diesterweg, v. 14, n. 1, 1992. p. 35-58.

______. The Representation of Social Actors. In CALDAS-COULTHARD, Carmen Rosa; COULTHARD, Malcom (orgs.). *Texts and Practices*: Readings in Critical Discourse Analysis. Londres, Routledge, 1996.

______. Visual Racism. In: REISIGL, Martin; WODAK, Ruth (orgs.). *The Semiotics of Racism.* Viena, Passagen, 2000. p. 333-50.

______. Semiotics and Iconography. In: ______; JEWITT, Carey (orgs.). *The Handbook of Visual Analysis.* Londres/Nova York, Sage, 2001. p. 92-119.

______. Multimodality, Genre and Design. In: NORRIS, Sigrid; JONES, Rodney H. *Discourse in Action.* Londres, Routledge, 2005. p. 73-95.

______. *Introducing Social Semiotics.* Nova York/Londres, Routledge, 2005.

______. Legitimation in Discourse and Communication. *Discourse and Communication,* v. 1, n. 1, 2007. p. 91-112.

______. *Discourse and Practice*: New Tools for Discourse Analysis. Oxford, Oxford University Press, 2008. (Oxford Studies in Linguistics.)

______; JAWORSKI, Adam. The Discourses of War Photography. *Journal of Language and Politics,* v. 1, n. 2, 2002. p. 255-75.

______; SELANDER, Staffan. Picturing our "Heritage" in the Pedagogic Text: Layout and Illustrations in an Australian and a Swedish History Textbook. *Journal of Curriculum Studies,* v. 27, n. 5, 1995. p. 501-22.

______; WODAK, Ruth. Legitimizing Immigration Control: A Discourse-Historical Analysis. *Discourse Studies,* v. 1, n. 1, 1999. p. 83-118.

VEEL, Robert; COFFIN, Caroline. On Learning to Think Like an Historian. In: HASAN, Ruqalya; WILLIAMS, Geoffrey (orgs.). *Literacy in Society.* Nova York, Longman, 1996.

WALLS, Michael. Framing the Israel/Palestine Conflict in Swedish History School Textbooks. Dissertação de PhD. School of Global Studies and Center for Educational Science and Teacher Research, University of Gothenburg, Suécia, 2010.

WALTZER, Michael. *Interpretation and Social Criticism.* Harvard, Harvard University Press, 1987.

WERTSCH, James V. *Voices of the Mind*: A Sociocultural Approach to Mediated Action. Harvard, Cambridge University Press, 1991.

______. Struggling with the Past: Some Dynamics of Historical Representation. In: VOSS, James F.; CARRETERO, Mario (orgs.). *Cognitive and Instructional Processes in History and the Social Sciences.* Hillsdale, Erlbaum, 1994. p. 323-38.

______. *Voices of Collective Remembering.* Cambridge, Cambridge University Press, 2002.

WHITE, Hayden. *Metahistory*: The Historical Imagination in Nineteenth-Century Europe. Baltimore, Johns Hopkins University Press, 1973.

______. Interpretation in History. In: WHITE, Hayden. *Tropics of Discourse*: Essays in Cultural Criticism. Baltimore, Johns Hopkins University Press, 1978.

WINEBURG, Sam. *Historical Thinking and Other Unnatural Acts*: Charting the Future of Teaching the Past. Filadélfia, Temple University Press, 2001.

WOLFE, Patrick. Purchase by Other Means: The Palestine Nakba and Zionism's Conquest of Economics. *Settler Colonial Studies,* v. 2, n. 1, 2012: SALAMANCA, Omar Jabary et al. (orgs.), *Past is Present: Settler Colonialism in Palestine.* p. 133-71.

WOODROW, Ross. *Erwin Panofsky's Iconology* (1999). Disponível em: <http://iconictheory.blogspot.com/2010/05/iconology.html>.

YIFTACHEL, Oren. *Ethnocracy*: Land and Identity Politics in Israel/Palestine. Filadélfia, University of Pennsylvania Press, 2006.

YONA, Yossi. *In Virtue of Difference*: The Multicultural Project in Israel. Israel, The Van-Leer Institute in Jerusalem/Ha-kibbutz Ha-Meuhad, 2005.

ZACH, Nathan. *No Rattling of Sabers*: Israeli War Poetry 1940-1990. Trad. Esther Raisen. Austin, The Center for Middle Eastern Studies and the University of Texas, 1996.

ZERTAL, Edith. *Death and the Nation*. Tel-Aviv, Dvir, 2004.

ŽIŽEK, Slavoj. *Violence*. Nova York, Picador, 1989. [Ed. bras.: *Violência*: seis reflexões laterais. Trad. Miguel Serras Pereira. São Paulo, Boitempo, 2014.]

ZRUBAVEL, Yael. The "Mythological Sabra" and Jewish Past: Trauma, Memory, and Contested Identities. *Israel Studies*, v. 7, n. 2, 2002. p. 115-44.

ZUREIK, Elia. *Israel's Colonial Project in Palestine*: Brutal Pursuit. Londres, Routledge, 2015.

Índice remissivo

Este livro foi composto em Adobe Garamond, corpo 11/14,3, e impresso em papel Avena 80 g/m², pela Rettec, para a Boitempo e a Editora Unifesp, em abril de 2019, com tiragem de 3 mil exemplares.